北京高校高精尖学科"文化遗产与文化传播"建设项目资助

――― 民间文化新探书系 ―――
北京师范大学非物质文化遗产研究与发展中心 ◎ 主编

遗产的旅行
中国非遗的北美之路

―――― 李牧 ◎ 著 ――――

中国社会科学出版社

图书在版编目（CIP）数据

遗产的旅行：中国非遗的北美之路 / 李牧著 . —北京：中国社会科学出版社，2022.7

（民间文化新探书系）

ISBN 978-7-5227-0491-3

Ⅰ. ①遗⋯ Ⅱ. ①李⋯ Ⅲ. ①非物质文化遗产—文化传播—研究—中国 Ⅳ. ①G127

中国版本图书馆 CIP 数据核字（2022）第 125066 号

出 版 人	赵剑英
责任编辑	张　林
特约编辑	肖春华
责任校对	李　莉
责任印制	戴　宽

出　　版	中国社会科学出版社
社　　址	北京鼓楼西大街甲 158 号
邮　　编	100720
网　　址	http://www.csspw.cn
发 行 部	010-84083685
门 市 部	010-84029450
经　　销	新华书店及其他书店
印　　刷	北京明恒达印务有限公司
装　　订	廊坊市广阳区广增装订厂
版　　次	2022 年 7 月第 1 版
印　　次	2022 年 7 月第 1 次印刷
开　　本	710×1000　1/16
印　　张	18.75
字　　数	301 千字
定　　价	99.00 元

凡购买中国社会科学出版社图书，如有质量问题请与本社营销中心联系调换
电话：010-84083683
版权所有　侵权必究

总　　序

民间文化，又被称为"民俗""民俗文化""民间传统"，其中绝大部分在今天也被称作"非物质文化遗产"（以下一般简称为"非遗"），是人民大众所创造、传承并享用的文化，是人类文化整体的基础和重要组成部分，适应人们现实生活的需求而形成，并随着这些需求的变化而不断变化，是富有强大生机和特殊艺术魅力的民众生活艺术。可以说，在人类创造的所有文化中，没有比民间文化更贴近民众的日常生活和心灵世界的了。

20多年前，为推动民间文化研究，钟敬文先生曾带领北京师范大学中国民间文化研究所的同人，主编过一套"中国民间文化探索丛书"。这套丛书主要由研究所的成员所撰写，并由北京师范大学出版社出版，自1999—2000年的两年间共出版了包括钟敬文《中国民间文学讲演集》、许钰《口承故事论》在内的7部专著。[①] 2002年钟先生去世后，该丛书继续有所扩展，迄今列入其中出版的还有陈岗龙的《蟒古思故事论》（2003年）和万建中的《民间文学的文本观照与理论视野》（2019年）。尽管每部著作所探讨的问题各不相同，所采用的方法也有所差异，但总体而言，该丛书反映了20世纪中后期以来中国民俗学界热切关心的理论问题以及较普遍采用的方法，特别是对"文本"和"历史"的关注和反思构成了

[①] 这7部书分别是出版于1999年的钟敬文著《中国民间文学讲演集》，许钰著《口承故事论》，杨利慧著《女娲溯源：女娲信仰起源地的再推测》，赵世瑜著《眼光向下的革命：中国现代民俗学思想史论（1918—1937）》，董晓萍、[美]欧达伟（R. David Arkush）著《乡村戏曲表演与中国现代民众》，以及2000年出版的萧放著《〈荆楚岁时记〉研究：兼论传统中国民众生活中的时间观念》，另外，1999年在商务印书馆出版的[德]艾伯华著、王燕生和周祖生翻译的《中国民间故事类型》一书也系该丛书之一种。

丛书的核心，后来加入的两部著作则体现出语境、主体以及动态过程等新视角的影响。可以说，该丛书呈现了两个世纪之交的中国民俗学的前沿研究状貌，在民间文学和民俗学领域产生了重要影响。

2019年5月，北京师范大学文学院牵头承担了建设北京高校高精尖学科"文化遗产与文化传播"的任务。该项目的宗旨是依托北师大深厚的人文学科底蕴，统合校内外相关研究和教学力量，建设一个以中国优秀传统文化为基础、以非遗和区域文化为主体、以文旅融合和文化传播为特色的优势学科和新兴前沿交叉学科。同年12月，作为该项目的重要成果，北师大非物质文化遗产研究与发展中心成立，在继承和发挥北师大以往的民俗学学科优势的基础上，为强化非遗研究、人才培养和产教融合，搭建了一个新的国际化的交流合作平台。在高精尖学科建设经费的支持下，北师大非遗中心和文学院民间文学研究所主编并出版了"非物质文化遗产学术精粹"丛书，首次较为全面地梳理、总结并展示了中国学界自21世纪以来在非遗理论与保护实践、口头传统、表演艺术、有关自然界和宇宙的知识和实践、传统手工艺以及社会仪式和节庆等方面的主要研究成就。此次推出的"民间文化新探书系"，是该高精尖学科建设的又一项重要成果。所以叫做"民间文化新探书系"，一方面是要借此向以钟老为首的北师大以及民俗学界的前辈们致敬，另一方面，也想以此展现国际国内民俗学界的一些新面貌。简要地说，本书系有着如下的目标和特点：

第一，聚焦21世纪以来民间文学、民俗学以及相关学科领域取得的新成果。20世纪后半叶以来，随着社会的迅猛发展和巨大变化，新的民俗现象不断涌现，对民间文学和民俗学学科提出了诸多挑战，许多敏锐的民俗学同人对此不断予以积极回应，特别是21世纪以来，有关当代大众流行文化、文化商品化、遗产旅游、互联网、数字技术以及新兴自媒体等对民俗的交互影响的探讨日益增多。另外，21世纪初，联合国教科文组织为应对全球化、现代化和工业化对传统文化的冲击，以及世界各国对其多元文化遗产作为历史丰富性与人类文明多样性的见证而日益高涨的保护需求，制订颁布了《保护非物质文化遗产公约》（2003年），使非遗在世界范围内引起广泛关注。中国政府也迅速出台了一系列相应的法规政策，强调非遗保护对于传承和创新中国优秀传统文化、增强民族文化自信、促进文旅融合与国际交流等所具有的重大意义。与保护实践的快速发展相呼应，对非遗的研究和调查也成为民俗学等相关领域的热点话题。本书系将着力反映学界围绕这些新现象而展开探究的成果，以彰显民俗学与时俱进的研究取向，和民俗学者紧跟时代的脚步、关心并探察民众当下需求的"热心"和"热眼"，更充分突显民俗学作为"现在学"而非"过去学"的学科特点。

第二，展现经典民俗研究的新视角。民间文化大多有着较长时段的生命史，在人们的生活中世代相传，因此，不断以新视角探讨传统民俗和民间文学的特点和流变规律，既是民俗学界长期以来探索的重要内容，也是本书系所强调的一个重点。

第三，注重扎实的本土田野研究与开阔的国际视野。本丛书的作者不局限于北师大，而是扩展至国内外民俗学及相关领域的学者。在研究方法和理论取向上，本书系既强调立足中国本土的问题意识和扎实、深入的田野研究，也注重开阔的国际学术视野和与国际前沿接轨的探索成果，以增进民俗学对当代社会以及人文社会科学的贡献，深化国内与国际民俗学界的学术交流。

第四，呈现更加丰富多样的研究内容和形式。与"中国民间文化探索丛书"有所不同，纳入本书系的著作不只限于研究专著，还包括田野研究报告、国外理论译介以及相关重要人物和历史事件的口述史等。由于本高精尖学科建设的特点和需求，有关非物质文化遗产、民间文学以及北京非遗的田野调查和研究成果，尤其受到重视。

希望本书系能进一步展现民间文化的当代魅力和活泼生机，推动民俗学朝向当下的转向，从而为丰富和活跃当前国际国内的民俗学研究、促进学科发展，发挥积极的作用。

杨利慧
2022 年 7 月 16 日于北京师范大学

序 一

走向世界、走向人的中国民俗学

陈连山[*]

认识李牧是从他二十年前在北大读书开始的。北大中文系有很多名师大课，辉煌典雅的古代文学，文化转型的现代文学，还有众声喧哗的当代文学。可李牧偏偏喜欢上了民间文学这门课，并跟我到湖北武当山区调查民歌。他好像跟原本陌生的村民有一种天然的亲近感，短短半个月，就跟村民打得火热，勾肩搭背，称兄道弟，不分彼此。虽然我担心他把握不住分寸，失了礼节，但心里还是十分肯定他对田野工作的热情和天赋。这份热情和天赋促使他选择了民间文学和民俗学作为自己的专业，并取得了不少研究成果。

2021年年底，李牧发来他刚刚完成的《遗产的旅行：中国非遗的北美之路》书稿，托我写序。书稿考察的案例是北美地区华人社区在异文化语境中如何运用中国传统民俗（民俗的所指大致与"非物质文化遗产"相同）来建构自我、建构社区。各案例考察对象不一，调查地又分布于不同地区。乍一看，似嫌庞杂。但这些内容都统一在作者对于当前民俗学重大理论问题的思考之下——跨文化语境之下中华民俗传播和再造的实践过程。作者提供的海外田野材料与理论阐释究竟如何，相信读者读完书稿自有结论。我在书稿出版之前先睹为快，就借此机会谈谈自己对中国民俗学发展趋势的认识，和我对这部书稿的看法。不当之处，还请大家批评指正。

一 传统民俗学的回顾

不同的观念决定着人们如何认定事实，如何发现问题、解决问题。

---

[*] 陈连山：北京大学中文系教授、民间文学教研室主任。

民俗是自古皆有的，不同时代的学者基于各自的观念从事民俗研究，他们关注的问题和解决问题的方法千差万别。中国古代士大夫是政治的附庸，他们以教化民众为职志。因此，他们关注民俗的目的有二：第一是"观风知政"，通过了解民俗而了解政府施政的效果。第二是出于教化民众的需要，他们会按照儒家思想去评价民俗，甚至改造民俗，以造就符合统治需要的顺民。这就是所谓的"移风易俗"。在这种观念下的民俗主体——民众是被士大夫教化的对象，完全没有主体性。

随着西方近代大学制度的建立和整个社会体制的变革，知识分子成为独立于政治和宗教之外的社会群体，他们以理性的学术研究为社会提供合理的观念、科学的知识，从而建构社会的文化基础。启蒙运动倡导的自由平等理念成为现代学术的基本价值观，也成为现代国家制度的思想基石。于是，民众的主体性得以建立。这些因素共同构成了现代民俗学的思想基础。

世界各国发展民俗学的初衷跟现代民族国家的建立密切相关。早期的德国民俗学充满了对农民文化的浪漫想象和民族主义价值观。这些德国民俗学家始终把眼光盯在传统的农民文化上，那是因为德国学界把农民文化看作纯正的、未被基督教文化污染的日耳曼民族文化。这样，早期的德国民俗学就为德意志民族的文化认同奠定了基础，为统一德国的出现做好了精神准备。在20世纪初期的东亚，作为后发国家的日本和中国发展民俗学的契机同样是重新构建现代民族国家的文化基础。因此，这一时期的民俗学就呈现出两个重要的特征：一是民俗学被视为本国学者研究本国民俗的学问，即柳田国男所主张的"一国民俗学"。[①] 而研究其他国家民俗的学问，则被归属于人类学。这样，民俗学才能更好地服务于本国的文化认同、民族认同和国家认同。民族认同理论是传统民俗学的第一个宏大理论。二是民俗学更加关注具有悠久传统的民俗，因为这样的民俗才是民族文化的根源，能够更好地显示民族历史的悠久，有助于民族认同的产生。加之20世纪初文化进化论的影响，民俗学家特别关注民俗的历史演变，从田野调查得到的现代资料，被列入历代文献记

---

① 柳田国男：《民间传承论与乡土生活研究法》，王晓葵、王京、何彬译，学苑出版社2010年版，第37页。

录的历史发展序列之中加以分析。这从技术层面强化了民俗研究的历史学倾向，即所谓"向后看"的倾向。文化进化论是民俗学的又一个宏大理论。

二　全球化时代民俗学的新观念

随着科学技术和经济的发展，人类进入了全球化时代。在一个国家内部，地区差别、城乡界限逐步被打破。在国际上，世界经济逐步一体化，各国在生产与消费各个领域分工协作，密不可分。于是，国门大开，物资流动，人员交往。来自不同文化的人们工作在一起，生活在一起。不同文化之间发生碰撞乃至于冲突的事件频频发生。因应这种时代变化，当代学者和思想家们依据自由平等理念逐步发展出了文化多样性原则和多元文化论。

文化多样性原则承认世界上每个社区、每个民族、每个国家都有自己独特的文化，它们共同构成多姿多彩的世界文化。文化多样性是人类社会的基本特征，也是人类文明进步的重要动力。因此，文化多样性原则是《保护非物质文化遗产公约》（以下简称《非遗公约》）的重要内容。《非遗公约》前言说："承认各社区，尤其是原住民、各群体，有时是个人，在非物质文化遗产的生产、保护、延续和再创造方面发挥着重要作用，从而为丰富文化多样性和人类的创造性做出贡献。"[1] 联合国教科文组织2005年第33届大会还通过了专门的《保护和促进文化表现形式多样性公约》。文化多样性原则在消除文化霸权、抵制极端民族主义方面具有重要意义。现代民俗学在历史上曾经被德国纳粹和日本军国主义所利用，极端民族主义危害甚大。中国是一个多民族国家，极端民族主义思想也存在潜在的破坏性。因此，贯彻文化多样性原则是中国未来民俗学不得不重视的问题。

多元文化论则进一步主张在同一社会、社区内部允许多种文化并存，不同社群之间彼此尊重、互相理解，共存共荣。每个亚文化群体在不影响其他群体正当权利的条件下拥有文化自主权。多元文化论既是对当前开放社会中不同文化共存现状的事实认定，同时也提出了针对多元

---

[1]《联合国教科文组织〈保护非物质文化遗产公约〉基础文件汇编（2018版）》，第6页。

文化隐含的文化冲突的解决方案，为实现人类更大的自由平等权利提供了理论基础。有部分社会学家和人类学家质疑多元文化的存在面临实际困难，他们把多元文化视为文化整合过程的一个阶段。但是，我认为这种质疑对事实的认定不全面，因为当代社会的人员快速流动使得理想的全面的文化整合根本无法实现。另外，这种质疑忽视了现代社会形态和现代经济为人类提供的实现更大自由权利的可能性。多元文化论是当代思想的一个重要贡献，它突破了传统的民族文化统一论，对传统的仅仅以本国民俗为研究对象，致力于构建本国文化认同的民俗学形成了巨大的冲击。

20世纪80年代，中国人文社会科学在许多领域取得了突破性进展。而中国民俗学"大器晚成"，在学科危机的逼迫下逐步调整，从基本概念到分析方法分别实现了更新。最初的民众概念只包含受教育程度不高的社会下层百姓，后来认识到所有社会阶层都有民俗，并在日常生活中共享着很多民俗，于是民众概念才扩大到所有社会成员。从国际学术界引进的比较故事学、民间故事形态学、结构主义、女性主义、口头程式理论、表演理论、民族志等，逐步被学界广泛采用。但是，上述理论大体上都属于技术分析的方法，还称不上宏大理论。中国民俗学彻底的理论转型直到21世纪才得以实现。吕微、户晓辉等学者倡导的实践民俗学所提出的民众主体性观念从根本上改变了传统民俗学重民俗文化，轻民俗生活；重文本，轻实践；重实然，轻应然的问题。民俗学从"向后看"的学问转变为"面向当下"的学问和"朝向未来"的学问。民俗学当然从民俗事项的调查出发，但研究重心不再是脱离了民众的民俗事项本身，而是民俗文化的创造者——民众。因为民众并不是被动的民俗传承人，而是民俗的主人；民俗不过是民众日常生活中一系列的选择而形成的生活方式而已。民俗的差异正是不同的民众所作的不同选择造成的。民俗学的研究者和被作为研究对象的民众之间的关系被重新定义为两个交互的主体，主体间性成为现代民俗学学术伦理的关键词之一。[①] 研究对象的主体性和研究者的主体性得到并重，研究活动被视为两个自由主体之间

[①] 吕微：《反思民俗学、民间文学的学术伦理》，载《民间文化论坛》2004年第5期，第7—8页。

的平等对话。这是基于现代伦理原则的"应然"重新设定的民俗学,从哲学层面肯定了民众的权利,也包含着民俗学学者自我身份的重新认定。实践民俗学不仅是"面向当下"的学问,也是"朝向未来"的学问,它对建设未来理想的新文化具有重要意义。在民俗学的具体研究中,民众不再是民俗的被动载体,而是民俗的创造者和实践者,正是民众的文化实践推动着民俗的持续传承和不断发展。

那么,未来的中国民俗学将走向何方?

三 从"一国民俗学"走向比较民俗学

陈寅恪在《陈垣〈敦煌劫余录〉序》中说:"一时代之学术,必有其新材料与新问题。取用此材料,以研求问题,则为此时代学术之新潮流。治学之士,得预此潮流者,谓之预流。其未得预者,谓之不入流。此古今学术之通义。"当代中国民俗学面临的新材料是什么?需要解决的新问题是什么?

传统的中国民俗学大体上都属于"一国民俗学",目前也仍然是普通民俗学的主要内容。但它的内容随着家乡民俗学的不断推进,也悄然发生着重要的变化。① 真正全新的领域则是随着中国改革开放的不断深入,中国人的足迹遍布全球而进入民俗学视野的海外中国民俗。海外华人在异域文化语境中的生活和民俗成为中国民俗学者面临的新材料和新问题。李牧这部书稿就是中国民俗学在这一新领域的新作。

海外华人的民俗原本来自中国,过去的相关研究关注的是华人生活中保持了哪些中国传统民俗,或者接受了哪些异国文化。而李牧通过研究北美华人移民的生活,具体揭示了身处外国异文化包围的华人移民生存困境,他们并不是机械地照搬中国文化,而是对它进行了符合所处社会环境和自身需要的文化重塑,从而创造出了"一种具有明显文化间性的、基于日常生活实践的'第三种文化'",以标识自己新的文化身份和社区认同。李牧不仅提供了华人移民的自我陈述,还提供了北美其他族群对华人文化的态度。由此可知,华人移民的这种新文化既是华人

---

① 参见安德明《作为范畴、视角与立场的家乡民俗学》,载《西北民族研究》2019 年第 3 期。

移民的主观表达方式，也得到了异域社会其他社会群体的承认，它是成功实现于异域环境的真实文化，而不是个人的主观想象。李牧提供的这些案例提示我们，中国人在本土文化环境下和异域文化环境下对于原本共同的民俗文化进行了不同的文化创造，从而使华人移民成为了"北美华人"。华人移民在北美地区的生活实践相当于给民俗学者提供了一种自然发生的"社会实验"，使得民俗学者可以从中观察中国人、中国民俗在不同国家的不同表现。由此，民俗学者通过比较外在语境的变化和最终民俗生活形式的差异而更好地理解人与民俗之间的关系、人与文化的关系。

李牧在本书最后一章考察了北美部分犹太人在圣诞节活动中吃中餐的特殊习俗。这些较为开放的犹太人通过在圣诞节到中国餐馆吃中餐来达成适合美国语境的自我身份的认同，并与北美华人形成文化互动，进而影响当地的中餐内容，形成文化互动。这个案例揭示的是作为中国民俗接受者的犹太人如何进行文化选择，正好补足了对外国人在中国民俗传播到北美过程中发挥作用的展示。

目前的多数民俗学著作，尤其是田野调查研究，侧重于经验描述，不大关注理论思考。材料丰富，却碎金满地，没有创造出具有足够震撼力的理论。李牧留学加拿大，得到了良好的理论训练。这部书稿的学术史回顾部分显示出作者扎实的理论素养，以及对宏大理论的关注。他希望通过对中国非物质文化遗产在北美地区的跨文化传播研究建立一种理论：

> 该理论的最终指向，将是探讨现当代社会文化交流空间中，作为特殊性产品的地方性传统如何参与不同文化主体之间的宏观或微观互动，成为实际上或象征意义上的共同遗产，逐步构建与全球化经验相映衬的新的文化形态和知识范式，从传播角度认识和理解意义的生成、传承和变化过程。

中国民俗学不仅研究中国语境下的民众文化选择，还要研究中国人进入异国语境之后如何进行文化选择，甚至研究外国人如何接受中国民俗成为他们文化生活的一部分，从而更加全面地实现民俗学对中国民俗的认识，进而更加深入地认识人与文化的关系。因此，这一理论的建构对于全球化时代的中国民俗学是具有特殊意义的。

2022年4月3日于北京大学蔚秀园

序 二

不同时空视域下的中华传统

张举文[*]

自联合国教科文组织通过《保护非物质文化遗产公约》(2003)后的二十年来,在"非物质文化遗产"(以下为"非遗")概念的引导下,人类文化传统得到了新的阐释、传承与传播。在中国,从民间百姓的日常生活到学术精英的理论阐述,从传统事项的产业化到雅俗艺术的创作,从国家法规政策到国际文化交流,"非遗"从陌生的术语转换成了日常生活用语。的确,"非遗"在中国似乎有着其他国家所无法媲比的普及、地位和影响。在此背景下,从"我观—他者"和"他观—我者"的视角,以"走出去"和"引进来"的胸怀,用理性和客观的态度审视中华文化传统在新时代的发展变化不但是必要的,而且也是紧迫的。这样的视角有着两个对应的方面:一个是如何认知和阐释中华文化传统在海外的传承以及在与其他文化的互动中产生的新文化(这正是本文作为读后感的关注点);另一个是如果接受和解读那些从其他文化中吸收并融入母国文化的传统实践(例如,广东开平的碉楼建筑及其对当地生活的影响,但这个话题不是本文的关注点)。

之所以在此提出从不同时空视域看中华传统的问题,是因为在阅读李牧博士的《遗产的旅行:中国非遗的北美之路》(中国社会科学出版社,2022年)书稿后而有了这个感触。当他坚持要我为此书写序时,我最初是感到对"中国非遗的北美之路"这个问题很陌生,无法说出什么有意义的话。但想到这些年我所目睹的他在中美民俗学界的努力,我俩

---

[*] 张举文:美国宾夕法尼亚大学(Williamenhe University)民俗学博士,主攻民俗与民间生活,兼攻都市研究。现为美国崴涞大学亚洲研究中心教授、美国西部民俗学会主席。

彼此的学术交往，我为他的努力所感动。随后，在阅读书稿时注意到他对我所提出的有关散居民群体创造的"第三种文化"概念的发展，便感到这个话题不再陌生，反倒觉得有几句话可说，于是便有了这篇读后感，且作一束"亚民俗"的背景光吧。

我与李牧相识转眼已近十年。最初是在美国民俗学会的年会上，看到有来自国内的年轻学子不畏学术权威，敢于质疑且乐于学习，我心中暗喜，毕竟在北美关注中国民俗文化并以此与其他学者对话的人太少了。记得我们首次交谈甚是投机。不久后，他的博士导师请我参与他的博士答辩会，那是2014年秋。由此，我仔细阅读了他的博士论文，也就是这本书的雏形。正如李牧在本书导言中所交代的，当时他"对于论文背后的理论框架思考得还并不十分成熟，实际上可以说有些模糊甚至盲目"。其实，他当时已经有了很多想法和资料，只是还没能在学理上打通其逻辑关系。但我已经感到他会继续在民俗学界耕耘出自己的路子的。事实证明，他之后在美国的《美国民俗学刊》《西部民俗》《民俗研究学刊》、英国的《民俗》，以及国内的多个刊物上发表的文章都是在不断基于新材料和新观点去完善自己的思路。其间，我曾以不同身份读过他以中英文发表的几乎每篇文章，也还得到他为我主持的美国《民俗研究学刊》有关"民俗与瘟疫"专刊的供稿（该专刊即将发表）。无疑，这些年来，他似乎已经找到了长期以来追寻的那个"意义"和"理论"，即本研究的主题——"非物质文化遗产的跨文化传播"（见导言第五节）。

以"非物质文化遗产的跨文化传播"为命题的研究是对中华文化传统在跨文化的视域和地域中的传播与传承的新探索。相信李牧后续的有关研究以及由此所激发的他人的相关研究，都将是对中国民俗学和国际民俗学的贡献。有关这个命题，以往的相关研究多是从中华文化传统的海外传播视角来研究的，且多是从史学和哲学理论框架下进行的。在这个视域下，海外中华文化是在时空上的延续，是以汉文化传统为核心的中华文化的有机发展。而"非物质文化遗产的跨文化传播"的命题则从另外一个视角强调了对当下日常生活的关注，特别是在多元文化社会以"少数族群"身份所实践的传统。这个视角体现出任何一个（离开母国或母文化的）散居民群体在从"多数族群"转换到"少数族群"的过程中，在个体和群体层面所突显的心理、社会、政治、经济、信仰等层面的多种紧张关系，因而关注的是在这样多文化交融中所形成的新文化问题。这也是我提出"第三种文化"概念的一个背景，即对中华文化传统在海外的传承不仅要有"向外看"的视角，也要有"从外看"的视角。

"第三种文化"的概念超越了对文化传统的所有权以及文化挪用等概念的争辩，而是从人类文化发生和发展的机制核心出发，以历史的时空视域来看待人类文化的交流与融合。可以说，没有多文化的交流，没有在多文化的交流中的创新——第三种文化，就没有现在人类文化的多元发展。中华文化传统之所以有如此悠久的历史和传承机制，其生命力正是来自不断的与其他文化的交流和融合。例如，从青铜时代的"失蜡法"到对"胡服""奚琴"的吸收，从"鉴真东渡"到"郑和下西洋"的传播，从古代的"丝绸之路"到今天的"一带一路"的多文化互动，这些都成为中华传统生生不息的动力。以同样的逻辑和视角，每个文化都是在这样的交流中获得新生力的。所谓的"美国文化"便正是从这种文化互动机制中产生的"第三种文化"。每当一个新文化得到新的称谓时，必然会出现对新的文化认同的构建和强化。这是人类文化发展机制的必要和必然行为。然而，如果这样的文化群体认同构建被以"种族主义""殖民主义"的意识形态所操控，便有了"文化低劣""种族低下"等用来进行文化掠夺的话语。这便是近五个世纪以来人类文化在"种族主义""殖民主义"以及狭隘的"民族主义"为主导意识形态下的经历。即使在愈发全球化的 21 世纪的今天，以文化优劣和"种族"优劣等静态观点，以文化的所有权或挪用等话语来维系既得利益阶层的权力结构等行为（甚至是法律制度）都还在阻碍人类文化的交流，忽视人类新文化的发生和发展。故此，对中华文化传统在全球范围的传承与传播也需要借鉴上述的中国文化发展机制，以动态的观点来认识传统文化的"得"与"失"。

例如，在北美，如果存在作为"美国文化"的一个组成部分的"华裔文化"，那么华裔文化就是在特定时空产生的"第三种文化"，而且还在不断变化中。华裔文化不是中华文化的线性延续，不同于中华文化在本土的传承。尽管对"中华文化传统"的认同是华裔文化的重要部分，但华裔的群体认同还有很多的其他文化因素。正如在海外各地的华裔群体一样，他们对中华文化有着文化认同，但已经发展出有着与当地文化有机结合的"第三种文化"。例如，当看到北美"华裔"餐厅有"中国菜"的同时，也要看到那些非中华文化传统的元素，如进餐的顺序和方式、菜单上的"新"菜、厨房里非华裔的厨师，以及经营者的非华裔身份，而不应以"种族"视角来强化对一个文化传统的"刻板印象"。

针对这些方面，李牧在书中对"第三种文化"概念从多方面进行了论述和发展。例如，通过以深描的方式从饮食、节庆、丧葬等传统实践案例中，李牧论述了华裔个体与群体如何在多文化交融中重构个人认同和群体认同，如何以不同的语言和行为方式展示他们对传统与新文化的认知。同时，尤其有意义的是，本书充分再现了当事人自己的声音。的确，对一种传统的解读必须是基于其实践者从中所感知的意义，这样做也是对实践者和研究者最有意义的事。在这个层面上，本书是对传统、文化遗产以及"非遗"研究的一次有益努力，恰当地融汇了中外相关理论，丰富了中国民俗学的学术理论话语和民俗志资料。

一个有意义的新观点的提出必然会激发出新的思考和论证，从而促成学科的进步。"非物质文化遗产的跨文化传播"这个观点无疑让我们从更广义的范围上对相关概念进行新的思考。例如，中华文化传统的海外传播与传承该如何以"非物质文化遗产"的视角来界定？在"非物质文化遗产"这个视域下思考海外中华文化的实践会有什么裨益？如何在不同的地域文化中识别和理解"中华文化""文化遗产"以及"非物质文化遗产"等概念和实践？海外中华文化的传承与变异有什么特点，在什么程度上会转换为"第三种文化"？"散居民"概念是否适合研究中华文化的海外传播？"文化中国"（杜维明的概念）中有哪些日常生活的认同符号可以属于"中华文化"，哪些经过变异不再属于"中华文化"的概念范畴？如何理解"血缘""语言""饮食习惯"等因素在构建个人和群体认同中的作用？对这些问题，本书有多方面的涉及和论述，这里无须赘述或评价，相信读者会受到本书的启发而产生新的思考。

在此，我想强调一下本书最后一章中所展示的案例，以便说明不同时空视域和文化视域对相同传统的不同认知，尤其是如何从研究者的角度去构建新理论观点。正如前面所强调的，"第三种文化"本身就是个流动的概念，指出的是文化产生的过程。书中的其他章节多是从华人和华裔的视角来看传承与认同问题，而最后一章则是以"从外看"的不同的视角来论述传承与创新问题。例如，北美的犹太人群体多年来已经形成了他们的新传统，即在圣诞节时到华人餐馆聚餐。其中有文化心理和宗教的原因，但也有具体的实际原因，即多数非华裔经营的餐馆此时都不营业。如果从中华文化的视角看，可以说这是一种传播，但同时也为了满足顾客的需要在烹饪料理等方面做了相应的改变和选择，是因时因地的新实践，不是一般意义上地延续着中华节庆和饮食习俗。如果从犹太群体看，这是大家都接受的度过这个自己不庆祝的节日的方式，同时又经历了与亲友聚会、共享美食的时光。由此可见，这一新文化现象已成为北美社会中基于两者各自传统而形成的"第三种文化"。它不是各自传统的传承延续，而是在特定社会历史背景下多文化互动后形成的新文化传统。同理，北美华裔群体也有许多生活方式是经过吸收其他文化而重构了的"华人传统"。但它们也不是简单的二合一问题，因为同时也受到周围其他文化的影响。再如，对"客家文化"的解读也涉及对"第三种文化"的认知。尽管客家文化起源于中国中原地区，但福建的客家、广东的客家、东南亚等海外的客家群体在几十年甚至几百年的传承与变异中都基于不同的时空背景创造了新的文化传统。不同地区的"局内人"与"局外人"都对所认知的这个文化有不同的意义解读。其实，我们常常是因为没有合适的词语表达，而惯性地使用过去的名称。这样的做法在一定程度上导致了"固化"的刻板印象，静止地看待传统。而传统是过程，不是结果。正是在这个意义上，"第三种文化"的概念强调了文化杂糅的过程和新文化产生的机制，强调要在不同视域和地域下对多种传统的杂糅从多角度来解读。对此，我感到李牧的这本书从一个颇有新意的视角发展和扩充了上述观点。

如果从本书的描述和探讨中走出来，再看"遗产旅行"与"中国非遗"等话题近些年在中国的发展，我们也可以感到本书以北美案例所触及的相关话题有助于对国内所探讨的相关问题的反思。自从"非遗"进入中国后，这个概念对中国国家政策、法律、民众日常生活与消费、文化与旅游、对外交流等多方面都产生了重大影响。其中，尤其有意义的是"非遗"对各级学校教育体系的影响。例如，在2020年年底于北京师范大学召开的"非物质文化遗产教育与学科建设"国际学术会议上，核心问题之一即是如何在高校构建"非遗学"或与"非遗"有关的学科。

对此，我本人也参与讨论了"文化遗产"与"非物质文化遗产"等概念在实践与学术话语中的关系（后以《从实践概念"非物质文化遗产"到学科概念"文化遗产"的转向》为题发表于《民俗研究》2021年第5期）。时至今日，"非遗学""文化遗产学"等学科（以及学位）地位都已经在若干高校确立。如果暂时不论国内有关"非遗"的各种学术观点，而从所涉及的"非遗"实践群体来看，本书无疑是拓展了对"中国非遗"的认知视角，引发对"中国非遗"从全球化的视域来分析，尤其是海外华裔散居民群体对中华文化传统的传承第三种文化的构建实践。

总之，《遗产的旅行：中国非遗的北美之路》记录和积累了海外的新田野资料，为"中国非遗"的学术讨论提出了新问题和新视角。相信本书一定能起到抛砖引玉的作用。

2022年1月
于美国俄勒冈州崴涞河谷兰竹阁

序　三

来自纽芬兰的声音（学界与社区）

黛安·泰（Diane Tye）[*]　　王国贤（Dr. Daniel Wong）[**]

黛安·泰：

李牧博士是我指导的博士生，他可以说是我指导的最优秀的民俗学博士之一，而且这个数量不超过 5 个。他在没有入学之前，便与我有了联系，那时我就觉得他很聪明，对民俗学的理解很到位，因此，我为他申请了比一般博士更高的奖学金。李牧博士来到加拿大以后，无论学习还是工作，都非常符合甚至超过了我们对他的期望。他同届的同学本杰明说："牧特别喜欢学习，他好像一直都在学习。"不过，他可不是书呆子，他也非常积极地参加学校、系里和朋友们的各种聚会，大家都非常喜欢他。无疑，他是一个在学业上刻苦钻研，在生活中热情可爱的人。也正是因为这样，他才能很好地融入当地社区，做着他自己喜欢的研究工作。我还记得，他有一次和我说，他决定研究纽芬兰当地的华人社区（之前，他好像想去多伦多做研究），我说，"太棒了！"我这么说，是因为，除了可行性之外，在他之前，已经有好几位硕士对此做过研究，可以说，这是我们的一个传统，他的决定将这个传统延续下去了。在纽芬兰，绝大多数的人口是英裔或者爱尔兰裔的白人，我们太需要有人对其他的民族文化进行研究和探讨了。为此，我们还推荐他竞争 2010 年的全加拿大特鲁多基金会（Trudeau Foundation）奖金，他可是我们学校的代表呢！虽然，最终在全国没有获奖，但是，李牧博士的努力也在一定程

---

[*] 黛安·泰（Diane Tye）：加拿大纽芬兰纪念大学（Memorial University of Newfoundland）民俗学教授，原系主任，曾任美国民俗学会副会长、加拿大民俗学会会长。

[**] 王国贤（Dr. Daniel Wong）：工程学博士，曾任加拿大北大西洋学院（College of North Atlantic）工程学院院长，纽芬兰华协会（Chinese Association of Newfoundland and Labrador）主席。

度上得到了回报,他是我们民俗学系获奖最多的学生,在六年多的时间里,他得到了20多个不同类型的奖项,涉及民俗学、法学、精神健康学、国际关系学、货币经济学、历史学、音乐学等多个领域。在获得加拿大精神卫生学会研究奖金那次,他邀请我作为嘉宾参加颁奖仪式,我记得自己对他说:"这真的太棒了!你做到了!"在求学期间,他的两个项目都得到了立项。他还参与了民间音乐学泰斗级人物贝弗莉·戴尔蒙德(Beverley Diamond)的研究项目。戴尔蒙德教授有一次对我说,"牧真是太棒了,他搜集的资料,是最快最好的!"当时,这个项目的名字叫《众声喧哗的圣约翰斯》(St. John's Many Voices),主要内容是研究圣约翰斯当地的各个不同族群。李牧博士负责的是东亚民族社区,包括华人、日本人和韩国人。我想,正是这个项目奠定了他研究纽芬兰华人社区的基础。

李牧博士对于纽芬兰当地华人社区的研究非常深入,为此,他还化身服务生,在当地最负盛名的中餐馆工作,不仅在经济上为自己的生活创造了更多的空间,也获得了从外部研究社区无法得到的许多重要资料,包括烹调美食的绝妙技法(我本人也主要研究饮食文化)。除此以外,他还驱车在纽芬兰各地寻访华人的痕迹,足迹踏遍了整个纽芬兰。难怪我每次见到华人,提到李牧博士,他们都认识他,而且赞扬他的谦和热情,可见,他的研究非常深入,而且,他非常受欢迎。如果你仅仅把李牧博士的研究局限在纽芬兰,那就大错特错了。他对于华人的关注是全方位的,特别是在我们这个日益发达的网络时代,他通过互联网与加拿大甚至美国和百慕大群岛的华人联络,因此,他的华人研究具有着非常独到的全球视野。比如说,他对于犹太人喜食中餐问题的探讨,最初源自博士期间的一门课程,后来他将之拓展,写成了一篇非常有趣的文章,最后发表在纽约民俗杂志上。这篇文章经过丰富和修改,目前也在这本著作里。

说到李牧博士的这本书,真可谓是一本上乘力作,他对于纽芬兰甚至全北美华人的研究,为不同学科的学者在研究北美华人时,提供了一个集理论、方法和资料于一身的优秀范本。通过深入细致的民族志和文献资料研究,李牧博士的研究为我们别开生面地揭开了大都市之外的北美城镇和乡野之处华人日常生活和文化表达的方方面面,这一视角,是他对北美民俗学、加拿大华人移民文化和世界华人研究所做的重要贡献！我想，如果我能看懂多一些中文，我一定要好好读读这本书。

王国贤：

这本书的作者李牧博士，从 2008 年到 2015 年，在加拿大纽芬兰圣约翰斯市求学、工作和生活。在这长达七年的岁月里，他花了大量的时间研究纽芬兰华人社区的发展历史和当代生活。我就是在圣约翰斯和他相遇、相识，成为忘年的朋友，最后参加他的研究计划，为他提供了很多关于我所经历的纽芬兰华人社区的历史。我还记得第一次见到他是在 2009 年夏天的纽芬兰华人扫墓活动，他和我们当地华协会的创始人熊楚亮医生一起参加了那一年的祭扫。我对他的印象是热情、风趣，对事情认真而执着。后来，他担任了纽芬兰纪念大学中国学生学者联谊会的主席（我经常和他说，中国学生会是在我做学生的时候由我和其他一些来自中国香港、中国台湾和东南亚的华人学生共同创办的），而且还在圣约翰斯的中文学校当老师，教导小孩子们学中文。他在担任主席的那段时间，组织了好几次中国新年的庆祝活动，每次都邀请我参加，让我看到了他对传播中华文化的热爱和激情。在我们日渐熟悉以后，他经常问我关于华人社区的事情，我和我的太太梁群章女士（Betty Wong）给他讲了很多以前的事情，包括那时候我做华协会主席期间举办的华裔小姐选美活动、舞狮培训班等，以及主要是我的太太参与的有关"华人人头税"的活动和 2006 年的舞狮培训班活动。早些年的时候，我还用影像记录了很多当时华人的日常生活和节庆活动，都和他进行了分享。我知道，他也通过在我们当地的中餐馆"苏记食家"做侍应和与其他华人交往的过程中，积累了非常多的资料。几乎每一个在纽芬兰的华人都认识他，都知道他所做的工作，而且，我们很多人都非常愿意帮助他。因此，今天我们所看到的他的著作，涉及了从 1895 年第一批华人来到纽芬兰到现今 21 世纪的当代纽芬兰华人社区历史和日常生活的方方面面，资料非常丰富翔实。另外，贯穿全书的许多照片，要么来自华人社区的分享，要么来自李博士自己的田野调查，他们都以非常生动形象的方式，让我们看见过去和现在，很好地支持了他讲述的故事。

在他的书中，我们可以看到他所展现的纽芬兰华人移民从事的洗衣店、餐馆或者其他职业,以及这些职业生涯背后的个人经历、家庭生活、社区活动以及华人跨国和跨境的流动。这些都是对于我们和我们的先辈曾经经历的历史的最好纪录。另外,最让我们感到欣喜的,是他充分认识和肯定了我们华人文化对于纽芬兰当地文化的影响,我们华人虽然人数不多,但是,我们在纽芬兰社会的政治、经济和文化生活中,也是不可忽视的力量。很高兴李博士记录了我们和我们的先辈曾经留下的汗水和眼泪,看到了我们不懈的努力,而且也相信我们的后辈,就是书中描绘的那些年轻人,也会循着我们开创的道路继续前进。这是一本深入描绘华人来到加拿大最东端纽芬兰的奋斗史和生活史,也是一部深刻的关于华人文化与当地文化相互碰撞、交流和不断融合的历史。这本书不仅让我感动,也会让我的同辈和后辈感动,我想,它也会感动正在阅读此书的你。

目 录

导言 为什么研究非物质文化遗产的跨文化传播 …………… (1)
  第一节 民俗学的当代困境：宏大理论何以成为问题 ………… (3)
  第二节 民俗学传统与宏大理论 ………………………………… (6)
  第三节 阿兰·邓迪斯的民俗解析实践 ………………………… (10)
  第四节 非物质文化遗产的共享性、跨文化传播可能与
         宏大理论 ………………………………………………… (15)
  第五节 田野与对田野工作的反思：多点民族志与海外
         民族志 …………………………………………………… (21)

第一章 日常经济生活网络与传统艺术的跨文化传播 ………… (37)
  第一节 跨文化传播的民间取向 ………………………………… (37)
  第二节 纽芬兰华人早期的经济生活与跨文化传播 …………… (41)
  第三节 经营活动的新拓展与跨文化传播的新空间 …………… (49)
  第四节 多元社会：新移民、新裔代以及新的经济领域 ……… (57)
  本章小结 ………………………………………………………… (67)

第二章 华人饮食文化的北美之旅：中餐与中餐馆 …………… (70)
  第一节 华人饮食文化与华人餐馆在纽芬兰的兴起 …………… (76)
  第二节 美式中餐的兴起和流行 ………………………………… (83)
  第三节 中餐在纽芬兰的接受情况 ……………………………… (89)
  第四节 卡尔·威尔斯的"饮食"之旅 ………………………… (97)
  第五节 作为逆公共领域的中餐馆 ……………………………… (115)
  本章小结 ………………………………………………………… (118)

第三章　作为文化表演的中华传统舞蹈跨文化传播与传承……（120）
 第一节　失语：中华传统舞蹈在纽芬兰的早期传播……（122）
 第二节　复归：中国民族民间舞在纽芬兰的兴起……（127）
 第三节　再造："新裔代"引领下中华传统舞蹈在纽芬兰的
    传播现状……（130）
 本章小结……（137）

第四章　中华舞狮的跨文化漂流：异文化语境下文化主体
   自我意识的建构……（139）
 第一节　从珠三角到纽芬兰：舞狮艺术的传入及早期表演者……（143）
 第二节　追求"自我"的新一代表演者……（151）
 第三节　众声喧哗：舞狮表演的观众……（163）
 本章小结……（171）

第五章　族群记忆与地方性知识的交互与融合：华人节日
   遗产在北美的传播与传承……（172）
 第一节　被压抑的族群记忆：纽芬兰华人春节庆祝的
    早期历史……（176）
 第二节　从私人领域走向公共空间：华人新年庆祝的
    公共化转型……（179）
 第三节　族群记忆与地方性知识的交融：纽芬兰春节
    庆祝的克里奥化……（188）
 第四节　节日遗产在纽芬兰的本地化再造……（200）
 本章小结……（207）

第六章　移民社群日常生活的地方性建构：墓葬艺术与
   殡葬礼仪……（209）
 第一节　1945年以前的华人墓碑及殡葬礼仪……（215）
 第二节　纽芬兰排华法案及其宗教原因……（227）
 第三节　1945年以后华人墓碑的变化……（232）

本章小结 ………………………………………………（246）

第七章　北美犹太人圣诞节活动中的中国元素 …………（247）
　　第一节　北美犹太人及其圣诞节活动背景概述 …………（248）
　　第二节　犹太人圣诞节与中餐之间的关联 ………………（254）
　　第三节　与犹太顾客同在的华人圣诞节 …………………（263）
　　本章小结 ………………………………………………（266）

结语　遗产旅行的终点和再出发的起点 …………………（268）

后　记 ………………………………………………………（271）

导 言

为什么研究非物质文化遗产的跨文化传播

何谓中国/中华文化？对于许多人而言，这似乎是一个不言自明的问题。无论华人或者非华人，心中都有一个或模糊或明确的答案。但是，在每一次与"中华文化"标签下的具体事象的亲密接触中，作为文化活动或事件的直接和能动参与者，当我们具身体验，经过类同于现象学悬搁的感知和理性反思过程，而不是单纯地凭借超越经验的理论进行思考时，有关中国文化的定义便时常表现为错综复杂和似是而非了。这是因为，基于不同个体的生命体验，作为感知对象和反思客体的"中华文化"呈现出了具有多元性、场域特殊性和时空断裂性的多重面向和意指，而原本固定、统一和明晰的概念和意义系统也因此变得具有了强烈的流动性和去本质化特征。依托经验性的民族志研究，本研究的终极目标便在于探究有关中华文化的本质取向和如保罗·克劳瑟（Paul Crowther）所言的、以主客体经验为基础的"现象学深度"。

回顾历史，中华文化从本体论或者存在论的角度而言，从来都不存在一个固定不变的机械性本体。因为，它一直处于本土文化和外来文化、传统知识与现代元素的不断争执与博弈中，它是在不同民族、地区和代际文化之间持续进行的协商、冲突甚至互相消解之后，经由筛选、淘汰、沉淀和融合的产物，是一个典型的文化糅合体，是充斥着不同声音的知识框架和权力结构。自近代（1840年）以来，随着资本主义在全世界的扩张蔓延至传统中国的边疆与腹地，中华文明与世界其他文明的接触猛然间从雅斯贝尔斯所描绘的相对独立的"轴心时代"过渡到了"蝴蝶效应"日益加剧的全球化阶段，中国越来越发现自身如海德格尔所言"被抛"于世界之中，不得不积极或消极地与周遭环境建立关联，在跨境与跨文化交往中不断重塑着有关自我与他者的理解与认知。在杜维明（Tu Wei-ming）看来，"中国"不仅是一个政治、地理和历史概念，而更是一个与本尼迪克特·安德森（Benedict Anderson）所指称的、依据"文化"为纽带和基础的想象共同体，即所谓的"文化中国"（cultural China）。① 不同的时空语境定义着有关中国和中国文化的不同想象，杜维明依据这些想象构筑了中华文化的标签体系和阐释结构，将原本作为整体的"文化中国"划分为以中国大陆、中国台湾、中国香港和新加坡为代表的"文化中国"的中心，以及其他华人聚居或散居的海外的"文化中国"的边缘。杜维明从一个世界主义者的角度敏锐地指出，在"文化中国"的中心地区，中华文化是具有主导性质的文化，具有着传统性强、变化缓慢等特点，而在"文化中国"的边缘地区，传统的中华文化处于政治、经济和文化方面的明显劣势，它们不得不与所在地的其他文化发生直接和频繁的接触和碰撞，也不可避免地在这一过程中发生不同程度的变化。这些在遗产的旅行中发生的变化很大程度上体现了中华文化自身发展变化的内在机制和基本特征，有助于反观"文化中国"中心区域正在经历的长期、缓慢和隐性的发展变化过程。因此，在认识和深入理解中华文化本质特性的意义上，杜维明对于海外华人社区尤为重视，将"边缘"看作超越传统"中心"的真正"中心"。这便是本研究将北美多元文化社会中华人移民和土生华人社区及其文化覆盖区域作为研究对象的重要原因之一。

在学科建设的意义上，开展本研究的另一重要动机，其实是回应作为现代学科的民俗学（以及在此学科框架之下的相关艺术与非物质文化遗产研究）在当代发展中所面临的实际困境。1812年，格林兄弟（Jacob and Wilhelm Grimm）编著的《儿童与家庭故事集》（Kinder-und Hausmärchen，英译 Children's and Household Tales）（即《格林童话》）问世，标志着民俗

---

① Tu, Wei-ming. 1991, "Cultural China: The Periphery as the Center", *Daedalus 120*, No. 2, pp. 1-32; 1994. *The Living Tree: The Changing Meaning of Being Chinese Today*. Stanford, CA: Stanford University Press.

学作为现代学科地位的确立。然而，长期以来，民俗学的学科地位一直受到来自外部的质疑、挑战甚至否定。[①] 以北美的大学体系为例，民俗学的系、学科点、师资以及课程多被压缩、合并甚至裁汰。[②] 近年来，由于一系列与非物质文化遗产相关的文化运动的兴起和发展，民俗学在各国又迎来了一次新的机遇，以期重新找寻自身的学科定位、重估自我价值以及反思学科历史及其当代使命。在此，本研究将首先以民俗学发展的现状为讨论的起点。

第一节 民俗学的当代困境：宏大理论
何以成为问题

面对民俗学长期以来所遭遇的学科困境，阿兰·邓迪斯（Alan Dundes）、哈里斯·博杰（Harris M. Berger）和艾略特·沃林（Elliot Oring）等学者将造成这一现象的主因，归于本学科未能向其他学科提供可资利用的理论与方法论资源。[③] 丹·本·阿莫斯（Dan Ben-Amos）早在20世纪70年代说："民俗学者非常热衷于引用其他学科的理论和方法，但是自身的理论和方法却又最少被其他学科的学者指涉和应用。"[④] 即是说，民俗学仅停留于自说自话式的经验描述，而缺乏具有普遍解释力和

[①] 参见 Bendix, Regina. 1998, "On Names, Professional Identities, and Disciplinary Futures", *Journal of American Folklore* 111, No. 441, pp. 235 – 246; Ben-Amos, Dan. 1998, "The Name is the Thing", *Journal of American Folklore* 111, No. 441, pp. 257 – 280; Kirshenblatt-Gimblett, Barbara. 1998. "Folklore's Crisis". *Journal of American Folklore* 111, No. 441, pp. 281 – 327; Oring, Elliott. 1998, "Anti-'Folklore'", *Journal of American Folklore* 111, No. 441, pp. 328 – 338。

[②] 例如，印第安纳大学（Indiana University）民俗学系与民间音乐学系合并，宾夕法尼亚大学（University of Pennsylvania）的民俗学由于师资未能补充而不再授予学位，哈佛大学（Harvard University）的民俗与神话学（Folklore and Mythology Program）课程受到压缩，加拿大纽芬兰纪念大学（Memorial University of Newfoundland）和拉瓦尔大学（Université Laval）也在师资和研究经费等各方面受到严重冲击。

[③] Dundes, Alan. 2005, "Folkloristics in the Twenty-First Century", *Journal of American Folklore* 118, No. 470, pp. 385 – 408; Berger, Harris M. 1999, "Theory as Practice: Some Dialectics of Generality and Specificity in Folklore Scholarship", *Journal of Folklore Research* 36, No. 1, pp. 31 – 49; Oring, Elliott. 2006, "Missing Theory", *Western Folklore* 65, No. 4, pp. 455 – 465.

[④] Ben-Amos, Dan. 1973, "A History of Folklore Studies: Why Do We Need It?", *Journal of Folklore Institute* 47, No. 9, p. 115.

跨学科性质的"宏大理论"（ggrand theory）。

何谓"宏大理论"？阿兰·邓迪斯将之定义为"可以帮助我们解读民俗材料"的普遍理论，例如穆勒（Max Müller）之太阳神话理论[①]、弗雷泽（Sir James Frazer）的交感巫术理论[②]、弗洛伊德（Sigmund Freud）的精神分析理论（psychoanalysis），以及列维－斯特劳斯（Claude Lévi-Strauss）的结构主义（paradigmatic structuralism）[③]等。邓迪斯在肯定这些宏大理论解释效力的同时，也意识到这些理论大多产生于19世纪末20世纪初，且均非美国学界的创造。而当代美国民俗学者所提出的理论，如口头程式理论（Parry-Lord oral formulaic theory）、女性主义（feminism）民俗思想，以及表演理论（performance theory）等，在邓迪斯看来，它们仅能被视为具体的方法或视角，均不具备对于经验材料内涵及意义的解释力。[④]由于美国民俗学研究中宏大理论的缺失，邓迪斯等学者对民俗学，特别是美国民俗学的未来充满焦虑。因此，在其2004年为美国民俗学年会所作的主题讲演《21世纪民俗学》（"Folkloristics in the Twenty-First Century"）中，邓迪斯发起了关于积极建构民俗学"宏大理论"的号召，并将之视为确保民俗学独立学科地位及其世界学术声誉的要务。

阿兰·邓迪斯有关"宏大理论"的号召，引起了民俗学界，特别是美国民俗学者的激烈讨论，其中不乏批评与反对之声。在2005年的美国民俗学年会上，李·哈林（Lee Haring）组织了"民俗学为何没有宏大理论"（"Why is there no 'grand theory' in folkloristics"）的专场讨论。在讨论中，哈林[⑤]、查尔斯·布里格斯（Charles L. Briggs）[⑥]以及约翰·罗伯

[①] Solar mythology，或称，比较神话学 comparative mythology。

[②] Sympathetic magic，或称，神话－仪式学说 myth-ritual theory。

[③] Dundes, Alan. 2005. "Folkloristics in the Twenty-First Century". *Journal of American Folklore* 118, No. 470, p. 389.

[④] Dundes, Alan, "Folkloristics in the Twenty-First Century", *Journal of American Folklore* 118, No. 470, pp. 388 – 389.

[⑤] Haring, Lee. , "America's Antitheoretical Folkloristics", *Journal of Folklore Research* 45, No. 1, 2008, pp. 1 – 9.

[⑥] Briggs, Charles L. 2008. "Disciplining Folkloristics", *Journal of Folklore Research* 45, No. 1, pp. 91 – 105.

茨（John W. Roberts）① 等学者从美国民俗学的历史出发，认为本学科的分析基础是经验实证（ethnography-of-speaking）和表演情境（performance-centered），因此，其理论贡献多为具体实践方法（method），而非具有普遍解释力的宏大理论。另外，哈林等并不认同邓迪斯有关宏大理论与民俗学学科地位关系的表述。相反，罗伯茨认为，宏大理论建构将动摇民俗学之根本。② 他们的观点得到了在场一位德国民俗研究者詹姆士·道（James R. Dow）的认同。后者的背书源于其自身关于德国民俗学与国家社会主义运动相互关系的研究。③ 然而，参与讨论的其他一些研究者则赞同邓迪斯的观点，肯定建构宏大理论的重要性。例如，法恩（Gary Alan Fine）认为："理论是知识生产的一种方式，可以使我们突破实际经验的局限。如果没有核心概念——无论这些是被称为宏大理论或是组织化的观点，民俗学者将发现很难去建构模型以超越特殊性，并证明民俗学的认知能帮助我们理解广阔绵延的时空。"④

更多的研究者则依托宏大理论概念展开对话。其中，虽然理查德·鲍曼认为鼓励民俗学者致力于宏大理论建构是一种误导（a misguided enterprise），但他承认应将知识生产与单纯的经验个案分析相分离。他呼吁：在认知社会文化语境的基础上（a set of premises about society and culture），应建构普遍性（general, common）的概念框架（a conceptual frame of reference/an orienting framework for inquiry），形成具有延续性的知识传统。⑤ 与阿兰·邓迪斯有关民俗学，特别是美国民俗学缺乏宏大理论的持论相异，鲍曼认为美国民俗学具有并仍在延续建构宏大理论传统。鲍曼

---

① Roberts, John W. 2008, "Grand Theory, Nationalism, and American Folklore", *Journal of Folklore Research* 45, No. 1, pp. 45 – 54.

② Roberts, John W. 2008, "Grand Theory, Nationalism, and American Folklore", *Journal of Folklore Research* 45, No. 1, p. 52.

③ Dow, James R. 2008, "There is No Grand Theory in Germany, and for Good Reason", *Journal of Folklore Research* 45, No. 1, pp. 55 – 62.

④ Fine, Gary Alan 2008, "The Sweep of Knowledge: The Politics of Grand and Local Theory in Folkloristics", *Journal of Folklore Research* 45, No. 1, p. 17.

⑤ Bauman, Richard. 2008, "The Philology of the Vernacular", *Journal of Folklore Research* 45, No. 1, p. 30.

进一步指出，这一民俗学传统可与结构主义、表演研究（performance studies）①、民族史诗学（ethnopoetics）、互文性和糅合理论（hybridity）等新理论动向分庭抗礼，是民俗学知识生产及捍卫自身学科身份的重要基础，同时，它也是民俗学与其他学科进行有效学术对话的保证。可见，虽然邓迪斯与鲍曼在某些具体的学术观点上存在分歧②，但两位学者立论的基点和目标均在试图协调理论与实践的相互关系，希望能从中寻找到民俗学独立于其他学科的理论和方法论范式。在此共同目标的推动下，与会的其他学者，如多萝西·诺伊斯（Dorothy Noyes）和凯瑟琳·斯图尔特（Kathleen Stewart）等分别提出了所谓"浅理论"（humble theory）③和"弱理论"（weak theory）④等概念，以定义和描述经由实证经验所提升的、具有一定普遍性的民俗学解释模型。

可见，由邓迪斯 2004 年主题讲演所引发的美国民俗学界有关宏大理论的论争表明，民俗学科内部存在着两种不同的声音——以构建理论为要务抑或以经验研究为中心，代表着两种不同的学术传统和学术倾向。美国民俗学界的这一分歧（亦为世界民俗学界所共有之现象），有其深刻的历史和社会政治文化渊源。

第二节　民俗学传统与宏大理论

邓迪斯关于宏大理论的表述及其对于美国民俗学的忧虑表明，进入现代学科体系之中的民俗学具有两个不同的学术传统，即欧洲传统和新

---

① 此处所谓表演研究是指当代欧美学术界出现的新潮流，与鲍曼的表演理论具有较为紧密的联系，但二者存在差异。表演研究的主要研究对象为文化表演（cultural performance）和表演性的仪式（如民间仪式等），即探究表演如何呈现和反叛既有的社会和文化结构，挖掘其中的象征关系以及背后的权利话语和运作机制。代表学者包括维克多·特纳（Victor Turner）和理查德·谢克纳（Richard Schechner）等。

② 关于邓迪斯和鲍曼的学术分歧，可参见王杰文《寻找"民俗的意义"——阿兰·邓迪斯与理查德·鲍曼的学术论争》，《西北民族研究》2011 年第 2 期。

③ Noyes, Dorothy. 2008, "Humble Theory", *Journal of Folklore Research* 45, No. 1, pp. 37 – 43.

④ Stewart, Kathleen, "Weak Theory in an Unfinished World", *Journal of Folklore Research* 45, No. 1, pp. 71 – 82.

大陆（美国）传统。作为现代民俗学诞生地的德国，便是欧洲传统的代表之一。由于当时德国尚未统一、社会上层喜用法语，以赫尔德（Johann Gottfried von Herder）和格林兄弟为代表的，受狂飙突进运动、浪漫主义思潮和国家主义思想影响的知识阶层，只能从仍在使用德语、讲述德国民间故事和实践德国风俗传统的农民阶层中寻找德国文化之根，建立民俗学与政治文化及意识形态之间的紧密关联。这一依托民俗文化建构民族国家的范式，深刻影响了世界各国的政治文化观念和社会实践。例如，在当时尚未独立的芬兰，知识阶层也转向其社会中的农民阶层，以获得其民族独立特性的佐证。著名的芬兰史诗《卡勒瓦拉》（Kalevala）即因此得以发现。与德国民俗学的国家主义背景不同，欧洲民俗学的另一重要传统——英国传统，则源于工业革命后英国在全世界的殖民扩张。伴随殖民活动而传入英国社会的有关异文化的大量文献、口述见闻及器物等，极大丰富了英国知识阶层（以及社会公众）的文化想象与社会生活。[①] 面对众多的异文化资源，学者们开始有意识地观察和体认各民族和社会之间的文化异同，探寻各文明之间的联系与区隔，构建认知人类社会进步与发展的总体框架。[②] 麦克斯·穆勒的太阳神话学派所建基的印欧语言和印欧文化假说，爱德华·泰勒（Edward B. Tylor）之人类社会进化模型，以及弗雷泽的神话—仪式学说，均为民俗学英国传统之代表性成果。因此，在民俗学的欧洲传统中，无论德国传统或英国传统，都意在生产具有普遍意义的知识体系，以理解超越单一国家、民族、地区或个人的经验存在。

然而，在新大陆，美国（包括加拿大）学者却在追寻一条与欧洲学者不同的民俗学之路。在 19 世纪末期，特别是 1894 年美国国内生产总值跃居世界第一后，包括民俗学在内的现代学术体系的中心便开始逐渐移向北美。虽然许多欧裔学者仍然秉承和坚持母国的文化与学术传统，但北美特殊的多元社会现实和文化环境，使得这些具有移民背景的学者（以及本土学者）开始关注在地经验和土生文化。1888 年《美国民俗学

---

① Kirshenblatt-Gimblett, Barbara. 1998. *Destination Culture: Tourism, Museums and Heritage.* Berkeley and Los Angeles: University of California Press.

② Dorson, Richard M. 1968. *British Folklorists: A History.* Chicago: University of Chicago Press.

刊》(Journal of American Folklore) 的《发刊词》提出要致力于研究至少四类正在急速消失的北美传统：(1) 古老英国民俗的遗存 (如歌谣、故事、迷信以及方言等)；(2) 美国南方的黑人民俗；(3) 北美印第安人部落的民俗；(4) 加拿大法语区以及墨西哥的民俗等。① 由此可见，自美国民俗学会建立之初，北美学者的关注目光便聚焦于其正在经历的、不同于欧洲经验的社会文化空间。弗朗茨·博厄斯 (Frans Boas) 等学者对北美印第安人部落的研究，以及他们将人类学田野调查方法引入民俗学的实践，代表了北美民俗学者的认识论与方法论倾向。② 1959 年，具有美国文明研究 (American Civilization Studies) 背景的理查德·多尔森 (Richard M. Dorson)，旗帜鲜明地反对当时民俗学界占据主流地位的、由斯蒂·汤普森 (Stith Thompson) 所倡导的、以文化单一起源 (一元论，monogenesis) 论为基础的文本分析方法和机械民俗传播伦。③ 在多尔森看来，虽然美国的民俗以及美国民俗学研究与欧亚传统关系密切，但是美国经验的独特性使之脱离原有的文化窠臼而具有独立之精神与样态。因此，他提出，要用 "美国的民俗" (American folklore) 代替 "在美国的民俗" (folklore in America)④。多尔森对于美国经验独特性的关注，促使罗杰·亚伯拉罕斯 (Roger D. Abrahams)、丹·本-阿莫斯、阿兰·邓迪斯、罗伯特·乔治斯 (Robert Georges) 和肯尼斯·戈尔茨坦 (Kenneth Goldstein) 等 "青年才俊" (young Turks) 开始寻求认识和理解美国日常生活的路径与方法。⑤ 多尔森将这些青年才俊的理论倾向归纳为 "情境" (contextual) 中心论，并认为这一理论倾向开启了民俗学的新篇章。理查

---

① American Folklore Society. 1888, "The Funeral Ceremonies of the Chinese in America", Journal of American Folklore 1, No. 3, pp. 239 – 240.

② Zumwalt, Rosemary L. 1988. American Folklore Scholarship: A Dialogue of Dissent. Bloomington: University Press.

③ 主要是指芬兰历史地理学派的一些思想和方法。

④ Dorson, Richard M. 1961. American Folklore. Chicago: University of Chicago Press; 1959. "A Theory for American Folklore". Journal of American Folklore 72, No. 285, pp. 197 – 215; 1969. "A Theory for American Folklore Reviewed". Journal of American Folklore 82, No. 325, pp. 226 – 244; 1978. "American Folklore vs. Folklore in America". Journal of the Folklore Institute 15, No. 2, pp. 97 – 112.

⑤ Dorson, Richard M. 1972. "Introduction: Concepts of Folklore and Folklife Studies". In Richard M. Dorson (ed.) Folklore and Folklife: An Introduction. Chicago: University of Chicago Press, pp. 45 – 47.

德·鲍曼的表演理论，正是在这一实践转向背景下提出和深化的。①

在 2005 年美国民俗学年会上，许多与阿兰·邓迪斯提倡宏大理论持不同观点的学者，如罗伯茨等认为，多尔森放弃建构宏大理论而转向关注美国独特历史文化的原因，在于其民俗思想中的去意识形态化（apolitical）②。作者认同罗伯茨等学者的观点，以为多尔森极力撇清民俗学与意识形态的关系，与其对于所谓"伪民俗"（fakelore）的批判密切相关。"伪民俗"的概念是多尔森于 1950 年所提出的，意在区分以口头传统为依托的"真民俗"和建基于文学创作、政治需要和资本主义商业扩张而创造的"伪民俗"③。其中，多尔森对于本杰明·波特金（Benjamin A. Botkin）的批评最为直接和深刻。波特金被誉为"美国公共民俗学和应用民俗学之父"，其早年的各项工作均与美国政府及其下属机构有关。例如，波特金被任命为美国联邦作家项目（Federal Writers' Project）国家民俗的总编（national folklore editor）、美国公共事业振兴署（Works Progress Administration，WPA）民间艺术委员会主席，以及美国国会图书馆作家组项目（the Writers' Unit of the Library of Congress Project）总编等职务。④在多尔森看来，波特金的各项工作包括其后的"创作"⑤，均为意识形态指导下对于民间口头传统的误读和滥用，是与宏大理论相类的外在观念⑥对于经验材料本真性的歪曲和破坏，其背后所依附的权力关系会使民俗学丧失其作为独立学科的学术价值和存在意义，沦为国家机器的文

---

① 参见 Toward New Perspectives in Folklore ［Journal of American Folklore 84, No. 331 (1971)］中的相关论文。

② Roberts, John W. 2008. "Grand Theory, Nationalism, and American Folklore". Journal of Folklore Research 45, No. 1, pp. 45 – 54.

③ Dorson, Richard M. 1950. "Folklore and Fakelore". American Mercury 70: 335 – 343.

④ 关于波特金的工作，可参见 Hirsch, Jerrold. 1987. "Folklore in the Making: B. A. Botkin". Journal of American Folklore 100, No. 395, pp. 3 – 38; Jackson, Bruce. 1986. "Ben Botkin". New York Folklore 12, No. 3/4, pp. 23 – 32; Widner, Ronna Lee. 1986. "Lore for the Folk, Benjamin A. Botkin and the Development of Folklore Scholarship in America". New York Folklore 12, No. 3/4, pp. 1 – 22.

⑤ 如波特金著名的《美国民俗的宝藏：人民的故事、歌谣与传统》（A Treasure of American Folklore: Stories, Ballads, and Traditions of the People, New York: Crown Publishers, 1944）。

⑥ 罗伯茨认为国家主义/民族主义亦是一种宏大理论。

化附庸。① 多尔森拒绝此类自上而下、意识形态导向或理论先行的民俗研究方法和呈现方式,而极力推动基于地方性知识的、以民族志经验为前提的、去政治化的知识生产模式。从根本上说,多尔森的观点反映了许多美国民俗学家的困惑,即"旧大陆"(old world,指欧洲)的理论与方法论能否认识、理解、阐释和解决"新世界"(new world,指北美)的新问题和新现实。作为多尔森的继承者②,阿兰·邓迪斯的民俗解析实践即是在寻求外部理论与内部经验相契合的可能性。

第三节 阿兰·邓迪斯的民俗解析实践

虽然邓迪斯一直以来都在呼吁和鼓励民俗学者建构宏大理论,然而,其并未达成此项目标。在批评其他民俗学者缺乏理论关怀的同时,他也自觉对于非民俗学理论以及欧洲同业所提出的理论亦步亦趋:"我必须承认,我自己也仅会运用他人的理论,我自己深受俄国民俗学家弗拉基米尔·普罗普《民间故事形态学》和奥地利西格蒙德·弗洛伊德精神分析理论的影响。"③ 从阿兰·邓迪斯的学术生涯来看,其早期的民俗学实践主要是运用普罗普的形态学方法重新定义民俗体裁,如俗信④、谚语⑤和谜语⑥等。在后期,邓迪斯主要是通过精神分析学说理解和发掘民俗事项的文化内涵和价值体系。目前,许多学者将邓迪斯关于"民"(folk)的

---

① Dorson, Richard M. 1962. "Folklore and the National Defense Education Act", *Journal of American Folklore* 75, No. 296, pp. 160 – 164; 1976. *Folklore and Fakelore: Essays toward a Discipline of Folk Studies*. Cambridge, MA: Harvard University Press.

② Briggs, Charles L. 2008. "Disciplining Folkloristics". *Journal of Folklore Research* 45, No. 1, pp. 94 – 95.

③ Dundes, Alan. 2005. "Folkloristics in the Twenty-First Century". *Journal of American Folklore* 118, No. 470, p. 388.

④ Dundes, Alan. 1961. "Brown County Superstitions". *Midwest Folklore* 11, No. 1, pp. 25 – 56.

⑤ Dundes, Alan. 1981. "On the Structure of the Proverb". In *The Wisdom of Many: Essays on the Proverb*, edited by Alan Dundes and Wolfgang Mieder, 43 – 64. New York: Garland Publisher.

⑥ Dundes, Alan and Robert A. Georges. 1963. "Toward a Structural Definition of the Riddle". *Journal of American Folklore* 76, No. 300, pp. 111 – 118.

概念的重新定义,看作其对于民俗学的重大贡献。① 其实,阿兰·邓迪斯作为一位优秀民俗学者的主要成就在于其所努力推动的民俗解析实践。而其最终的目的,是维护民俗学作为一门现代学科的独立地位和存在价值。② 在阿兰·邓迪斯看来,确认一门学问是否是现代学科的标准,在于这门学问对于其研究对象是否具有解释力。邓迪斯的民俗解析实践,回应了民俗学的解释力问题。

阿兰·邓迪斯在其《解析民俗》(*Interpreting Folklore*)③的前言中提到:"现在出版的大量民俗著作主要是单纯描述性的经验材料。你只需要到最近的图书馆里,看看标着民俗的馆藏,就可以发现很多的书籍仅是传说、笑话、谚语或者类似体裁的资料集。"④邓迪斯观察到,民俗学者多将工作的重心置于真实记录和准确呈现田野材料上,并满足和停步于民俗事项的认证(identification)。然而,依据邓迪斯的观点,由于材料收集本身并非创造性活动,因此,对于经验民俗事项的确认并不能证明民俗学作为现代学科存在的独特性和重要性。在这个意义上,邓迪斯认为,民俗学者应超越目前的经验局限,寻求对于民俗事项的解释和分析(interpretation)。而民俗解析的关键在于运用恰当的理论框架。在阿兰·邓迪斯所确认的诸多宏大理论中,虽然其首先选用的是普罗普的形态学方法,但是,邓迪斯一直将自己视为精神分析学说的忠实追随者。⑤

在邓迪斯看来,包括普罗普形态学和列维—斯特劳斯的结构人类学学说在内的结构主义(或符号学分析),多关注文本内部各要素之间的组合关系和总体结构,虽有助于认知事项(what an object is),但却不能使

---

① Brandes, Stanley and Laura Nader. 2006. "Alan Dundes (1934 – 2005)". *American Anthropologist* 108, No. 1, pp. 268 – 271.

② 关于阿兰·邓迪斯职业生涯及其为民俗学,特别是加州大学伯克利分校民俗学学科点所做的努力,可参见 Zumwalt, Rosemary Levy. 2017. "'Here is Our Man': Dundes Discovered, the Development of the Folklore Program at the University of California, Berkeley", *Journal of American Folklore* 130, No. 515, pp. 3 – 33.

③ Dundes, Alan. 1980. *Interpreting Folklore*. Bloomington: Indiana University Press. 特别注意,户晓辉译《民俗解析》(广西师范大学出版社 2005 年版)并非此书的中文译本,而是一本选编阿兰·邓迪斯(1960—2002 年)著作的文集。

④ Dundes, Alan. 1980. *Interpreting Folklore*. Bloomington: Indiana University Press, p. vii.

⑤ 参见杨利慧、安德明、高丙中、邹明华《阿兰·邓迪斯:精神分析学说的执着追随者和民俗学领地的坚定捍卫者——美国民俗学者系列访谈之二》,《民俗研究》2003 年第 3 期。

我们知晓其存在的目的和表达的意义（what the object is for or what it means）。① 当然，邓迪斯承认，列维—斯特劳斯的结构主义分析已经涉及有关潜意识的深层结构，但是，与弗洛伊德所谓的潜意识不同：前者所认知的是潜意识的结构方式②，而后者所追寻的是潜意识所内蕴和不断释放的意义；前者是外在和非情感的，而后者则是内嵌和个人的。③ 邓迪斯所试图揭开的，乃是弗洛伊德意义上的潜意识——民俗事项迷幻光影中的灵动内涵（the meaning of folkloristic fantasy）。④ 可见，结构主义仍然为民俗解析留下了诸多认识论意义上的空白⑤，而精神分析则是"使不可理解的变得通俗易懂，在非理性中找到合理性，让潜意识浮出意识层面"⑥的通途。

然而，阿兰·邓迪斯虽然依托精神分析学说去找寻民俗事项背后的意义和价值，但其并未完全依赖于弗洛伊德的理论，而是通过其视角观照经验对象以建构自身的理论思想和解释框架。迈克尔·卡罗尔（Michael P. Carroll）认为，邓迪斯的写作中真正有关精神分析的理论其实很少，实际上，他所依托的多为弗洛伊德在其职业生涯早期的一些观点，这些观点主要是集中在《梦的解析》⑦ 中。而且，邓迪斯的许多观点是与弗洛伊德及传统精神分析理论相悖的。例如，邓迪斯认为，在民俗资料中经常出现的"阴茎嫉妒"（penis envy）模式所反映的，并非像弗洛伊德所谓女孩由于自身"缺失"而引发的对于男性"所有"的负面情绪，而是男性对于女性独有的生育功能的逆向妒忌心理（male birth-en-

---

① Dundes, 1980. *Interpreting Folklore*. Bloomington：Indiana University Press, p. 35.
② 因此启发了雅克·拉康的精神分析学说。
③ Dundes, Alan. 1980. *Interpreting Folklore*. Bloomington：Indiana University Press, p. 36.
④ Dundes, Alan. 1980. *Interpreting Folklore*. Bloomington：Indiana University Press, p. 36.
⑤ Dundes, Alan. 1976. "Structuralism and Folklore". In *Folk narrative research：some papers presented at the VI Congress of the International Society for Folk Narrative Research*, edited by Juha Pentikäinen and Tuula Juurikka, 75 – 93. Helsinki：Suomalaisen Kirjallisuuden Seura.
⑥ Dundes, Alan. 2002. *Bloody Mary in the Mirror. Essays in Psychoanalytic Eolkloristics*. Jackson, Mississippi：University Press of Mississippi.
⑦ Carroll, Michael P. 1993. "Alan Dundes, An Introduction." In *The Psychoanalytic Study of Societ：Essays in Honor of Alan Dundes*, edited by. L. Bryce Boyer, Ruth M. Boyer, and Stephen M. Sonnenberg. Hillsdale, New Jersey：The Analytic Press, p. 7.

vy)。① 再如，邓迪斯曾说："在精神分析学派关于'投射'（projection）的讨论中，投射与反向投射（projective inversion）的区别从来都模糊不清。"② 在研究中，邓迪斯第一次清晰地将后者定义为"一种心理过程"，"在此过程中，某人控诉另一人所为之事，乃是其自己内心深处想做之事"。③ 阿兰·邓迪斯的重新定义，不仅澄清了精神分析学说中长期存在的概念不清与混淆状况，同时也使民俗学获得了分析诸如莎士比亚戏剧《李尔王》故事④及古埃及"两兄弟故事"⑤ 的理论框架。可以说，邓迪斯是精神分析学说的批判继承者，而非被动的盲从者。正如他自己所说："我认为精神分析学说能很好地阐释民俗，但是我同样坚信，民俗材料也能拓展精神分析理论的视域和疆界。"⑥ 在这个意义上，民俗解析或者解释民俗的过程，实为将经验事实提升为理论思想，甚至宏大理论的过程。即使是在2005年有关宏大理论的讨论中站在邓迪斯对立面的查尔斯·布里格斯也不得不承认理论建构在民俗学学科建设中的重要性。实际上，布里格斯本人与另外一位民俗学家艾米·舒曼（Amy Shuman）在1993年便开始推动经由经验而来的民俗思想的理论化进程。⑦

在民俗解析的过程中，与早期摇椅上的民俗学家（armchair folklor-

---

① Carroll, Michael P. 1993. "Alan Dundes, An Introduction." In *The Psychoanalytic Study of Society: Essays in Honor of Alan Dundes*, edited by L. Bryce Boyer, Ruth M. Boyer, and Stephen M. Sonnenberg. Hillsdale, New Jersey: The Analytic Press, p. 10.

② Dundes, Alan. 1987. *Parsing Through Customs: Essays by a Freudian Folklorist*. Madison: University of Wisconsin Press, p. 37. 邓迪斯关于"投射"的讨论，还可参见"Projection in Folklore: A Plea for Psychoanalytic Semiotics"［*Modern Language Notes* 91, No. 6 (1976), pp. 1500 – 1533］.

③ Dundes, Alan. 1991. "The Ritual Murder or Blood Libel Legend: A Study of Anti-Semitic Victimization through Projective Inversion". In *The Blood Libel legend: A Casebook in Anti-Semitic Folklore*, edited by Alan Dundes. Madison: The University of Wisconsin Press, pp. 352 – 353.

④ Dundes, Alan. 1976. "To Love My Father All': A Psychoanalytic Study of the Folktale Source of King Lear". *Southern Folklore Quarterly* 40, No. 3/4, pp. 353 – 366.

⑤ Dundes, Alan. 2002. "Projective Inversion in the Ancient Egyptian 'Tale of Two Brothers". *Journal of American Folklore* 115, No. 457/458: 378 – 394.

⑥ Dundes, Alan. 1987. *Parsing Through Customs: Essays by a Freudian Folklorist*. Madison: University of Wisconsin Press, p. 38.

⑦ Briggs Charles L. and Amy Shuman, eds. 1993. *Theorizing Folklore. Western Folklore* 52, No. 2/3.

ists）一样，邓迪斯在应用民俗材料方面遭受了来自多方的质疑。① 在许多学者看来，邓迪斯极少进行田野研究，经验素材主要为来自世界各地的间接材料。然而，从上文多尔森将邓迪斯归入"情境"理论的青年才俊，以及邓迪斯的著作②中可知，其并非忽略田野调查以及语境在民俗研究中的重要性。邓迪斯对于所谓世界性材料的运用来自其民俗解析的思想，即民俗学应推进至其研究的第二阶段——对经验材料进行分析和解释，而非单纯地实地调研和收集。在这一阶段，阿兰·邓迪斯实际上刻意回避了语境对于经验材料的束缚，而希望从具有相似性的文本中寻找文化之间相通的人类普世价值和普遍意义（universal meaning）③，以进行范式化的知识生产和文化创新，即进行宏大理论建构。需要指出的是，与 19 世纪末 20 世纪初的民俗学宏大理论不同，邓迪斯并非是在寻求不同文化之间经验事实的相互印证，而是在材料相似性的基础之上，从普遍性中提取差异性背后的理论和方法论范式。对此，邓迪斯的追随者之一沃尔夫冈·梅德（Wolfgang Mieder）曾评论说："在阿兰·邓迪斯成果丰硕的一生中，他所不断强调的是，民俗学是更好地理解人类日常生活的关键，而民俗学者在其研究中应具备一种比较意识和国际眼光。"④

可见，与多尔森不同，阿兰·邓迪斯并不畏惧宏大理论对于地方性知识的"侵害"，而是积极应对，将理论建设与实证经验结合。在民俗解析的框架下，邓迪斯通过对世界性民俗材料的解读，在挖掘民俗事项内在文化含义和价值体系的同时，尝试建构对人类日常生活中的民俗实践与情感表达具有解释力的民俗理论。在当今全球化的语境下，邓迪斯实际上正在重建普世话语与地方性经验之间的关联，即地方性知识

---

① 关于阿兰·邓迪斯对此的解释，可参见杨利慧、安德明、高丙中、邹明华《阿兰·邓迪斯：精神分析学说的执着追随者和民俗学领地的坚定捍卫者——美国民俗学者系列访谈之二》，《民俗研究》2003 年第 3 期。

② Dundes, Alan. 1964. "Texture, Text and Context". *Southern Folklore Quarterly* 28, No. 4, pp. 251-265.

③ Georges, Robert A. and Michael Owen Jones. 1995. *Folkloristics: An Introduction*. Bloomington: Indiana University Press.

④ Mieder, Wolfgang. 2006. " 'The Proof of The Proverb Is In The Probing': Alan Dundes as Pioneering Paremiologist". *Western Folklore* 65, No. 3, pp. 217-262.

如何在全球化的语境中被不同主体所共享，同时，他也在追问全球化的趋势是如何影响社区思考自我身份与文化价值的。在这个意义上，邓迪斯关于宏大理论的讨论与非物质文化遗产研究便产生了语义互动的可能。

第四节　非物质文化遗产的共享性、跨文化传播可能与宏大理论

在联合国教科文组织所颁行、由包括中国在内的各缔约国所签署的《保护非物质文化遗产公约》中，所谓"非物质文化遗产"，是指"被各社区、群体，有时是个人，视为其文化遗产组成部分的各种社会实践、观念表述、表现形式、知识、技能以及相关的工具、实物、手工艺品和文化场所"。[①] 从该定义可知，非物质文化遗产是与属于地方性范畴中的社区、群体和个人息息相关的文化资源以及承载这些文化资源的载体。而在当今全球化的背景之下，无论遭遇破坏或者面临保护，地方性知识已经无可逆转地与外部世界发生着难以割裂的互动与对话。具体说来，各缔约国非物质文化遗产清单和人类非物质文化遗产代表作名录的编制，以及国际合作和援助机制的互助性与制度化，使得原属某一特定社区、群体或者个人的具体知识和价值系统，成为了超越地域与族群的具有共享性的人类遗产和公共文化资源。[②] 正如高丙中在《日常生活的未来民俗学论纲》中指出的那样——"非物质文化遗产保护让我们这个社会接受地方的文化与人类的文化的新关系。"[③] 高丙中在该《论纲》中进一步指出，在很大程度上，非物质文化遗产"是过去的日常生活"，但是由于其自身的活态传承与外在的介入性保护，非遗由此转变为公共文化，具有

[①] 联合国教科文组织：《保护非物质文化遗产公约》，2003 年，第 2 页。http://www.ihchina.cn/cms/ueditor/jsp/upload/20161024/28751477290630671.pdf.

[②] 刘魁立：《非物质文化遗产的共享性本真性与人类文化多样性发展》，《山东社会科学》2011 年第 3 期；高丙中：《作为公共文化的非物质文化遗产》，《文艺研究》2008 年第 2 期；刘晓春：《非物质文化遗产的地方性与公共性》，《广西民族大学学报》2008 年第 5 期。

[③] 高丙中：《日常生活的未来民俗学论纲》，《民俗研究》2017 年第 1 期。

了面向未来的特质。① 在这个意义上，非物质文化遗产实际上具有了阿兰·邓迪斯所谓超越时空区隔的普世价值和普遍意义，如在世界范围内广泛存在的"潜水捞泥者"神话（中国息壤神话、《圣经》"诺亚方舟"故事及北美洪水神话等），成为了潜在的（或事实上已经成为了）共通性材料（human universals）②，即构建宏大理论和宏大叙事的经验基础。依据阿兰·邓迪斯的设想，普适性的材料即可催生解释此种普遍有效性的理论与分析框架。

然而，在当今世界各国具体的非物质文化遗产保护工作中，大量实践活动并未超出特定社区、群体或个人的疆界，其为全人类共享的特质尚未彰显。此类情况的出现与非物质文化遗产保护首先作为一项政治、经济、文化等各方面社会资源互动的实践过程有关。就目前中国非物质文化遗产保护的情形而言，由于行政权力、商业活动和地方保护主义的大量介入，权力关系与利益纠葛促使大多数非遗实践驻足于形成具有可操作性和实际效力的方针策略，其指向性仍为实践本身。其实，非物质文化遗产保护的实践特性和非理论性，也与主导此项实践的民俗学长期以来的学科定位与属性有关。如户晓辉所言，在"非遗时代"之前，民俗学从本质上讲即是一门实践学科，而如今非物质文化遗产保护的进展更推动着民俗学的实践回归。③ 在北美，多尔森先期关于民俗学之经验实证特性的影响犹存④，北美民俗学者，特别是身处文化工作第一线的公共民俗学者，所关注的仍为非遗作为地方性知识的独特存在，在提供民族志经验和导向性服务外，极少对实践经验进行抽象化的知

---

① 高丙中：《日常生活的未来民俗学论纲》，《民俗研究》2017年第1期。
② Dundes, Wolfgang. 1962. "Earth-Diver: Creation of the Mythopoeic Male". *American Anthropologist* 64, No. 5, pp. 1032 – 1051.
③ 户晓辉：《非遗时代民俗学的实践回归》，《民俗研究》2015年第1期。
④ 当然，多尔森关于"伪民俗"的看法在最后也有转变，开始关注其建构过程与语境。参见 Bendix, Regina. 1988. "Folklorismus: The Challenge of a Concept". *International Folklore Review* 6: 5 – 15; Fox, William. 1980. "Folklore and Fakelore". *Journal of the Folklore Institute* 17, No. 2/3, pp. 244 – 261.

识生产。① 当然，在公共民俗学的实践过程中，诸如本真性（authenticity）、去语境化（decontextualization）、复语境化/语境重置（recontextualization）、民俗主义（folklorismus/folklorism）等概念得到了民俗学者的重新审视与反思。遗憾的是，自"非遗运动"开始至今，无论民俗学或其他相关学科，均未能产生相应的理论与方法论，去协调非物质文化遗产的共享性和地方利益的排他性之间的紧张关系。而当今非物质文化遗产保护工作所面临的诸多问题，如忽视非遗自身发展规律、非遗传承人失语以及非遗知识的过度商品化等，实质上均指向同一症结，即理论层面对象自身的共享性特质与实际经验层面的实践策略之间呈现的认识论断裂与方法论缺失。即是说，有关非物质文化遗产作为地方性知识和共享性资源之二重性的认识并未得到理论观照。

在作者看来，对于非遗保护实践，特别是对非物质文化遗产所具之二重性，进行理论化阐释和提升的可能切入点之一，是非物质文化遗产的跨文化传播研究。这是因为，唯有超脱源文化社区（或个人）的时空局限，非物质文化遗产之共享性才有可能得以浮现，而跨文化传播的实质即是提供了超越文化、基于文化主体之主体间性而构建的场域和可能。因由文化主体之间存在的（不平等的）权力关系，跨文化传播的具体方式或可呈现为文化适应、文化融合抑或文化冲突等。在跨文化传播的途中或终点，外来文化无可避免地与在地文化形成对话。在文化交流与信息互换的过程中，各方均因文化接触而形成共同的文化经历和情感体验（即使相互冲突，也是共享的文化过程）。需要明确的是，基于跨文化接触而建构的共同文化经历与情感体验并非归属于外来文化或当地文化中的任何一方，而是一种糅合主客位（esoteric-exoteric）知识的新文化形

---

① Baron, Robert and Nick Spitzer. 2007. *Public Folklore*. Jackson: University of Mississippi Press; Baron, Robert. 2010. "Sins of Objectification? Agency, Mediation, and Community Cultural Self-Determinationin Public Folklore and Cultural Tourism Programming". *Journal of American Folklore* 123, No. 487, pp. 63 – 91; 2012. "'All Power to the Periphery': The Public Folklore Thought of Alan Lomax". *Journal of Folklore Research* 49, No. 3, pp. 275 – 317; Diamond, Heather A. and Ricardo D. Trimillos, eds. 2008. *Constructing Folklife and Negotiating the Nation* (Al): *The Smithsonian Folklife Festival*, *Journal of American Folklore* 121, No. 479; Lawless, Elaine. 2006. *Working for and with the Folk*: *Public Folklore in the Twenty-First Century*, *Journal of American Folklore* 119, No. 471; 黄龙光：《美国公众民俗学对中国非遗保护的启示》，《云南社会科学》2015 年第 5 期。

态。作者自身关于北美华人移民民俗生活的研究表明,传播者与接受者双方均为极具创造性的能动主体,在不同的社会文化语境之下,对华人移民所带来的母国文化,进行了符合自身需求的文化重塑。与过分注重传播效果与商业价值的单纯政治外宣与商业经营不同,移民自发的、基于自身日常生活经验与身份认同需求而进行的跨文化传播(如中餐、舞狮及传统舞蹈等文化表演、新年庆祝和丧葬礼仪等节庆活动和仪式),使得非物质文化遗产本身的二重性经验更为突出,文化共享性在此并非只是已然的属性,而更是过程性和"未完成式"。

目前,在国际民俗学界,有关非物质文化遗产跨文化传播的讨论多与移民文化有关,主要关注移民群体自母国所带来的传统在新文化语境中的传承与嬗变。此类讨论虽然涉及传统文化的跨境传播问题,但仅注重该移民群体自身的变化,极少将群体间的文化互动作为研究的主要视角。在中国民俗学界及相关学科中,除孙旭培《华夏传播论》[①]、仲富兰《民俗传播学》[②]及郝怀宁《民族文化传播理论描述》[③]等著述外,学界关于中国非物质文化遗产跨境传播的理论研究较少,且多将研究视域限于中华文化圈,缺乏关于跨文化传播中语境重置和日常生活转向等问题的论述。另外,由于传播内容所凝聚的深层民族记忆和族群表征,非物质文化遗产的跨文化传播,与其他大众文化事项,特别是以盈利为目的的商品推广有异,故应寻求更具针对性和解释力的理论和方法论资源。[④]

就具体的研究对象而言,关于北美地区中国非物质文化遗产的研究,始于美国民俗学会成立之初[⑤],但研究论著仍然较少,多为介绍性的资料

[①] 孙旭培:《华夏传播论》,人民出版社2007年版。
[②] 仲富兰:《民俗传播学》,上海文化出版社2007年版。
[③] 郝怀宁:《民族文化传播理论描述》,云南大学出版社2007年版。
[④] 目前,有关跨文化传播的主要论著有:[美]爱德华·霍尔《超越文化》,居延安译,上海文化出版社1988年版;[法]阿芒·马特拉《世界传播与文化霸权》,陈卫星译,中央编译出版社2001年版;[美]迈克尔·普罗瑟《文化对话:跨文化传播导论》,何道宽译,北京大学出版社2013年版;单波《跨文化传播的问题与可能性》,武汉大学出版社2010年版等。但以上著作皆未涉及非物质文化遗产问题。
[⑤] Chapman, Mary. 1892. "Notes on the Chinese in Boston." *Journal of American Folklore* 5, No. 19, pp. 321–324; Culin, Stewart. 1890. "Chinese Secret Societies in the United States." *Journal of American Folklore* 3, No. 2, pp. 39–43; 1890. "Customs of the Chinese in America." *Journal of American Folklore* 3, No. 10, pp. 191–200.

汇编或经验描述。[1] 自20世纪70年代始，特别是20世纪90年代后，学界对北美华人民俗的研究才逐渐深入。这些研究大致可分为两类：第一类研究倾向于构建中华传统文化与北美华人民俗之间的关系，认为后者是前者的直接移植，在本质上并未产生大的改变[2]；第二类研究则更关注中华文化传统和北美华人民俗之间经由跨文化语境重置而产生的文化断裂与创新[3]。这些研究揭示了在语境重置过程中，处于优势地位的地方性知识，即北美文化的主导性及其对移民日常文化实践的影响，并理性地

---

[1] Hom, Marlon Kau. 1983. "Some Cantonese Folksongs on the American Experience." *Western Folklore* 42, No. 2, pp. 126 – 139; 1987. *Songs of Gold Mountain: Cantonese Rhymes from San Francisco Chinatown*. Berkeley: University of California Press; Lai, Him Mark et al. 1980. *Island: Poetry and History of Chinese Immigrants on Angel Island*. San Francisco: Hoc Doi.

[2] Wong, Lily Tso. 1992. "A Study of Contemporary Chinese Healing Practices as Observed in the San Francisco Bay Area and Compared with Relevant Research Literature." PhD Dissertation, Saybrook Institute, California State University.

[3] Chan, Margret Rose Wai Wah. 2001. "Chinese-Canadian Festivals: Where Memory and Imagination Converge for Diasporic Chinese Communities in Toronto." PhD Dissertation, Graduate Programme in Music, York University; Chan, Mei-Hsiu. 2001. "Transdisciplinary Multicultural Dance Education: Teaching Chinese American Students Chinese Culture through Lion Dancing." PhD Dissertation, Department of Performing Arts, Texas Woman's University (Denton, Texas); Chung, Sue Fawn and Priscilla Wegars. 2005. *Chinese American Death Rituals: Respecting the Ancestors*. Lanham, MD: AltaMira Press. Cho, Lily. 2010. *Eating Chinese: Culture on the Menu in Small Town Canada*. Toronto: University of Toronto Press; Crowder, Linda Sun. 2000. "Chinese Funerals in San Francisco Chinatown: American Chinese Expressions in Mortuary Ritual Performance." *Journal of American Folklore* 113, No. 450, pp. 451 – 463; 2002. "Mortuary Practices and the Construction of Chinatown Identity" PhD Dissertation, Department of Anthropology, University of Hawai'i; Li, Li. 2002. "Cultural and Intercultural Functions of Chinese Restaurants in the Mountain West: 'An Insider's Perspective." *Western Folklore* 61: No. 3/4, pp. 329 – 346; Marshall, Alison. 2011. "Through the Lens of the Grave Custom: the public and private face of the Western Manitoban Restaurant." *Western Folklore* 70, No. 1, pp. 99 – 126; Slovenze [– Low], Madeline. 1987. "'The Year is a Wild Animal:' Lion Dancing in Chinatown." *The Drama Review: TDR* 31: 74 – 102; 1991. "On the Tail of the Lion: Approaches to Cross-Cultural Fieldwork with Chinese Americans in New York." In *Creative Ethnicity: Symbols and Strategies of Contemporary Ethnic Life*, edited by Stephen Stern and John Allan Cicala, 55 – 71. Logan: Utah State University Press; 1994. "Lions in the Streets: A Performance Ethnography of Cantonese Lion Dancing in New York City's Chinatown." PhD dissertation, Department of Performance Studies, New York University; Zhang, Juwen. 2001. "Falling Seeds Take Root: Ritualizing Chinese American Identity Through Funerals." PhD Dissertation, Department of Folklore and Folklife, University of Pennsylviania. 张举文：《美国华裔散居民民俗的研究现状与思考》，《文化遗产》2009年第3期；《龙信仰与海外华人认同符号的构建和重建》，《文化遗产》2015年第6期。

分析处于非主导地位的文化所保有的能动空间。第二类研究的学者看到，在跨文化的社会历史语境中，华人的族群身份认同及其文化策略，会依据所处社区的开放程度和国家政策的变更而不断调整。总体说来，除个案积累外，过往研究多将北美华人民俗，或认定为中华传统的延续，或归入北美文化的范畴，但较少从理论上将之视为一种基于语境重置而形成的新的文化形态。近来，张举文提出，北美华人民俗有别于中国或美国传统，是华人民众在跨文化语境下和日常实践中不断塑造着的新文化[1]，但其未进行更为深入的个案研究或理论探讨，这为本研究提供了新的视域与研究空间。

无疑，如包括阿兰·邓迪斯在内的许多民俗学家所言，仅有民俗学可以解决民众日常生活实践与情感表达中的经验问题，且仅有专业民俗学者可以构建和发展具有解释力的认识论与方法论框架。[2] 作者以为，有关非物质文化遗产跨文化传播的理论，应建基于跨境民族志的经验研究，通过将非遗传播过程中的各要素，如非遗代表作本身[3]、传播主体[4]及社交网络[5]、在地公共文化政策及资源[6]纳入考量范围，建构非遗跨文化传播的理论模型和实践框架，实现民俗学自身的知识生产和理论建构，以进一步确立其在非遗运动中的主导地位。在此理论框架的建构过程中，诸如"跨境"（transnationality）、"跨文化"（cross-cultural）、"日常生活"（everyday life）、"本真性""语境""全球化"（globalization）等将是常会涉及之关键概念。该理论的最终指向，将是探讨现当代社会文化交流空间中，作为特殊性产品的地方性传统如何参与不同文化主体之间的宏观或微观互动，成为实际上或象征意义上的共同遗产，逐步构建与全球化经验相映衬的新的文化形态和知识范式，从传播角度认识和理解意义的

---

[1] Zhang, Juwen. 2015. "Chinese American Culture in the Making: Perspectives and Reflections on Diasporic Folklore and Identity." *Journal of American Folklore* 128, No. 510, pp. 449–475.

[2] Dundes, Alan. 2005. "Folkloristics in the Twenty-First Century". *Journal of American Folklore* 118, No. 470, pp. 385–408.

[3] 比如在海外广泛传播的中华舞狮以及饮食文化等。

[4] 比如以文化外宣为己任的精英主体——如艺术家，和以日常生活为实践目的的移民或其他群体。

[5] 比如当地华人社交圈或多元文化群体等。

[6] 比如多元文化政策等。

生成、传承和变化过程。

第五节 田野与对田野工作的反思：
多点民族志与海外民族志

本研究的逻辑与经验起点是作者自2008年9月7日开始在北美的留学经历。在北京大学中文系现当代文学专业民间文学方向硕士毕业以后，我背起行囊远赴加拿大纽芬兰纪念大学（Memorial University of Newfoundland）民俗学系（Department of Folklore）进行博士研究生阶段的学习。记得在申请就读博士的时候，作者在研究计划中写道——将以北美（特别是加拿大多伦多或者温哥华）的华人社区为民俗研究对象。但是，当我到达纽芬兰，并且在那里生活一段时间之后，我却打算将这个处于北美大陆边远地区的体量微小的华人社区作为深入考察的目标地。最后，我的博士论文便是讨论纽芬兰（Newfoundland），特别是其首府圣约翰斯（St. John's）附近华人社区的民俗。[①] 在此简要介绍一下主要田野地点的概况。纽芬兰岛位于北美大陆的最东端，这里被认为是欧洲移民在新大陆最早的据点。纽芬兰的首府圣约翰斯是英国和爱尔兰拓荒者在北美最早建设的城市。直至今日，英裔和爱尔兰裔仍是纽芬兰当地人口构成的主要部分，英国文化和爱尔兰文化也因此一直是纽芬兰文化的主流。从经济上来说，纽芬兰的渔业在世界渔业体系中占据着十分重要的地位，直到20世纪90年代全面禁渔之前，它是世界四大渔场之一。就政治上而言，在20世纪中叶以前，纽芬兰一直是英国的自治领，1949年经过全民公投，正式加入加拿大联邦，后与拉布拉多地区合并为加拿大第十个省份——纽芬兰与拉布拉多省。华人向纽芬兰的移民史始于19世纪90年代，但是由于政治经济和文化等多方面原因，当地华人人口数量仅占总人口的0.26%。这使得华人文化与当地文化之间产生了诸多碰撞与冲突。

[①] 本人于2014年10月完成了博士论文：Li, Mu. 2014. "Wanderers between Cultural Boundaries: Exploring the Individual Expressions of Chineseness in Newfoundland." Ph. D dissertation, Department of Folklore, Memorial University of Newfoundland.

需要说明的是,当我撰写博士学位论文时,我对于论文背后的理论框架思考得还并不十分成熟,实际上可以说有些模糊甚至盲目。张举文老师在我的论文外审意见以及最终答辩时寄望我可以进一步在理论上有所推进(sharpen your theory)。当写作本书时,我认为自己已经找到了长期以来追寻的那个"意义"和"理论",即本研究的主题——"非物质文化遗产的跨文化传播"。这可以说是笔者在此著作与博士论文书写最大的本质区别所在,也是我重新思考和写作本书的最大目的。这样的一种全新视角让我得以重新审视之前的材料,并以此为进一步收集新材料的基点。自2014年完成博士论文写作之后,近几年,我又获得了许多新材料,并订正了很多之前的错误,澄清了不少误区。

无疑,对于纽芬兰华人社区的研究传递的是一种非常地方化的知识谱系和文化表征,但是,作为整个北美政治经济文化结构的重要组成部分,纽芬兰的个案同时也反映或者折射出了更为广阔时空的风貌与景象。在此,地方、区域、大陆甚至全球的经验相互争执与交融,构成了原本居留于某地的地方性知识(非物质文化遗产)的跨文化旅行。当然,基于人员和传统的跨境和跨文化流动已经成为了当代世界最为突出的文化现象这一事实,考察单一地点的文化经验似乎并不能完全满足观看全球与地方互动的场景,因此,在一定程度上,本研究也将运用乔治·马库斯(George Marcus)提出的多点民族志方法(multi-sited ethnography),对纽芬兰之外的北美大陆的其他地方进行呈现(利用他人之观点并通过自己的具身经验)或将之作为文本讲述的背景。这些地方多是笔者曾经走过并留下深刻记忆和足迹的远方,包括多伦多(Toronto)、温哥华及附近地区(Vancouver)、埃德蒙顿(Edmonton)、渥太华(Ottawa)、蒙特利尔(Montreal)、爱德华王子岛(Prince Edward Island)、哈利法克斯(Halifax)、班芙(Banff)、罗德岛(Rhode Island)、哥伦布(俄亥俄)(Columbus, Ohio)、雅典(俄亥俄)(Athens, Ohio)、纽约(New York)、洛杉矶(Los Angles)、迈阿密(Miami)和明尼阿波利斯(Minneapolis)等地。而网络的无限空间,则最大程度地拓展了本研究的经验范围,跨越地理边界的即时交流,构筑了疫情时代最重要的跨文化研究方式。总体而言,本研究的研究方法可以称为反逻各斯中心主义的"海外民族志"方法,即作为非西方的民俗或人类学家在西方世界中进行田野调查,而非走向文明或者发达经济中心之外的边缘地区。在真正讨论中国非物质文化遗产在北美地区的跨文化传播之前,笔者将就研究方法本身进行一定的反思。

从1977年拉比诺(Paul Rabinow)所著的《摩洛哥田野作业反思》(Reflections on Fieldwork in Morocco)① 开始,特别是在1986年《写文化:民族志的诗学和政治学》(Writing Culture: The Poetics and Politics of Ethnography)② 一书编辑出版以后,民族志研究者开始对其自身的田野调查实践进行强烈而深刻的反思。在反思中,研究者们逐渐认识到自身立场及其他主观性因素(如性格、态度和心情等)对于调查过程中的主客体关系,以及对于调查结果的分析和阐释所产生重要影响,因此,他们提出要将调查研究的主观因素进行重新审视。由于研究者将"主观性"纳入研究实践考量的范围,他们在田野调查和民族志写作中便逐渐开始运用诸如"反思性"(reflexive)、"交互性"(interactive)、"后现代"(postmodern)、"实验性"(experimental)、"叙述性"(narrative)等新视角对研究对象、研究过程以及经过重新组织、编辑和阐释的经验材料进行更为全面地观照。高丙中在《写文化》汉译本的代译序中写道:"从1984年的研讨会到1986年《写文化》问世,民族志的主—客体单向关系的科学定位受到强烈的质疑,反思的、多声的、多地点的、主—客体多向关系的民族志具有了实验的正当性。后来的发展说明,《写文化》的出版是民族志进入新的时代的标志。"③ 在此民族志"反思性/实验性转向"的话语背景下,本节旨在重新回顾与审视笔者于2008年以来在加拿大东部纽芬兰地区所进行的田野调查,以田野本身为田野,深入探讨研究的动机、立场、观察视角和过程。

---

① Rabinow, Paul. 1977. *Reflections of Fieldwork in Morocco*. Berkeley: University of California Press. 该书中译本为:[美] 保罗·拉比诺《摩洛哥田野作业反思》,高丙中、康敏译,王晓燕校,商务印书馆2008年版。

② Clifford, James and George Marcus. 1986. *Writing Culture: The Poetics and Politics of Ethnography*. Berkeley: University of California Press. 该书中译本为:[美] 詹姆斯·克利福德、乔治·E. 马库斯编《写文化——民族志的诗学与政治学》,高丙中、吴晓黎、李霞等译,商务印书馆2006年版。

③ 高丙中:《〈写文化〉与民族志发展的三个时代(代译序)》,收录于 [美] 詹姆斯·克利福德、乔治·E. 马库斯编《写文化——民族志的诗学与政治学》,高丙中、吴晓黎、李霞等译,商务印书馆2006年版,第14页。

缘起：身份问题

在极度标签化的现代社会，身份（identity）一直是个人、群体以及学术研究关注和不断叩问的中心议题。作者开展纽芬兰华人社区研究工作的初衷，即在于应对自身在海外社会所遭遇的身份困惑和焦虑。① 作者认为，在进入田野之前，研究者必须对自己的身份，即自己作为研究者与作为研究对象的个人或群体之间的关系，有明确和清晰的自我定义和认识。这是进行田野调查的前提和进行调查数据分析的基础。纽芬兰位于北美大陆的最东端，曾是大英帝国治下的自治领地。在 1949 年的全民公投后，纽芬兰与隔海相望的拉布拉多（Labrador）合并，成为加拿大联邦的第十个省份。目前，纽芬兰常住居民不到 60 万人，以英裔和爱尔兰裔为其主体民族。2008 年 9 月 7 日，作者开始了在此长达 7 年的学习、工作与生活。作者选择纽芬兰作为留学的目的地，首要原因是当地纽芬兰纪念大学民俗学专业位居全加拿大第一、北美前三甲的学术地位。另一个重要的驱动力则是，相较于北美其他地区，如多伦多、温哥华等地，此处华人人口体量极小，适合作者充分接触、了解甚至"融入"当地社会和文化。这一想法具有一定代表性。作者的一位资讯人，电脑软件工程师冯建辉（Stephen Feng）曾说："我当时没有选择温哥华，是希望去一个华人比较少的地方。我觉得很多在大城市的中国学生不论在语言或者行为习惯上没有进步，他们并没有很好地接触当地的文化。我选择纽芬兰就是希望能提高自己的语言能力，并且能有更多的机会了解和接触当地文化。"②

然而，作者并未意识到的是，自我的华人身份会在当地社区中被有意无意地凸显和强化。当时，学校的国际学生处（International Student Advising Office, ISA）与作者联系，告知将有志愿者到机场为我接风。当航班降落，我走向行李提取处时，在充斥着英语的环境中，我听到一个

---

① 研究者的身份对于学术研究的影响是多方面的。研究者的身份往往决定了其研究兴趣，即，某类身份的研究者在研究项目以及研究对象的选择上往往具有规律性。关于这一点，可参看艾略特·欧林（Elliott Oring）关于其原定的乞丐研究计划搁浅的原因。Oring, Elliott. 1987. "Generating Lives: The Construction of an Autobiography." *Journal of Folklore Research* 24, No. 3, pp. 241–262.

② 笔者曾于 2012 年 3 月 4 日，在纽芬兰首府圣约翰斯对冯建辉进行过访谈。

说中文的女声："你是李牧吧？我是 ISA 派来迎接你的志愿者黄子源。你也可以叫我 Vanilla。"在飞机上，作者曾不断地思忖如何与志愿者用英语进行沟通，事实上，我离开中国和入境加拿大可能造成的文化区隔并未发生在此刻。国际合作处派遣相同国籍的志愿者迎接新生的举动，乃是出于帮助后者适应新生活的初衷。同时，这一亲切的方式也强化着人们根深蒂固的关于族裔与文化差异的传统观念。"中国人"这一身份从此时开始，便成为了我在异国的第一个标签，是我被"观看"和被理解的基础。在最初的留学生涯中，我的日常生活基本上是围绕着族裔身份所结成的社交网络——民俗学系的师姐张静和她的社交圈（多为当地留学的华人研究生）、租住房中的中国室友及他们的交往圈（多为在当地留学的华人本科生），以及参加各类教学或者娱乐活动所结识其他中国学生展开的。除了学业以及必要的社交，有悖于我的初衷，我几乎没有真正参与当地的日常生活。在 21 世纪，我的经历与两个世纪以前初到北美的华人淘金者和华工囿于本族群生活圈的情境极其相似。经验事实所传达给作者的第一个信息是，在文化多元的社会环境中，原初身份往往会被首先强调和固化，那么应该如何理解作为跨文化交流起点的个体身份呢？超越文化的可能是否存在呢？

回答是肯定的，而答案似乎来自日常生活的多族裔互动。笔者"中国人"的身份曾遭"质疑"。一位来自南苏丹的难民亚当（Adam）曾认定我是哥伦比亚人，因为我的长相与其来自哥伦比亚的朋友十分相似。几位夏日到纽芬兰旅游的德国游客则问作者是否为混血儿，原话为："你是纯的中国人吗？（Are you a pure Chinese?）"而在从纽芬兰到邻近城市哈利法克斯（Halifax）的渡轮上，作者曾被认为是北美印第安人。这些质疑传递给我了第二个重要的文化信息，即在某些跨文化交流实践中，身份的转换或隐藏是可能的，因为，在多元文化社会，身份本身便具有多义性与流动性。对于本地华人而言，我的身份同样值得商榷。香港移民谭杏瑛女士（Tam Hum Ying）在与我初次见面时，将说一口流利英文的我认为是长期接受英文教育的新加坡华人。可见，无论华人抑或非华人，都将其身份预期作为沟通与交流的前提和基础。从以上"我是谁"问题的自身经验中，我萌生了探讨华人移民身份的念头，最终决定将纽芬兰的华人社区作为博士论文的研究课题。而我田野调查的起点和过程，无不与我自身的身份经验紧密相连。

伦理：局外人和"进入"模式

笔者对纽芬兰华人社区的研究起始于2009年4月。当时，我参加了世界著名民族音乐学者贝弗莉·戴尔蒙德（Dr. Beverley Diamond）教授主持的科研项目"众声喧哗的圣约翰斯"（St. John's Many Voices），在其中负责研究当地华人及其他东亚民族社群（韩裔和日裔等）工作。通过咨询身边的朋友与熟人，我将华人参与人数较多且集中的圣约翰斯华人基督教堂（St. John's Chinese Christian Church）①定为首访的地点。2009年4月19日的礼拜时间，在朋友蔡晶晶的引荐下，我来到了这所教堂，并参加了他们的活动。在当天主日崇拜开始以前以及在之后的聚餐活动中，我受到了来自教会长老、会众以及慕道友们的热情接待。②他们有的是来自中国内地的新移民和留学生，有的是来自中国香港和中国台湾的移民，也有当地出生的华裔。在未充分表明我研究华人社区的来访意图之前，我被几位长老和会众邀请参加他们的团契和查经班。这些团契和查经班根据使用语言的不同分为国语团契、英语团契和广东话查经班。在刚开始的几周，我参与了所有的团契活动。这些活动一般分别两个板块，第一个板块是严肃的经文学习和见证分享，而在此之后的时间，则是参加者之间轻松愉快的交谈和互动，这被我看作进行田野调查的最佳场合。

在第三次参加英语团契时，情况却发生了意想不到的转变。英语团契一般是每个星期五晚上在来自前英属殖民地H岛的X长老（化名）家进行，他英裔的太太为我们的唱诗伴奏。这天，在团契活动正式开始以前，X长老严正地要求每位参加活动的成员不要对外透露活动的内容以及教会的事宜，让我感到莫名地紧张和不安。虽然查经活动进行得十分顺利，但X长老整晚一直保持着严肃的神情。在随后的茶歇中，我无意中与X太太聊起听闻所得的有关X长老曾为圣约翰斯中文学校校长的故实。正当X太太准备回应时，X长老突然打断了我们的谈话，他严厉而

---

① 圣约翰斯华人基督教堂的规模在60—70人。
② 该教会当时还未有全职牧师，教会事务由长老负责。

坚决地对我说："在我家里，你不能进行这样的谈话。你来到我们中间，并非怀着对于信仰的虔敬和热忱，而是不断地在探问各种信息。我在团契之前所说的话，便是提醒和警告你的。你让我们感觉到了不安。我们觉得你是一个间谍（spy）。我有义务保护我们的信仰、教会和会众，请你马上离开。"在紧接着的主日崇拜（周日），当我再次来到教堂，X 长老又一次责令我离开。相较于 X 长老，教会另外一位来自中国内地的长老邱长老则表现出对我的宽容，仍然邀请我参加在其家中举行的国语团契。这一事件让我领悟到了两个基本事实：第一，伦理问题是田野调查的基础和核心，获得目标对象的同意是研究者进行资料搜集的前提；第二，即使是作为华人，我"局内人"的身份并不是与生俱来的。

一般而言，在研究者与研究对象关系的意义上，研究者的身份大致可抽象为两类：局内人（insider）和局外人（outsider）。其他各类关系均可视为这两种关系的具体表现形式或延伸。所谓局内人，是指研究者本身就是其所要研究的目标群体中的成员，对于所要考察的文化事项发生的语境和过程已经较为熟悉。而局外人，则是指与研究对象在研究活动开始以前没有任何直接或者间接的社会性关联的研究者。在某些情况下，局外人也可以指那些虽然属于研究对象所在的群体，但对于所要研究的日常生活实践活动缺乏必要认知的研究者。在某种意义上，相互之间作为局外人身份的个体之间的交流，本身便成为了一种跨文化交际实践。

田野调查的伦理观念随着不同社会政治文化语境的变化而不断改变。在 19 世纪末及 20 世纪初，田野实践者往往从自身的精英视角出发，通常自视甚高，将处于较低政治经济地位的调查对象看作单纯的客体和被动的资料提供者。而当今的研究者已经摒弃了这些陈旧的等级观念，将研究对象看作是与自己平等的社会生活主体，并将后者看作研究活动的能动参与者。正如罗伯特·乔治斯（Robert Georges）和迈克尔·欧文·琼斯（Michael Owen Jones）在他们所编写的民俗学田野调查名著《人研究人：田野调查中的人的因素》（*People Studying People*：*The Human Element in Fieldwork*）一书中指出："（田野调查中）首先和最重要的（事实）是，研究者和研究对象都是人。"（"fieldworker and subject are first and *foremost human beings*")① 尊重研究对象是取得田野调查成功的前提和关键。具体说来，在田野调查的准备阶段，即在选择研究主题、研究地点以及研究对象时，研究者应首先思考可能涉及的较为敏感的政治、社会、宗教及文化问题。如果课题较为敏感或研究对象较为特殊或者保守，那么，研究者在坚持其研究理念的同时，还应依据现实的情况，讲究研究的策略和方式，以避免出现笔者所面临的困境。例如，从研究伦理的角度，研究者在田野中应向研究对象表明真实的身份。布鲁斯·杰克逊（Bruce Jackson）认为："（在民俗学研究领域）获取田野资料和信息还没有重要到要让我们（不择手段地）伪装自己或是对人们说谎。"（"getting the information isn't important enough to warrant going undercover and lying to people."）②

当研究对象对田野调查资料的使用有特殊规定时，研究者应自觉尊重研究对象的意愿，而不应按照研究者自己的意图行事。例如，在巴瑞·托尔肯（Barre Toelken）关于纳瓦霍人（the Navajos）的研究中，其主要的信息提供人认为，根据该民族的传统和信仰，有些故事（实际上具有神话的性质）只能在某些特定的场合才能被讲述，不然便是违反自然天道的行为，因此要求研究者不要随意展示那些"神性"材料。③ 虽然双方在当时并未签署任何正式的授权意向书，作为研究者的托尔肯不仅口头答应了研究对象的要求，也自觉地只在每年的适当时候播放这些录音文件。即使在研究对象去世后，托尔肯仍旧一如既往地遵守当初的誓约。在临近暮年，托尔肯对自己百年之后，后人如何使用这些材料充满忧虑，并因此与研究对象的后人商议如何对待这批材料（曾考虑过全部销毁），这充分体现了研究者个人的责任心和田野调查的伦理原则。在田野调查过程中，由于研究对象所生活的社区中社会关系的复杂性以及出于自身名誉的考虑，研究对象最为关心的问题之一便是研究者如何保护

---

① Georges, Robert A. and Michael Owen Jones. 1980. *People Studying People: The Human Element in Fieldwork*. Berkeley: University of California Press, p. 3.

② Jackson, Bruce. 1987. *Fieldwork*. University of Illinois Press, Urbana: University of Illinois Press, p. 263.

③ Toelken, Barre. 1998. "The Yellowman tapes, 1966 – 1997." *Journal of American Folklore* 111, No. 442, pp. 381 – 391.

其隐私。在这一问题上,研究者无疑应该尊重研究对象的信仰、价值观以及其他私密性感受。特别是在涉及研究对象的名誉方面,研究者应尽量尊重和满足研究对象在这一方面的要求。布鲁斯·杰克逊对此所提出的黄金原则是:"己所不欲,勿施于人。"("Do unto others as you would have them do unto you.")①

从民俗学和人类学研究的早期阶段至今,研究者多是作为局外人进入陌生社区开展调查研究的。由于缺乏对于社区生活的认知和理解,在实际交往中运用相应的伦理规范,以避免出现伦理危机,是研究者得以进入田野和获取资讯的必要条件。然而,在实际调查过程中,外部习得的伦理规范仍不能保证研究实践的顺利进行。因为,作为局外人,研究者虽然可以做到对所观察到的现象进行客观的记录和呈现,但是,他们通常难以真正进入其所研究的特定社区的生活中进行观察或参与活动。这主要是因为研究者对于研究对象所生活的社区文化及特定"表演"的语境、"表演"中的行动和语言等方面缺乏认知。因此,作为局外人的研究者有时可能并不知晓应该观看和聆听的内容,以及如何在特定的语境中展开行动。在这个意义上,詹姆士·克里福德(James Clifford)认为,作为局内人的田野调查者或许能提供更为精准和新颖的认知视角,并迸发出更为深刻的感性和理性思考。②

流动性:局内人与"浸入"模式

在大多数情况下,作为局外人的研究者应寻找将自身身份转变为局内人的机会和可能性,而其中的关键便是与研究对象建立相互信任的关系。研究者与研究对象之间相互信任关系的建立一般可以首先通过家人、朋友、同事和同学等熟人介绍,而通过公共途径进行的建构往往很难达到类似的效果。曾在纽芬兰纪念大学民俗学系攻读硕士的新西兰留学生玛格丽特·朱利安·汤姆逊(Margret Julian Thomson)撰写过关于纽芬兰

---

① 参见伊丽莎白·塔克尔(Elizabeth Tucker)对布鲁斯·杰克逊的评注(Tucker, Elizabeth. 1996. "Ethics in Folklore Research." In *American Folklore: An Encyclopedia*, edited by Jan Harold Brunvand. New York and London: Garland Publishing Inc. , p. 476.)。

② Clifford, James. 1986. "Introduction." In *Writing Culture: The Poetics and Politics of Ethnography*, edited by James Clifford and George Marcus, Berkeley: University of California Press, p. 9.

华人节庆的论文。在对其田野工作的反思中，汤姆逊提到自己在研究过程中曾遭到华人社区的多次拒绝，原因源于其非华人的身份。① 相较于汤姆逊，笔者的华人身份及自身精通汉语普通话、粤语和英语的语言条件，是成为华人社区"局内人"的巨大优势，因此，在进入田野以前，我对自己与潜在资讯人建立良好的人际关系，并能获得他们的帮助以顺利收集资料充满信心。然而，与 X 长老之间的紧张关系，使我认识到自己遇到的困难并不比汤姆逊所面临的少。于是，我转而将自己视为如汤姆逊一般的"局外人"研究者，试图重建自我在纽芬兰华人社区中的社会关系。

在戴尔蒙德教授告知纽芬兰和拉布拉多多元文化与民间艺术委员会（Newfoundland and Labrador Multicultural and Folk Arts Council）即将举行年度晚会之际，我与该委员会取得联系，于 2009 年 5 月 2 日参加了此次文化活动。当日，我提前一小时便来到会场，希望有机会能遇到与研究项目有关的潜在信息提供者。当我循着票号来到自己的座位时，欣喜地发现，熊楚亮医生夫妇（Dr. Kim Hong and Mely Hong）也被安排入座同一桌。在研读文献资料时，我已经知晓熊楚亮医生在华人社区中的重要影响力，而且为人谦和，乐于助人。熊医生是当地综合医院（St. John's General Hospital）肿瘤中心的主任，现已退休。他 1938 年出生于中国广东省台山县，1950 年来到纽芬兰与其祖父一同生活，② 是当地华人中的第一位大学毕业生，也是"纽芬兰华协会"（Chinese Association of Newfoundland and Labrador）的创始人和首任会长。熊楚亮医生对于纽芬兰华人社区的历史、现状以及社会生活的各个方面都十分了解，也曾为许多研究者，如加拿大历史博物馆（Canadian Museum of History）③ 研究员、

---

① Thomson, Margaret Jillian. 1993. "'To Let the Children Know': The Traditions of the Chinese Community of the Avalon Peninsula." M. A. thesis, Department of Folklore, Memorial University of Newfoundland, pp. 113 – 114.

② 熊医生的祖父 1910 年便在纽芬兰定居；其父 1931 年也来到纽芬兰谋生，1937 年返回中国结婚生子，1938 年再赴纽芬兰，卒于 1945 年。在其父逝世后，熊医生由其母亲谭女士抚养，并一直接受其祖父的经济资助。1950 年，熊医生赴纽芬兰与其祖父共同生活，而其母则移居香港，直到 1968 年才最终定居纽芬兰至今。非常遗憾的是，熊医生于 2020 年在圣约翰斯去世，享年 82 岁。

③ 原加拿大文明博物馆（Canadian Museum of Civilization）。

新加坡华人何万成（Ban Seng Hoe）博士等提供过帮助，是笔者田野调查理想的资讯人。如其帮助其他研究者一样，熊医生十分乐意为我提供有关华人社区的信息以及他自己的生命故事。鉴于"华人基督教堂事件"，我在与熊医生最初的交往中始终保持谨慎的态度，尽量避免涉及较为敏感和隐私的话题，并试图寻找超越单纯研究者/资讯人二元关系的更深层次的交往方式和方法。

英国著名城市传说（urban legend）研究者吉莉安·班内特（Gillian Bennett）提到，在她刚开始进入英国曼彻斯特市对老年妇女进行研究时，她曾遇到过许多阻力，后来她逐渐被这些研究对象所接纳的原因，是她开始努力学习并在交流中模仿目标对象的说话方式与使用该群体的特殊语词[1]。班内特的实践为田野调查者提供了一种如何在建立最初的信任关系后，进一步进行深层互动的成功案例。在被拒绝参加华人教会的主日活动之后，我便转而参加一所与华人社区关系紧密的当地教堂——高华街联合教会（Gower Street United Church）[2]——的主日崇拜。熊楚亮医生夫妇也是参加活动的虔诚教徒，他们一般入座殿内一层中厅的倒数第二排，而我通常会选择他们身后的空位。在仪式开始以前，我通常会与他们交谈。随着相互之间逐渐了解，我对熊医生夫妇产生了对于单纯信息提供者之外的钦佩和亲近之情。与我的情感变化相一致的是，熊氏夫妇也对我逐渐熟悉和变得亲密，他们提出每个星期日到我的住处接我参加教会活动，还多次驱车带领我观看城中各处华人遗迹，经常告知我各类可能与我有关的信息，并常常邀请我到他们家中做客。我因此又逐渐与他们的家人，包括他们的母亲（婆婆）、儿孙以及其他亲戚朋友熟识，并参加了纽芬兰熊氏家族的周年聚会。我们之间的交往逐渐超越了单纯的研究者/资讯人关系，而成为了彼此的朋友和"家人"。用熊医生和熊太太的话说，他们是我在纽芬兰的"父母"。直至2020年熊医生去世前，笔者还一直与他保持经常性的通话。2019年年底，熊医生还写了一封长

---

[1] Bennett, Gillian. 1999. *Alas, Poor Ghost!: Traditions of Belief in Story and Discourse.* Logan, Utah: Utah State University Press, 173–182.

[2] 高华街联合教会曾为大多数早期华人移民提供帮助，并曾有华人牧师在其教堂住持，为华人开设中文讲道服务和英文学习班。

达数十页的亲笔信给我，为我讲述有关纽芬兰华人跨族裔婚姻（或亲密关系）的故事。情感的介入使得我可以进入资讯人的日常生活，一定程度上促成了我的身份由纽芬兰华人社区的"局外人"转变为"局内人"，客观上使我不断获得关于该社区的各类资讯。在随后的田野工作中，在熊医生的帮助下，我得以参与几乎所有与华人社区有关的活动，如新年庆祝、扫墓活动等。

与熊楚亮医生的交往使我认识到，止步于简单的研究者/资讯人关系并不能很好地为调查工作服务。只有与潜在资讯人产生了生活与情感的互动——"浸入"（immersion），才有可能真正触摸和理解研究对象的文化与日常。怀揣着"浸入"他人日常生活和情感体验的冲动，我成为当地最受欢迎的中餐馆"苏记食家"（Magic Wok Eatery）的服务人员。早在 2009 年 5 月，因为"众声喧哗的圣约翰斯"项目的关系，我便对餐馆的老板苏金堂先生（Rennies So）进行了访谈，开始了与他和他的家人谭杏媚女士（Hum Mei Tam，前述谭杏英女士的姐姐）、吴世安女士（Zoe Wu）以及罗绍雄先生（Peter Law）的接触。① 2010 年 7 月，从朋友肖苏（纽芬兰纪念大学心理学博士）处得知餐馆正在招聘服务生，我便向苏先生和谭女士说明了自己希望打工的意图。由于前期交往所留下的好印象，以及我流利的广东话和英语，他们答应了我的申请。从 2010 年 7 月 18 日直至毕业离开纽芬兰，我一直在苏记食家兼职，做过服务生、帮厨、打扫卫生和搬运工等餐厅内的各类工作。这份工作极大地拓展了我在华人社会的社交网络，结识并因此得以约访许多纽芬兰中餐馆的从业人员②、在此工作的华人移民、华人留学生，以及对中华文化感兴趣的当地人士。虽然笔者目前在中国工作，与纽芬兰相距万里，且（特别是新冠肺炎疫情在全球爆发、国际航线暂停以后）往返两地的机会并不多（前次在纽芬兰已是 2017 年 10 月），但是我仍与纽芬兰的许多人如王国贤博士（Daniel Wong）、谭美美女士（Amy Tam）、谭惠美女士（May Soo）和吴

---

① 该餐馆已于 2016 年初转卖与来自中国的留学生李雪峰（Jerry Li）夫妇（二人已定居纽芬兰）。

② 纽芬兰中餐馆的从业人员相互之间十分熟悉，各餐馆在良性竞争中相互依存，可视为内部关系和谐的共同体。

世安等保持密切的通信交往（如电子邮件、微信等）。相较于通过学院式的正式访谈和保持距离的参与观察，我从自我的实践经历中接触和感受到了有温度的日常生活以及人情世故。例如，在工作中，我的研究者身份时常被自己和他人忘却，我同其他工作人员共同劳作、相互调侃、分享小费，以及在工作失误时接受批评与责骂。这些"共同经历"使我成为了这一语境中的"局内人"。因此，我比许多其他研究者更熟悉纽芬兰中餐馆从业人员的生活和工作模式，以及谙悉纽芬兰华人社会中的艰辛、是非与无奈。在日常的交往中，我不再是一个将研究对象的生活"田园化"的理想主义者，而被看作是与他们经历共同生命体验的，能够理解和信任他们的"自己人"。正如美国墨西哥裔民俗学家奥尔加·纳胡拉－拉米雷斯（Olga Nájera-Ramírez）所说——个人在一个特定社区中的身份是流动的，在不同情境的日常交往中，个人的某些身份特征会被凸显和强化，而某些身份特征则会被遮掩或削弱，因此，"局内人"和"局外人"的分别取决于变动之中的互动关系。[1]

    除了以"局内人"的身份参与研究对象的日常生活外，另一种"浸入"的方式则是将研究者/资讯人的二元关系互置。由于良好稳定的研究者/资讯人关系是获得田野调查成功的关键，许多教科书会教导未来的研究者做一位谦虚的聆听者，如同学生对待老师一般。[2] 笔者赞同研究者应始终保持谦虚与耐心，但是，笔者在研究中也发现，单纯作为聆听者并不能完全帮助研究者建立与资讯人之间的良性互动关系，而相互之间平等友好的信息交换则是更为有益的模式。例如，在访谈中，许多资讯人

---

[1] Nájera-Ramírez, Olga. 1999. "Of Fieldwork, Folklore, and Festival: Personal Encounters." *Journal of American Folklore* 112, No. 444, p. 186.

[2] 如 Bartis, Peter. 2002. *Folklife and Fieldwork: A Layman's Introduction to Field Techniques*. Washington D. C.: Library of Congress [First printed 1979; revised 1990; 2002. Reprinted in 2010 with a title change: *Folklife and Fieldwork: An Introduction to Field Techniques*.]; Brunvand, Jan Harold. 1976. *Folklore: a Study and Research Guide*. New York: St. Martin's Press; Georges, Robert A. and Michael Owen Jones. 1980. *People Studying People: The Human Element in Fieldwork*. Berkeley: University of California Press; Goldstein, Kenneth S. 1964. *A Guide for Field Workers in Folklore*. Hatboro, PA: Folklore Associates, American Folklore Society; Jackson, Bruce. 1987. *Fieldwork*. Urbana, Illinois: University of Illinois Press; Lindahl, Carl and J. Sanford Rikoon. 1979. *A Basic Guide to Fieldwork for Beginning Folklore Students: Techniques of Selection, Collection, Analysis and Presentation*. Bloomington, Indiana: Institute of Folklore, Indiana University.

会首先向我提问他们关心的问题，如中国的现状、旅游信息和我的个人生活等，有的则会对国际及地区局势作出评论，并期待我表达对于相同事件的看法和态度。这些交流内容很多都是与笔者的研究课题无关的"题外话"。在这种情况下，原本作为资讯人的海外华人其实在一定程度上控制了访谈的内容和导向，而我的角色则从主动的研究者转变为相对被动的信息提供人。在笔者看来，此类非结构性的即兴交流是建立相互信任和依存关系的积极催化剂，有利于研究者建立与资讯人的情感联系，融入后者的日常生活。由此可见，原先作为"局外人"的研究者可以通过多种方式改变自我与目标对象的相互关系，成为更能理解和体验后者日常生活的"局内人"。

以上关于田野调查的"进入"和"浸入"两种模式以及"局内人"和"局外人"的讨论是围绕着研究者的"族裔"身份而展开的。笔者意在通过自我经历的叙述，反思个体身份如何建构和塑造，更有利于田野调查的过程。需要注意的是，除了族裔这一社会维度之外，研究者的性别、年龄、体貌特征、宗教信仰以及性格气质等范畴，都是构建其身份和影响田野调查过程的重要因素。在表演理论和性别研究兴起以后，在当今的民俗学界（亦包括所有以田野调查为其知识生产基础的学科，如人类学），学者们已达成了以下共识：在相异的社会文化空间中，不同身份的研究者会与研究对象建立具有差异性的互动关系，并会因此影响田野调查的过程、结果以及对于结果的分析和阐释。例如，在女性主义立场理论的理解中，在某些基于共同女性经验的话题上（如生育），相较于男性研究者，女性研究者更能与女性研究对象进行富有成效的沟通、理解和阐释。[1] 基于这一共识，田野调查和民族志研究从此便由原先博厄斯（Franz Boas）所提出的严格的"科学主义"和客观性精神转变为对于主观性和流动性的尊重。此研究转向促使研究者对研究过程进行更为全面地思考和分析。而本研究有关中国非物质文化遗产在北美地区的跨文化传播研究，正是基于以上田野调查方法而展开的有温度的民族志考察。

---

[1] 参见 Wolf, Diane L. 1996. *Feminist Dilemmas in Fieldwork*. Boulder, Colorado: Westview Press; Stoeltje, Beverley J., Christie L. Fox and Olbrys, Stephen. 1999. "The Self in 'Fieldwork: A Methodological Concern." *Journal of American Folklore* 112, No. 444, pp. 158–182.

具体说来，本研究将分为以下几个部分。

导论部分讲述研究的缘起以及背后的理论追索，冀能通过有关非物质文化遗产跨文化传播的讨论，最终指向认识、理解和解决当代民俗学所面临的理论与实践问题。同时，在导论中，笔者也依托对于"局外人"和"局内人"的视角，探讨和反思了本研究多点民族志和海外民族志的研究理路和方法。

第一章以社交网络研究的基本要义为基础，从日常经济生活与跨文化传播关系的角度出发，勾勒华人到达纽芬兰开始至今，中国非物质文化遗产在当地的传播概况和基本趋向。自 1895 年华人向纽芬兰移民伊始，他们参与当地社会生活的方式，便与其所进行的经济活动紧密相连。通过族裔间的经济交往，华人形成了独特的日常生活模式和有效运作的社交网络体系。中华传统艺术便是经由这些日常生活网络，通过民间路径得以传播到非华人的群体中，并在华人群体内部进行传承的。

第二章尝试从华人和非华人的双重视角探讨加拿大纽芬兰地区的华人饮食文化，并将这一地方性的文化实践放置于整个北美华人饮食文化跨文化接受的大历史背景中进行考察。在此，中华饮食文化是一个开放、多维且处于未完成状态的系统，无论华人还是非华人都可以在其日常生活实践中参与和协商。在全球和地方层面上，不同的社会文化语境实际上形塑了参与主体自身对于华人身份的认识和想象。因此，离散华人的身份认同便成为了在不同文化的互动中逐渐形成和建构的对象，其认同基础是源于不同群体间所共享的相似文化经验。

第三章以中华传统舞蹈为媒介，探寻民族艺术形式跨文化传播的有效形式，并试图建构基于具体经验且具有普遍性的实践模型和分析框架。有效的跨文化传播实践，取决于目标对象所处的社会文化空间。而这一空间的构成，是基于该社会的政治权力结构和地方性知识所建构的文化语境。中华传统舞蹈在加拿大东部、文化较为保守的纽芬兰地区的传播历史和现状，展现了文化交流过程中，各方权力和知识体系相互竞争与妥协所建构的社会文化空间的内在张力。这表明，传统艺术的跨文化传播，是社会整体框架下各方协作的知识生产过程。

第四章讨论的主题是舞狮。一方面，舞狮作为一种与海外华人节庆生活紧密相连的艺术形式，在表演及观看的过程中，为表演者和观众提供了表现和重构栖居地华人族群意识,以及个体文化身份的平台和基础。通过对于舞狮表演及其背后文化经验的不断重新定义和解释,纽芬兰华人群体内部的文化多元性和个体意识也逐渐凸显。而在另一方面,舞狮作为华人社区具有明显辨识度的文化实践,在多元文化共生的政治文化语境中,也积极参与了跨越族裔边界的对话和融合,成为不同族裔之间通过表演和观赏等方式所共享的文化资产。

第五章主要关注华人的节庆生活。纽芬兰华人春节(及端午节)庆祝的历史和过程表明,在北美社会的政治和文化语境下,个人及群体基于其各不相同的生命体验所获得的地方性知识,会促使他们不断重新认识、理解和阐释自我的族群记忆,构建属于主体自身的文化意识和身份认同。族群记忆与地方性知识的交互与融合所形成的文化结构,是有别于二者的新的文化样态,是"第三种文化",亦是建构跨越种族、民族和文化边界的文化命运共同体的基石,为多元文化语境下的族裔研究,提供了新的理论视角和实践依据。

第六章将焦点汇聚于华人的墓葬艺术和殡葬礼仪。早期(1902—1949)纽芬兰华人墓碑及相关殡葬礼仪,展现了当地华人物质文化及仪式生活中强烈的基督教化风格。随着纽芬兰政治经济形势的变化,华人社区对于当地基督教会的情感或文化依赖逐渐减弱。与之相应,早期墓碑的基督教风格在1949年之后也随之淡化。调查发现,1949年之后仍采用基督教母题的墓碑大部分属于早期华人移民。通过对墓碑设计的选择,这部分华人(或借助树碑人之手)的宗教信仰或超越了原初单纯的功利性与权宜性,而成为了其在文化调试过程中建构本土化日常生活的有效路径与尝试。

第七章关注犹太人在圣诞节期间独特的"庆祝方式"以及中华饮食文化在此中的重要作用。在北美多族群共生的文化语境中,同为非基督徒的犹太人与华人群体,在全美浓厚的圣诞氛围中,共同创造了在节日当天食用中餐的传统。通过探究造成这一传统的潜在原因,可以揭示不同族群是如何通过相互之间的交流与互动,创造性地应对社会生活中的不同困境与焦虑的方式和路径,实现积极有效的跨文化传播与互动。

最后,结语部分对本书的重要观点作了总结性阐述。

第 一 章

日常经济生活网络与传统艺术的跨文化传播

第一节 跨文化传播的民间取向

在面对如亨廷顿所言之"文明的冲突"的世界格局中[①],阿兰·图海纳提出了一个非常深刻的问题:我们能否在一种既彼此平等又互有差异的状态下共同生存?[②]对此,中国提出并践行着建构"人类命运共同体"的设想,这一构想的要义和基础,是增进理解与相互尊重。在实践中,文化被视为联结不同文化、民族、地域以及个体的纽带与桥梁。正如本尼迪克特·安德森所言,它是我们"想象"自我与他人关系的关键媒介,[③]这便指向了跨文化传播的题中之义。在过往关于跨文化传播的学术史论述中,特别是在西方马克思主义和后殖民主义等思潮的影响之下,有关跨境/跨文化传播的表述,一般与传播现象背后的权力关系、话语结构以及资本运作方式等宏大叙事相互关联。[④]诚然,跨文化传播确是在

---

① [美] 塞缪尔·亨廷顿:《文明的冲突与世界秩序的重建》,周琪译,新华出版社2010年版。

② [法] 阿兰·图海纳:《我们能否共同生存:既彼此平等又互有差异》,狄玉明、李平沤译,商务印书馆2003年版。

③ [美] 本尼迪克特·安德森:《想象的共同体:民族主义的起源与散布》,吴叡人译,上海人民出版社2005年版。

④ 关于这方面的著作,可参见 [美] 爱德华·霍尔《无声的语言》,刘建荣译,上海人民出版社1991年版;[美] 爱德华·霍尔《超越文化》,居延安译,上海文化出版社1988年版;[法] 米歇尔·苏盖、马丁·维拉汝斯《他者的智慧》,刘娟娟等译,北京大学出版社2008年版;[德] 盖奥尔格·西美尔《社会学——关于社会化形式的研究》,林荣远译,华夏(接下页)

宏观的政治、经济和文化语境下发生的,但是,作为一个具体的社会性活动、文化事件或者说个人行动,其核心是更具微观意义的社群与社群,抑或个体与个体之间的能动关系。因此,单纯从宏观角度进行概而论之的普遍性和趋势性分析与阐释(如通过调查问卷或者其他采集大数据的方式),或者将讨论的维度停留于总体文化或者国家层面(传播策略研究),或不能真正体察跨文化传播的具体行动路径和实际发生过程,更不能体味在这一过程之中个体的实际行为、身体经验、心理状态和情感体验,从而真正认识和理解极具特殊性、偶然性和表演性的跨文化传播事件。同时,需要注意的是,跨文化传播并非同质化的人类活动,而是一个极其复杂的互动过程。民族文化在跨境/跨文化的传播语境中,大体有三种路径,即政府主导的官方外宣(如孔子学院)、以利润为中心的商业推广(如商业电影推广)和以日常生活交往为基础的民间传播。其中,民间传播,特别是以小群体和个人为基本单位的传播形式,主要是以日常生活实践为基础的交流活动。很多情况下,民间传播是民众以个体为基本单位进行的、具有偶发性质的、非计划性的文化交流路径,它一般不会超越个体生存、生产和生活的日常惯例和行为逻辑之外。本章所要探讨的,即是在整个北美多元文化社会的背景下,以加拿大纽芬兰地区为个案,从整体上探讨中国传统艺术是如何通过民间传播的方式,在与中华文化完全异质、地理历史区隔巨大的文化环境中得以扎根、发展和传承的。

在导论中已经提到的是,纽芬兰岛位于北美大陆的最东端,最早(约在公元11世纪)来到这里的欧洲人是斯堪的纳维亚半岛的维京人,其省府圣约翰斯市被认为是北美大陆最为古老的城市。在大英帝国称霸海洋的"日不落帝国"时代,纽芬兰丰富的渔业资源吸引了大量英国(包括当时属于英国一部分的爱尔兰)渔民来此作业。为方便日常劳作,他们中的一些人举家搬迁、定居在这个海岛之上,其后裔

(接上页)出版社2002年版;[美]爱德华·萨义德《东方学》,王宇根译,生活·读书·新知三联书店1999年版;[美]爱德华·萨义德《文化与帝国主义》,李琨译,生活·读书·新知三联书店2003年版;[日]中村元《比较思想论》,吴震译,浙江人民出版社1987年版;[美]曼纽尔·卡斯特《认同的力量》(第二版),曹荣湘译,社会科学文献出版社2006年版;[英]斯图尔特·霍尔编《表征——文化表象与意指实践》,徐亮、陆新华译,商务印书馆2003年版。

构成了今日纽芬兰人口的主体。由于当地较为闭塞的地理特点和恶劣的天气状况，外来人口规模很小，促成了此地语言、文化和社会生活形态极高的同一化特质，并使得当地社区在对待外来文化的态度上趋于保守。

华人是除英裔和爱尔兰裔移民（以及岛屿西部的少量法裔移民）之外，较早来到纽芬兰的群体之一（1895年），他们在当地主要从事的职业是洗衣工，这是当时北美华人最为普遍的职业之一。[①] 与北美其他地区早期的华人历史不同，在华人向纽芬兰移民时，其职业选择无涉更早时期北美洲西海岸（如美国加利福尼亚州和加拿大英属哥伦比亚省）的淘金热和美加太平洋铁路的修建工程。自华人到达纽芬兰伊始，其社区的历史便与洗衣行业，以及其后的餐饮行业紧密相连，在很大程度上，华人在这两个主要领域内所进行的经济活动，构成了这一少数族裔一定时期内在当地几乎全部的日常生活和社交网络的基础。

在过往的研究（特别是关于北美华人的研究）中，华人的经济活动一直是学界关注的焦点之一。[②] 其重要意义不在于将华人的经济活动看作严格经济学意义上的纯粹理性"经济人"的个人性社会参与，而在于职业以及与此相关的经济行为，作为华人个人、亚群体（如地缘群体、亲缘群体或者代际群体）、抑或华人全体，在多族裔共存的公共空间中极为显著的身份标签。它揭示了该群体介入社会公共生活的路径与方式，及其在特定的社会文化政治语境中，关于自我形象的塑造，以及关于自我与他者之间关系的想象。在各族裔相互博弈的多元文化场域，作为个体或者群体一分子的华人，其参与社会经济生活的方式，并非完全出于其自身生存和发展的实际利益需要，并为完全自由的市场运行机制所制约和调节，而是更多地受制于特定语境下种族、民族、阶级、文化传统、

[①] 参见 Siu, Paul C. P. and John Kuo Wei Tchen. 1987. *The Chinese Laundrymen: A Study of Social Isolation*. New York: New York University Press; Hoe, Ban Seng. 2003. *Enduring Hardship: the Chinese Laundry in Canada*. Ottawa: Canadian Museum of Civilization.

[②] 较早关于北美华人职业传统的研究，除大量有关早期淘金热和修建铁路的华工历史外，还包括一些经济学角度的研究，如 Yuan, D. Y. 1969. "Division of Labor between Native-Born and Foreign-Born Chinese in the United States: A Study of Their Traditional Employments." *Phylon* 30, No. 2, pp. 160 – 169, 以及 Boyd, Monica. 1971. "The Chinese in New York, California, and Hawaii: A Study of Socioeconomic Differentials." *Phylon* 32, No. 2, pp. 198 – 206。

意识形态等诸多非经济性因素。① 可以说，在多族裔共存的社会空间中，华人的经济活动首先可以被视为一种民族志意义上的文化现象（表演性）。② 所谓作为文化现象的华人经济活动，是指华人特殊的、区隔于其他族裔的经济行为模式和生产关系形态，构建了多元文化生态中华人独有的身份认同模式和信息与意义交流方式，使之成为华人应对不同社会文化语境变迁时极具个人性和地方性的情感表达方式和表演形态。在很大程度上，华人传统的经济活动场所，如洗衣店和餐馆，并不仅仅是其进行经济活动的工作地点，更是华人进行文化表演和情感表达的地点。以这些经济活动场所为中心，依托华人群体内部以及华人与非华人之间的经济交往活动而形成的华人日常生活和经济活动的交际网络，除了承载与华人有关的经济活动外，还承担着传播和传承中华传统艺术的作用。这是本章考察的重点。

基于笔者自2008年至本书出版在纽芬兰所进行的文献资料收集和田野考察，本章将以华人向纽芬兰移民的历史及其主要经济活动为主要关注点，勾勒这一曾经遭受制度性歧视、社会性孤立和文化性压制的群体，在特定的社会文化空间中，如何通过不同族裔间的经济互动以及自我族群内部的情感互助，得以立足、发展，并与他者多样共存的生活样态和社会交往模式。其中，本研究的重心放置于探讨华人移民所保有和秉承的传统文化元素，是如何通过日常的经济活动和社会交往行为而得以在族群内部传承，并在跨越文化边界的情形中得以传播的。由于移居地社会政治文化语境的变化，华人社区内部经济活动以及整个社会生活的组织方式，及其文化传播传承和身份认同的模式，也会随之发生改变。在

---

① 参见 Marshall, Alison. 2011. *The Way of the Bachelor: Early Chinese Settlement in Manitoba*. Vancouver, BC: University of British Columbia Press。

② 参见 Yu, Renqiu. 1992. *To Save China, to Save Ourselves: The Chinese Hand Laundry Alliance of New York*. Philadelphia: Temple University Press; Wang, Joan S. 2004. "Race, Gender, and Laundry Work: The Roles of Chinese Laundrymen and American Women in the United States, 1850 – 1950." *Journal of American Ethnic History* 24, No. 1, pp. 58 – 99; Smart, Josephine. 2003. "Ethnic Entrepreneurs of Transmigration, and Social Integration: An Ethnographic Study of Chinese Restaurant Owners in Rural Western Canada." *Urban Anthropology and Studies of Cultural Systems and World Economic Development* 32, No. 3/4, pp. 311 – 342; Mieder, Wolfgang. 1996. "'No Tickee, No Washee': Subtleties of a Proverbial Slur." *Western Folklore* 55, No. 1, pp. 1 – 40.

纽芬兰的个案中，目标社区的移民形式和经济结构，大致经历了从同质化社区生存向多元性社会生活的转变。在这一过程中，具有表演性、流动性、杂糅性和多义性特质的现代华人民族性（Chineseness），成为了个人、亚群体甚至整个华人社会，在回应不同社会文化情境中有关身份认同的自我想象和展演时，不断博弈、建构和重新定义的、众声喧哗的公共场域。与之相随的，中华传统艺术在这一过程中也逐渐在跨文化的场域中得到认知、理解和接纳，它与本地文化一道，建构起了具有丰富层次和多元面向的"人类命运共同体"意义上的"新文化"。

第二节　纽芬兰华人早期的经济生活与跨文化传播

洗衣店经营与同质化社区

据司徒育亭（William Ping，1931年到达纽芬兰）先生的回忆录和当地报纸《晨报》（*Daily News*）1895年8月19日的报道，来自广东省开平县的方彩（Fong Toi 或 Fong Choy）和司徒兴（Soo-oo-HIn 或 Szeto Hing）是最早到达纽芬兰的两位华人。[①] 在来到纽芬兰之前，他们曾在美国从事了6—7年的洗衣工作；来到纽芬兰，是作为前往英国的中转，但他们发现此处还未有华人到来，认为是开设洗衣店的良好之处，便临时决定改变行程，留下来经营。于是，数天之后，据当地报纸《晚间电讯报》（*Evening Telegram*）1895年8月24日的报道，方彩和司徒兴在圣约翰斯市中心的新高华街（New Gower Street）37号，开设了纽芬兰历史上的第一家华人洗衣店——胜利洗衣店（Sing Lee and Co.）。

胜利洗衣店的开设，将纽芬兰与孔飞力所言"大移民时代"华人向外迁徙的全球历史联结在了一起。[②] 在19世纪的中后期，由于中国处于战乱（如鸦片战争、太平天国运动等）和饥荒、北美洲发现黄金和修建

[①] 有材料显示，在1895年之前，便已经有华人到达纽芬兰。参见作者文章2018，"Presenting Diversity and Negotiating Identity: Narratives of the Chinese in Newfoundland." *Journal of Folklore Research* 55, No. 3, pp. 51–86。

[②] 参见［美］孔飞力《他者眼中的华人：中国近现代移民史》，李明欢译，江苏人民出版社2016年版。

太平洋铁路等外部事件，以及广州曾长期作为中国唯一的对外通商口岸所造就的具有较强开拓精神的广东人的性格使然，大量广东人，特别是居于毗邻香港的四邑地区①的居民，开始到北美谋生。② 1950 年从广东台山来到纽芬兰的熊楚亮医生（时年 13 岁）告诉笔者："我的祖父在 1910 年便来到纽芬兰谋生。当时，出外打工在我的家乡十分普遍，大家都想着到外面的世界闯一闯，赚一些钱，最后衣锦还乡。无论如何，比起在乡下饱受的各种苦难，在美洲的生活还是要相对容易一些的。"③ 根据威克伯格（Wickberg）的总结，中国向外移民的类型大致可分为两种：一是合约制的劳务输出（coolie broker），此类移民形式主要发生在移民历史的早期，往往归因于移居地大量且急切的劳务需求，如美加太平洋铁路的修建工程等；二是以地缘或亲缘关系为基础性纽带的移民模式（chain immigration），④ 在 1900 年以后，由于北美大型工程建设的基本完成，这一移民形式便成为了中国对该地移民的主流。⑤ 在纽芬兰，华人移民的模式为上述第二种类型。

在传统的资本运作和商业经营原则中，出于对利益最大化的渴望，行业性的垄断似乎是大多数经营者所追求的最终目标之一。然而，在胜利洗衣店开设后不久，方彩和司徒兴便写信告知其同乡——纽芬兰所具有的潜在商机。据《晚间电讯报》所刊载的广告可知，1895 年 10 月 23 日，金隆洗衣店（Kam Lung Laundry）在位于圣约翰斯市中心的达克沃斯大街（Duckworth Street）214 号正式营业。随后，同样是由于同乡或者亲戚相互之间的信息传递，华人洗衣店在纽芬兰，特别是其首府圣约翰斯市，陆续开设了多家。根据 1913 年在美国旧金山编辑出版的《万国寄信便览》（International Chinese Business Directory of the World.）的记录，圣约

---

① 指开平、台山、新会和恩平四县。
② 当然，当时广东人所迁徙的目的地是全球性的，并不限于北美洲一处。
③ 笔者在 2009 年 7 月 9 日，在圣约翰斯对熊楚亮医生进行了访谈。
④ 由于中国人，特别是广东、福建等地居民，安土重迁和聚族而居的传统，地缘关系往往与亲缘关系相互联结。同居一地或者附近地区的乡民，相互之间往往存在或亲或疏的血缘关系或者姻亲关系。
⑤ Wickberg, Edgar, Harry Con, Ronald J. Con, Graham Johnson and William E. Willmott. 1982. From China to Canada: A History of the Chinese Communities in Canada. Toronto: McClelland and Stewart Ltd., p. 5.

翰斯当时至少有 8 家华人洗衣店——宏利洗衣店（Fong Lee Laundry）、针利洗衣店（Jim Lee Laundry）、转利洗衣店（John Lee Laundry）、恒利洗衣店（Hong Lee Laundry）、合利洗衣店（Hop Wah Laundry）、裕利洗衣店（Yee Lee Laundry），以及金隆洗衣店（Kam Lung Laundry）的两家分店。① 它们均位于城市的中心区域，构成了华人在圣约翰斯基本的经济网络，这个网络也是华人最基本的社交圈。

为了节约成本（当然，有些地方也是因为当地政府为保护白人洗衣店而限制华人使用），华人所开设的洗衣店全为不使用机器的手洗作坊。随着业务量的逐渐增大，其对于劳动力的需求也不断增加，因此，店主们往往通过各种通信和联络方式（包括通过中间人）联系亲属和同乡，或者回到家乡，招募合意的洗衣工人。这种基于私人关系的经济移民模式，在华人早期移民史中非常普遍。对此，1949 年来到纽芬兰的熊华耀先生（Wallace Hong）解释道："在那个时候，许多人想到北美去。但是，原来并不像现在这么方便，可以通过网络提交申请。移民申请表格都是依靠回乡探亲的人带回去的。当人们从纽芬兰把表格带回来以后，他们只会把这些表格交给他们想要交给的人，比如说亲人、熟人或者同乡，而不是一个他们不熟悉或者根本不认识的人。可以说，早年到纽芬兰的人都是知根知底的，要么是亲人，要么是关系不错的同乡。"② 在纽芬兰纪念大学中国学生会（Chinese Student Society，当时主要由来自香港、台湾和东南亚的华人学生组成）1975 年发表的一份调查报告中显示：直至当时，虽然许多来自台湾、香港和东南亚国家的华人已经到纽芬兰定居，二代土生华人群体也逐渐出现，但是占华人人口绝大多数的，仍然是操着乡音、来自广东珠三角四邑地区的乡民。③

由于纽芬兰华人个体之间存在着紧密的地缘或亲缘关系，在当时并不友善的社会环境中，群体内部的互助与自我调节成为了可能。从华人抵达纽芬兰开始，他们便面临着来自当地社会的敌意。在 1895 年 8 月 19

---

① Wong, Kin. 1913. *International Chinese Business Directory of the World.* San Francisco: International Chinese Business Directory Co., p.1385.

② 笔者于 2013 年 9 月 16 日，在圣约翰斯对熊华耀先生进行了访谈。

③ Hong, Jane, et. al. 1975. "Chinese Community in Newfoundland." St. John's: Chinese Student Society, p.10.

日《晨报》的报道中，华人的到来被撰文者称为"来自东方的入侵"（"An invasion from the Orient"）。在美国（1882年）和加拿大（1903年）等邻近国家相继出台限制华人移民的法案之后，随着华人洗衣店的增加而带来的华人人口数量的增长，华人逐渐被当地白人看作职场中潜在的竞争对手。特别是当华人洗衣店不能完全吸收日益增长的华人移民、后者开始涌向当地白人主导的渔业和矿业时①，排华之声便开始在纽芬兰出现。1906年4月30日，在经过纽芬兰众议院激烈的讨论之后，排华法案（"The Act Respecting the Immigration of Chinese Persons"）通过，并于当年8月1日起施行。此法案直至1949年纽芬兰加入加拿大联邦后，才废除。法案中对于华人移民而言最为实际的影响是经济方面的，即除外交官、牧师等少数具有特定身份的人士外，每位进入纽芬兰的华人需要向当地政府缴纳300纽芬兰元的人头税，在当时，这笔钱相当于一个普通纽芬兰家庭2—3年的收入总和，这是许多希望来此谋生的贫困华人移民首先需要解决的现实问题。解决的方法大体有两种：一是该华人在中国积攒/借贷到相应的钱数，方才成行；二是由希望雇用和帮助他的纽芬兰洗衣店（后来主要是餐馆和洗衣店）老板凑够相应的金额垫付，而移民通过其后的工作薪金进行偿还。大多数华人移民所采用的是第一种方式，如司徒育亭和熊文振（Gene Hong）等。而第二种路径，则是许多更为贫困无助的华人的无奈选择。在排华法案施行后不久，1906年11月27日《晨报》的一篇报道展现了一位华人移民的两难困境。这位不知名的华人当时坐船离开纽芬兰到加拿大谋生，但是，当他抵达加拿大新斯科舍省（Nova Scotia）的北悉尼港（North Sydney）时，由于无法缴纳500加元的人头税，于是决定重新回到纽芬兰，然而，离开后再次进入纽芬兰的他，因为缺少有效证明文件证实其缴纳过税费，则需要交付300纽芬兰元的人头税。② 由于他同样无力支付这笔费用，因此陷入了进退两难的境地。最

---

① 关于华人从事渔业劳作的信息，可参见《晚间电讯报》1906年5月17日、《晨报》1906年6月14日和《先驱晚报》（*Evening Herald*）1906年6月16日的报道。关于华人从事矿业劳作的信息，可参见《先驱晚报》1906年5月22日的报道。

② 每位华人只需缴纳一次人头税，在缴税之后，会得到一张证明文件，下次入境时，向海关出示此份文件即可。该华人应该是在排华法案颁布之前进入纽芬兰的，因此他没有证明文件，而在排华法案施行之日起，所有进入的华人都要缴纳这笔费用。

后，圣约翰斯的华人同乡凑钱，为其缴纳了 300 纽芬兰元的人头税，助其进入海关，作为报偿，他则需要在洗衣店内劳作。

一个更为典型地体现华人之间互助的例子，可以从区荣照先生（Au Kim Lee）回应当地卫生检察官奥布莱恩（O'Brian）对其洗衣店的批评中看到。区荣照先生于 1899 年从英格兰来到纽芬兰，开设了锦利洗衣店（Kim Lee Laundry）。由于其较为熟练的英语沟通能力，区荣照先生成为了当时纽芬兰华人社区的领袖，被当地白人媒体称为"华人王"（king of Celestials）①。1906 年 2 月初，当地卫生检察官奥布莱恩到锦利洗衣店巡视，发现洗衣店内污水横流，器具摆放散乱，卫生条件极差，除此之外，他还在最终提交的报告中特别指出，在锦利洗衣店狭小的空间中，居然住着 17 名中国人。② 针对卫生检察官的批评，区荣照先生特别就洗衣店拥挤不堪的情况作了说明："我的洗衣店只雇佣了 10 个人。检察官您看到的其他 7 位，都是我的同乡，他们来到圣约翰斯以后，没能找到相应的工作，他们无处可去，我只能暂时收留他们。"③ 历史学者克里斯塔·查特曼·李（Krista Chapman Li）对此评论道："在区荣照的辩护中最有意思的一点是，他选择为自己和所有的华人同乡辩护。"④ 在此，区荣照所践行的，正是传统中国对于社区（如乡绅）和宗族领袖所要求承担的保护和照顾乡民和族人的责任和义务。再如，在访谈中，区经佐先生（George Au）告诉笔者："1949 年我从中国乘坐航班来到纽芬兰投奔我的父亲。当我走出位于纽芬兰岛中部城市甘德（Gander）的甘德国际机场（Gander International Airport）时⑤，迎接我的并非是我的父亲，而是已经年过六旬、头发花白的区荣照先生。"⑥ 可见，当时的华人洗衣店实际承

---

① 《贸易评论》1909 年 3 月 20 日（"Looks Healthy. Project"）。

② 参见《晚间电讯报》1906 年 2 月 12 日以及《先驱晚报》1906 年 2 月 12 日、13 日和 15 日的报道。

③ 参见《晨报》1906 年 3 月 3 日的报道。

④ Li, Krista Chatman. 2010. "'Knights of the Flatiron': Gender, Morality, and the Chinese in St. John's, Newfoundland, 1895 – 1906." PhD Dissertation, Department of History, University of New Brunswick, p. 176.

⑤ 甘德市位于纽芬兰岛中部地区，距离圣约翰斯 300 多千米。

⑥ 笔者曾于 2014 年 5 月 5 日，在纽芬兰西部城市斯蒂芬维尔（Stephenville）对区经佐先生进行了访谈。

载的,不仅是经济功能,它还起到了传统社会中的会馆作用,构建了一处华人可以依靠的、具有排他性的族裔空间①。

  当然,族裔内部的个体关系并非全是田园牧歌式的。由于存在个体之间不同的利益和价值取向,以及各异的自我调整和对抗压力的能力,群体内部的矛盾和冲突似乎是无可避免的。1922 年 5 月 3 日,由于参与赌博输钱,并长期自认为受到亲戚和族人的歧视,洗衣工人伍勋锦（Wo Fen Game）枪杀了包括其妻兄和表兄在内的 3 位同乡,并使其他 7 位同乡受伤。② 这一悲剧性的事件折射出了当时华人日常生活的孤独和无助。由于中国传统性别观念的影响,旅程的漫长,以及更为重要的繁重的经济负担（如人头税等）等原因,与世界其他地区的华人移民历史相似甚至更为极端。从华人移民纽芬兰历史的开端至 1949 年排华法案废除的这段历史时期,仅有区荣照先生的妻子曾经于 1927 年,即区荣照抵达此地 28 年之后,曾在纽芬兰居住数月,后因为身孕,又返回中国。这种以男性为主体的移民社区模式,被华人历史研究者马悟水（Alison Marshall）称为"单身汉社区"（bachelor community）。③ 这些结了婚或者还未结婚的、形式或实质上的"单身汉们",通常在华人洗衣店中辛勤劳作,盼望尽快积蓄足够多的存款,然后回到家乡。司徒育亭回忆道:"那时候我在华人洗衣店打工,经常睡眠不足。我们通常凌晨两点收工,然后吃晚饭,有些时候我凌晨四点才吃上晚餐,但是早上六点就又要起来。我们整天必须不停地浆洗、烘干、熨烫,然后把干净的衣物包好,等着客人来取。工作真的特别辛苦,我经常是一边流泪,一边干活。"④ 在这样的工作状

---

  ① 参见 Zhou, Min and Rebecca Y. Kim. 2006. "The Paradox of Ethnicization and Assimilation: The Development of Ethnic Organizations in the Chinese Immigrant community in the United States." In *Voluntary Organizations in the Chinese Diaspora*, edited by Khun Eng Kuah‐Pearce and Evelyn Hu‐Dehart, 231–252. Hong Kong: Hong Kong University Press.

  ② 参见纽芬兰纪念大学图书馆电子档案库（DAI）所收集的报刊资料"纽芬兰的华人社区"（Chinese community in Newfoundland）http://collections.mun.ca/cdm/search/collection/chinese/searchterm/Wo%20Fen%20Game/order/nosort,以及纽芬兰高等法院的案件审讯记录。

  ③ Marshall, Alison. 2011. *The Way of the Bachelor: Early Chinese Settlement in Manitoba*. Vancouver, BC: University of British Columbia Press.

  ④ Hoe, Ban Seng. 2003. *Enduring Hardship: the Chinese Laundry in Canada*. Ottawa: Canadian Museum of Civilization, p. 35.

第一章 日常经济生活网络与传统艺术的跨文化传播 / 47

态下,由于正常家庭生活的缺失,许多华人沉溺于吸食鸦片和赌博。① 面对华人的生存处境,即使是当地社区的民众,对早期华人移民也表现出了深切同情。例如,在回顾曾经发生的伍勋锦案件时,有报道称:"他是怀揣着对大好前程的允诺,满是希望地来到圣约翰斯的,心里想着能赚到比留在中国更多的钱。因此,他其实并没有想要在这里停留多长时间,而是打算尽快攒足够多的钱,可以回到自己妻子和女儿的身边,使她们过上更好的生活。他从来未曾想过,命运让他在纽芬兰的生活备受折磨和煎熬。"②

针对这一纽芬兰历史上情节最为严重的刑事案件,除当地教会开始进一步为华人社区提供帮助外③,华人社区内部也采取了积极的回应。1927 年,在区荣照的领导下,以来自开平县的区姓族人为主体,成立了纽芬兰第一个具有真正传统会馆性质的集美社(Tai Mei Club)。随后,在1932 年,来自台山县的乡民,特别是人数较多的谭姓、熊姓和甄姓族人,共同成立了"同乡会"(Hong Hang Society)。对此,熊楚亮医生评论道:"集美社和同乡会成立的目的,是为了让大家在闲暇时有地方聚在一起,以增进华人之间的友谊和亲情。"④ 除了增进感情的目的之外,这些组织还是具有较强功能性的非正式机构,为当地华人提供英文服务(如翻译和填写各类表格等)、向家乡中国寄送钱物服务,为来到纽芬兰的华人提供暂时性住宿,以及为华人预约医疗服务等。区经佐先生回忆说:"初到纽芬兰时,我在一家名为'纽芬兰洗衣店'(Newfoundland Laundry)做帮工。我们每周日休息一天。到了这一天,很多人都会来到集美社聊天,看中文报纸和书籍,或者打麻将,度过一天的休闲生活。那个时候,我记得有几位独身的老人在楼上的房间常住。"⑤ 可见,早期纽芬兰华人移

---

① 参见《晚间电讯报》1906 年 12 月 7 日和《先驱晚报》1906 年 1 月 27 日的报道。
② 参见《电讯报》(*The Telegram*)1997 年 12 月 16 日(《晚间电讯报》后来更名为《电讯报》)。
③ 关于当地教会与华人关系的研究,可参见笔者文章:2018. "Emergent Chinese Diasporic Identity and Culture: Chinese Grave Markers and Mortuary Rituals in Newfoundland." *Journal of American Folklore* 131, No. 519, pp. 53 – 90;《移民社群日常生活的地方性建构——以加拿大纽芬兰华人墓葬艺术为中心》,《世界民族》2019 年第 3 期,第 69—79 页。
④ 笔者曾于 2009 年 7 月 9 日,在圣约翰斯对熊楚亮医生进行了访谈。
⑤ 笔者曾于 2014 年 5 月 5 日,在纽芬兰西部城市斯蒂芬维尔对区经佐先生进行了访谈。

民的经济和社会交往模式表现出了突出的同质化特点。

中华传统艺术文化在纽芬兰的早期传播

在这一具有私密性的族裔空间中，华人可以通过各种方式表达自我的身份认同和彰显在外部空间中可能受到压抑的民族文化艺术传统和个人情愫。例如，据《晨报》1896年2月14日的报道，这一年的2月12日星期三，是1895年初到纽芬兰的华人们在当地度过的第一个春节的大年初一。这一天，华人们很好地装饰了他们的洗衣店，将之变得灯火通明、熠熠生辉，而且还燃放了爆竹和烟火来庆祝传统的节日。在此，节日的装饰和庆祝的仪式，使得原本单纯的经济空间，转化为了传递华人族裔身份讯息的文化空间。在很大程度上，华人在洗衣店中进行的农历春节庆祝活动，其主要目的是愉悦华人自身，以及表达其思乡思亲的情感。不过，由于华人洗衣店作为经济实体的自身性质，使其在诸如礼拜三这样的工作时间中，被外部社会定义为一个公共空间，因此，即使华人在此间的文化实践并不指向其族群之外，来自外部世界的经济活动的参与者（顾客）仍然会不时地闯入这一原本应该具有私密性的空间中，使之成为了具有公共性的跨文化交流场域。在《晨报》的报道中提到："华人新年庆祝活动——十分的吵闹和喧嚣——吸引了很多的人聚集于他们的店铺之外进行观赏。"事实上，华人在其洗衣店中（以及在之后的中餐馆中）所进行的许多文娱活动[1]，均表明了华人洗衣店在日常的经济活动之外，作为文化空间所承担的复杂的文化载体和跨文化交流功能。在这个意义上，除了服务华人社区内部的文化需求，缓解具有敌意的外部社会和日常辛劳所带来的生理和心理压力以外，华人洗衣店还间接作为了跨文化交流的媒介空间。

到20世纪40年代前后，圣约翰斯华人洗衣店的数量达19家，大部分已使用机器作业，雇用着百余名华人，仍然作为当地华人主要从事的经济活动领域。[2] 在这一时期，华人与当地社区之间的交往，主要是通过

---

[1] 如《晚间电讯报》1906年7月25日关于在金隆洗衣店播放中国传统乐曲，和1909年7月7日关于锦利洗衣店中中国乐器的演奏的报道等。

[2] 参见司徒育亭《我的回忆录》第22页所列洗衣店名单。

前者为后者提供劳动服务等经济活动而进行的，双方之间并不存在主动明显的跨文化交流行为。不过，由于经济性互动的频繁发生，以及华人作为文化群体在当地社区的实际存在状态，使得艺术的跨文化传播在不经意之间、以一种间接的方式得以进行。

当然，在接触华人艺术的初期，特别是在排华法案通过不久的岁月里，当地社区对于华人艺术主要持排斥态度。例如，据《晚间电讯报》1906年7月25日的报道，在金隆洗衣店工作的华人洗衣工购买了留声机和传统中国音乐唱片，但是这些华人以为美妙的音乐作品，在当地人听来，却成为了扰民和令人不安的印第安人丧歌一类的乐曲。然而，这一对于外来文化的拒斥态度也并非绝对的。在排华风潮降温的时候，当地社区对于华人传统艺术则更易于接受，评判也更趋公允。例如，1909年7月7日，《晚间电讯报》作了关于某类中国乐器的报道。该报道称："昨晚，位于高华新街的锦利洗衣店对面聚集了很多人。在那里，该洗衣店的一名甄姓工人（Jim Lung）正在演奏一种类似竖笛的管弦乐器。这个乐器的嘴是一个很小的簧片。他演奏的技巧非常高超。声音同高地风笛类似，在近处听起来比较刺耳，但是在远处则十分美妙。"从这一报道看，公众对于中华传统艺术呈认可的态度。可见，外部政治环境对艺术的跨文化传播实践，起到了非常关键性的作用。而从另一方面来说，艺术似乎又可作为一种有效的互动媒介，增进不同族群之间的相互理解和尊重。

第三节 经营活动的新拓展与跨文化传播的新空间

餐饮业：新的经济领域和融入策略

在华人进入纽芬兰伊始，虽然遭到一些讥讽性质的调侃和无来由的警惕，但是，他们的到来并未引起当地社会普遍的恐慌，这便是为何1904年首次提出的排华法案并未获得通过的重要原因。[1] 然而，当华人开

---

[1] 参见 Hong, Robert. 1987. "'To Take Action without Delay': Newfoundland's Chinese Immigration Act to 1906." unpublished BA Honours essay, Department of History, Memorial University.

始试图进入由当地白人主导的行业，如渔业和采矿业，寻找就业机会时，他们和他们的行动，便被认为是所谓的"黄色灾祸"（Yellow Peril），[①] 而遭到来自纽芬兰社会各个阶层的一致阻绝，并最终导致了前述具有歧视性的排华法案的通过。当时，华人所面临的现实处境是：一方面，他们遭受着来自纽芬兰当地社会的排斥，而拥有极小的经济活动空间；另一方面，由于华人洗衣店规模有限，不能容纳更多的华人人口，这要求希望在当地留下的华人必须开辟新的、同时被当地社会接纳的行业方向。其实，纽芬兰华人经济活动的多元取向，从早期便已经开始了。在1913年时，除进入传统白人主导的行业和开设洗衣店外，华人还经营着金利杂货（Kim Lee）、利利杂货（Lee Lee）、远东干货（Oriental store）、三兴丝绸（Sam Hing Silk）、荣盛茶庄（Wing Sing & Co.）和永盛漆器（Wing Sing Chinese and Japanese Bazaar）等店铺。[②] 可见，纽芬兰华人的经济活动在当时已然呈现出较为多元的特征。

与世界其他地区的华人社区历史相似，在纽芬兰，除洗衣店外，华人最主要的经济活动便是围绕着餐馆而展开的。华人在纽芬兰经营餐馆的历史，最早可以追溯到1915年一位名为唐南豪（Nam How Tong，又名Tom Cook）的厨师自广东四邑地区来到纽芬兰谋生，他在圣约翰斯附近出产铁矿的贝尔岛（Bell Island）上开设了一家专售薯条和炸鱼（fish and chips）的餐馆。[③] 1918年，方慕式（Fong Moo Sic）在圣约翰斯市中心的沃特尔大街（Water Street，又名"水街"）开设了该市第一家华人经营的餐馆——帝王餐厅（King Café）。到1940年前后，圣约翰斯市内华人经营的餐馆数量已达到十余家，包括：帝国餐馆（The Imperial Restaurant），联合国餐厅（United Nation Café），银球餐厅（Silver Ball Café），美景饭店（Good View Restaurant），白百合饭店（White Lily Restaurant），伦敦餐厅（London Café），西部餐厅（Western Café），大众餐厅（People Café），

[①] 《晨报》1905年11月29日。

[②] Wong, Kin. 1913. *International Chinese Business Directory of the World*. San Francisco: International Chinese Business Directory Co., p. 1385.

[③] 参见纽芬兰华协会（Chinese Association of Newfoundland and Labrador）主编的《过去—现在—将来：纪念华人侨居纽芬兰一百周年》（*Past-Present-Future: A Commemorative Book Honouring the 100th Anniversary of the Chinese Community in Newfoundland & Labrador*），第7页。

圣约翰斯餐厅（St. John's Café）和西侧餐厅（West End Café）等，以及在新高华街（New Gower Street）的多家薯条炸鱼店。①

从餐厅的命名来看，与许多北美大城市的华人餐馆通常会选取具有中国或者华人特征的名号不同（如1849年开始营业的北美第一家中国餐馆——广东饭店 Canton Restaurant），早期华人在纽芬兰经营的餐馆并未显露出明确的华人特征。究其原因，北美的大都会，如旧金山、纽约、多伦多等，均拥有大量的华人人口，特别是占据较高社会经济地位的商人阶层，他们成为了华人经营的豪华餐馆的主要客源，而采用具有中国特征的店名是吸引这些顾客的重要手段之一。② 而对于以纽芬兰为代表的、北美较为偏远或者华人较少的地区，当地华人经营餐馆的主要目标顾客为当地的非华人群体，因此，在对于中国文化认知尚浅、中餐并不流行的地区，这些餐馆为避免引起潜在顾客的陌生感和对于文化差异的恐惧感，通常不会刻意宣扬自己作为华人餐馆的身份。③ 1953年来到纽芬兰经营餐馆的熊元衮先生（Billy Hong）介绍说："我听我的父亲和一些老华侨说，在他们的那个时代，所有在华人经营的餐馆中就餐的都是白人。他们的目的并不是吃中餐，而是找一个便宜的馆子饕餮一顿。我最初在圣约翰斯附近铁矿业发达的贝尔岛开餐馆，名字叫做'太阳餐厅'（Sun Café）。从餐厅的名字和建筑外观看，顾客们都不知道这是由华人经营的。当时在贝尔岛有十余家华人经营的餐馆，顾客几乎是白人矿工或者他们的家人，所以，我们的店名都像是外国人开的饭店店名一样。"④

从以上熊元衮先生的话中，可以看到纽芬兰华人餐馆的第二个特点，即餐馆所售卖的饭菜并非中餐。在20世纪三四十年代的纽芬兰，华人经营的餐馆主要售卖的是诸如牛排、猪排、炸鱼和薯条等西式餐点，而非中餐。⑤ 据熊楚亮医生所言，第一家售卖中餐的餐馆名叫"华美餐厅"

---

① 参见司徒育亭《我的回忆录》第22页所列餐馆名单。
② 参见 Coe, Andrew. 2009. *Chop Suey：A Cultural History of Chinese Food in the United States*. Oxford：Oxford University Press.
③ 参见 Cho, Lily. 2010. *Eating Chinese：Culture on the Menu in Small Town Canada*. Toronto：University of Toronto Press.；以及笔者文章：2016. "Chinese Restaurants' Interior Decors as Ethnographic Objects in Newfoundland" *Western Folklore* 75, No. 1, pp. 33–76.
④ 笔者于2013年7月10日，在圣约翰斯对熊元衮先生进行了访谈。
⑤ 参见司徒育亭《我的回忆录》，第11—13页。

（Deluxe Café），由 1946 年来到纽芬兰的区荣鼎（Wing Ding Au，音译）于 1958 年前后开始经营的。① 然而，华美餐厅所烹饪的餐点也并非传统意义上的"正宗"中餐，而是其赴多伦多学来的、适应当地白人口味的"美式中餐"（American Chinese food）（关于纽芬兰中餐的详细讨论，详见后文）。②

除了在口味上适应当地白人顾客的需求，早期纽芬兰华人经营的餐馆还对就餐环境作出了相应改变。首先，在外观和软装方面，这些餐馆所使用的全为西式装饰。③ 原因有二：一是根据第二代华人区纳维（Navy Au）的解释，早期华人餐馆的业主，为了节约成本，通常会从当地白人经营者手中，选择那些不需要进行大规模整修而能即刻开始经营的店铺。因此，他们通常不会改变原来物业的外观和内饰。④ 二是为避免由于自身华人身份所可能造成的恶意破坏等不必要的麻烦，华人店主往往选择隐藏自己的族裔身份。⑤ 其次，除了建筑本身不具有华人特征以外，早期华人经营的餐馆还运用了以下两个策略来进一步遮蔽自身的种族和文化特征：一是除店主以及主要厨师外，服务人员几乎全为当地白人，特别是白人女性；二是餐馆的店主与厨师，通常仅在厨房活动，较少与就餐的客人进行直接的接触和交流。⑥ 关于第一条策略，可以从司徒育亭的回忆录中有关洗衣店和餐馆名录的列表中得到证实。该回忆录有关洗衣店和餐馆的记述包括以下几个方面：中英文名称（餐馆名录仅有英文名称）、

---

① 笔者于 2013 年 9 月 10 日，在圣约翰斯对熊楚亮医生进行了访谈。

② 关于美式中餐，可参见 Lee. Jennifer. 2008. *Fortune Cookie Chronicles*：*Adventures in the World of Chinese Food*. New York：Twelve. ；Coe, Coe, Andrew. 2009. *Chop Suey*：*A Cultural History of Chinese Food in the United States*. Oxford：Oxford University Press；以及笔者拙文："Negotiating Chinese Culinary Traditions in Newfoundland." *Digest*：*a Journal of Foodways and Culture*（*Journal of American Folklore Society's Foodways Section*）3，No. 1.

③ 关于早期纽芬兰华人餐馆的外观及内部软装，可参见笔者文章：2016. "Chinese Restaurants' Interior Decors as Ethnographic Objects in Newfoundland" *Western Folklore* 75，No. 1，pp. 33 –76.

④ 笔者于 2014 年 5 月 26 日，在脸书上对区纳维进行了访谈。

⑤ 关于华人餐馆可能面临的、由于种族歧视而带来的麻烦，可参见司徒育亭《我的回忆录》中有关第一位华人厨师唐南豪的逸事，第 13—20 页。

⑥ 参见 Turgeon, Laurier and Madeleine Pastinelli. 2002 "'Eat the World'：Postcolonial Encounters in Quebec City's Ethnic Restaurants." *Journal of American Folklore* 115，No. 456，pp. 247 – 268.

所在街道，以及从业人员姓名。例如，在记录芳利洗衣店（Fong Lee Laundry）时，司徒育亭标注其地点为布莱森特街（Present Street），并列举了六位洗衣工人的名字：谭辰长、方襄文、谭昌达、朱昌华、谭世昌和方灼俊。而在其关于西部餐厅的从业人员的记录中，仅有区国常一人。笔者认为，这种差异性并非源于作者记忆的缺失，而是在于华人经营的餐馆除厨师外，极少雇用华人。关于第二条策略，例如，在20世纪40年代，熊查理（Charlie Hong）在圣约翰斯经营一家餐馆，其妻芙洛妮·马修斯（Fronie Matthews）在婚前则是其餐馆的女招待。对此，纽芬兰商人查理·思努克（Charlie Snook）告诉笔者："在20世纪40、50年代的时候，我还是一个单身小伙子，经常会到一些餐馆吃饭。有一家餐馆是熊查理开的，我的亲戚芙洛妮嫁给了他，我还参加了他们的婚礼。我经常去餐馆找他们。每一次我只看到芙洛妮在大厅干活，而查理则留在他的厨房里。"①

从以上对于早期纽芬兰华人经营的餐馆的论述中可见，与洗衣店从业的华人不同，作为经营者的华人似乎在有意识地从各个方面弱化餐馆的华人特征，从而达到隐藏自己族裔身份的目的。这种隐藏，使得中国传统艺术的跨文化传播无从谈起。在这一行业转变的过程中，华人除了接受来自外部强制性的种族和文化标签之外，他们还有可能选择通过各种策略和路径隐藏自我的身份认同，以适应不同的社会政治经济语境，从而达到某种意义上的成功并获得相应的利益。另外，更为重要的是，由于雇用了当地白人女性，原本极为封闭的"华人单身汉社区"和劳作模式开始转变，华人与当地人的关系也从原先偶然的、完全经济性质的商业关系，逐渐变得丰富和多元。在日常生活中，华人通过他们雇用的白人而一定程度上拓展和延伸了自身的社交网络和能动空间，使得华人群体与外部世界之间的联系更为广泛和深入，为跨文化传播实践创造了可能。

华人社区的结构变化

1949年，纽芬兰通过全民公投加入了加拿大联邦，后者于1947年在

---

① 笔者曾于2014年4月18日，在圣约翰斯对查理·思努克先生进行了访谈。

联合国关于人权问题的总体纲要指引下（《世界人权宣言》于 1948 年颁布），废除了分别于 1903 年和 1923 年颁布的排华法案。根据联邦法律高于地方法律的原则，纽芬兰的排华法案也随之被废除。由于社会政治环境的改变以及随之而来的新移民政策的利好因素，纽芬兰华人开始申请加拿大的永久居留权，并在获得常住居民身份之后，将自己的直系亲属申请到纽芬兰定居。① 这一举措的直接结果是造成了纽芬兰华人人口的快速增长和第二代土生华人的崛起。但是，与纽芬兰华人具有相似的经济条件和文化教育背景的他们的配偶以及未成年子女的到来，并未引起当地华人人口在社会经济结构方面的变化。在来到纽芬兰之后，他们中的绝大多数仍旧从事传统上纽芬兰华人所从事的行业。例如，少年区经佐先生来到纽芬兰以后，便首先在父辈的洗衣店中劳作，而熊华耀的太太在来到圣约翰斯的第二天，便投入家庭餐馆的生意中。不过，这些新移民的到来，使得原初的华人单身汉社会逐渐瓦解，男女比例渐趋平衡，由此，华人男性逐渐脱离了同性共同体式的生活模式，回归较为正常的家庭生活。在一定程度上，这造成了曾以同吃同住同劳动的同性共同体为基础的华人洗衣店劳作模式的逐渐式微。② 从 20 世纪五六十年代开始，经营华人餐馆，特别是以个体家庭为单位的小型餐馆，逐渐取代了洗衣店，成为纽芬兰华人维持生计的主要模式。到 20 世纪 80 年代中期，纽芬兰全岛仅有司徒育亭的白雪洗衣店（Snow White Laundry）一家还在经营，而当地华人餐馆的数量则达到了数十家，遍布纽芬兰和拉布拉多省的每一个城镇。③

随着中餐在北美的逐渐流行，对于正在从洗衣店向餐饮业转型的华人业主及其作为新移民的亲属而言，他们面临的一个重要难题是缺乏烹饪美式中餐的技能。熊元衮先生说："我出生在广东一个富裕的家庭，后

---

① 参见 Sparrow, John Kenneth. 2006. "From Sojourning to Citizenship: the Chinese in St. John's, Newfoundland, 1895 – 1967". A research report submitted to the Department of History in partial completion of the requirements for the Master of Arts degree, Memorial University of Newfoundland.

② 当然，华人洗衣店衰落的原因是多方面的。除却华人家庭生活对此产生的影响外，其他因素还包括：第一，家用洗衣烘干设备逐渐普及，进入普通的纽芬兰家庭，使得他们不需要将衣物送到外面的洗衣店洗烘；第二，当时华人洗衣店逐渐采用机器洗烘衣物，所需劳动力数量骤减；第三，经营餐馆的经济收入远远高于洗衣店的所得等。

③ 笔者于 2013 年 9 月 10 日，在圣约翰斯对熊楚亮医生进行了访谈。

来在香港有体面的工作，在来到纽芬兰做厨师之前，我根本没下过厨房，更别提做美式中餐了。"① 这些没有任何厨师经历的华人，来到纽芬兰之后，大体是通过同乡之间的互助，逐渐掌握了技能，从而在此地生存、生根和发展的。如前所述，区荣鼎通过同乡关系，在多伦多学习了烹饪美式中餐，并将之带回纽芬兰。其他的华人大多则是通过区荣鼎而得以知晓和掌握如何制作这类菜肴的。圣约翰斯中国楼餐馆（China House Restaurant）的前老板谭燦洲（Tam Chan Chau）先生回忆说："我在来到纽芬兰之前没有做过厨师。我实际上是在我姨父区添筹的餐馆中学会的。他的餐馆在圣约翰斯附近的小镇古尔兹（Goulds）。而我的姨父是区荣鼎的同乡，他从区荣鼎那里学会的厨艺。后来，经过区荣鼎的介绍，我还到了当时的圣约翰斯酒店（St. John's Hotel）工作，这家酒店餐厅的头厨也是一个来自香港的华人，他也教我怎么做当地人喜欢的唐餐。"② 作为共同受制于经济活动规则制约的经济参与者，华人餐馆之间无疑存在着激烈的竞争关系，然而，作为具有一定行会性质的、以地缘和亲缘关系为纽带的群体，他们之间又存在着同样较为强烈的依存和互助关系。对此，谭英德（Francis Tam）说道："华人餐馆之间的主要关系，不是相互竞争，而是相互守望扶持。我的祖父在纽芬兰西部的克纳布鲁克市（Corner Brook）中心经营一家中餐馆。当时那里还有好几家中餐馆。大家相互关系都很好。我记得我们家的餐馆如果缺少什么原料，比如说大米、豆芽、酱油或者其他的东西，就会向其他餐馆借，大家相互之间都会很痛快地答应。"③

新经济领域中跨文化传播的新可能

在美式中餐引入纽芬兰，华人餐馆逐渐被当地社会所认识和接受的时期，这些中餐馆从外观和内饰上，又出现了一种与之前隐藏自身华人身份不同的趋势，即极力凸显自我的族裔特征和极具东方色彩的异国情调。在纽芬兰，中餐馆的外观和软装风格，大体经历了从纯粹西式风格，

---

① 笔者于 2013 年 7 月 10 日，在圣约翰斯对熊元衮先生进行了访谈。
② 笔者于 2012 年 2 月 26 日，在圣约翰斯对谭燦洲先生进行了访谈。
③ 笔者于 2013 年 7 月 28 日，在圣约翰斯对谭英德先生进行了访谈。

到传统中式风格,再到当代糅合式风格的转变。① 所谓西式风格,是指华人所经营的餐馆中,没有特别标注其族裔特征的中华传统元素,其代表是前述早期的华人餐馆。所谓传统中式风格,是指餐馆中采用了十分明显的传统中式饭店的装潢元素,如使用中式外部建筑风格(包括门前石狮)、绘画、摆件、软装设计(天顶、玄关影壁和柱廊等)和家具等,其代表是位于圣约翰斯的、1971 年重新装修的金门酒家(Kenmount Restaurant)。金门酒家的店主之一熊华耀说:"在 20 世纪 60 年代末,美式中餐在纽芬兰开始流行,我的侄子熊光楫(Ted Hong)从多伦多和香港学厨归来,我们决定开始售卖中餐。为了让我们的餐馆看起来与当地餐馆有所不同,我们从香港和多伦多购置了装潢材料,还专门请了一位专业设计北美中餐馆的设计师。"② 所谓当代糅合式风格,是指餐馆中同时具有中国传统和较为西式的现代元素,其目的是在展现华人传统元素的同时,表明其自身符合现代文明社会各项标准和规范的存在性。这三种风格分别对应着华人餐馆历史发展的不同时期。西式风格大体在华人受到制度性压制的时期较为流行,反映了华人文化对于主流文化的屈从。传统中式风格反映了逐渐摆脱制度性歧视的华人群体,对于新历史时期社会文化的理解和自我阐释,体现了华人对于提倡多元文化的全新社会氛围的憧憬和认同。而当代糅合式的风格,则表现出华人内部出现的、与地方社会发展相适应的多元认同特性,表明华人作为社会构成的一分子的社会参与和族裔间的积极互动。

　　在经济活动中,纽芬兰华人经历了由原先主要经营洗衣店向后来主要经营中餐馆的转变。在这一过程中,华人群体展现其民族特征以及进行跨文化传播的场域,也从洗衣店的空间转移到了中餐馆的空间中。与曾经的洗衣店不同的是,中餐馆的空间具有着非常适宜于进行跨文化传播的特质。中餐馆的空间不仅仅是经济交往活动的商业空间,由于顾客需要在此停留较长的时间,并进行一系列涉及自我存在需要的活动(如进餐、交际等),而使得这一空间以一种更为深入地方式介入了顾客的日

---

① 参见笔者文章:2016. "Chinese Restaurants' Interior Decors as Ethnographic Objects in Newfoundland" *Western Folklore* 75, No. 1, pp. 33 – 76.

② 笔者于 2013 年 9 月 16 日,在圣约翰斯对熊华耀先生进行了访谈。

常生活。换句话说，与洗衣店中简单的经济交易不同，中餐馆的就餐活动使得顾客的身体得以在这一空间中更多地沉浸，成为了顾客身体经验和对于其所经历的生活世界的一部分。在这种情况下，基于商业利益的推动，中餐馆的经营者就必须顾及这一点，而创造一种更适宜于顾客驻足的空间环境。据笔者调查研究发现，中餐馆经营者所采用的最为普遍的策略，便是在用餐空间中加入中华传统元素（如绘画、书法、手工艺摆件、器具、中国传统音乐等），[①] 这在很大程度上，形成了中华传统艺术在当地非华人社区中近距离的且具有持续性的跨文化传播实践。很多调查对象告诉笔者，印象中，他们与中华传统文化艺术的相遇，最初均缘起于中餐馆中的中国菜以及充满异国情调的室内装饰。值得一提的是，除了建筑外观、软装等方面凸显中国传统艺术元素外，文化表演也不时被引入餐馆的就餐活动中，用以加强食客的中华文化体验，进一步深化了中国传统艺术在中餐馆空间中的跨文化传播实践。例如，在20世纪70年代中后期至90年代中期金门酒家在纽芬兰当地广受欢迎时，经营者们时常从多伦多等地请来华人戏班，在餐馆中为常客表演。可见，华人经济活动的扩展，从成果上而言，并不仅是着力于推动商业成功，同时也为中华传统艺术的跨文化传播创造了展示的空间和可能。当然，必须注意的是，餐馆所展现的中国传统艺术，仅是中国艺术总体中的一个微小侧面，引起的可能是顾客对于中国文化的片面和刻板印象。而且，顾客的就餐行为并非以学习中华文化为目的，其就餐过程也不以领略中华艺术而展开。因此，本研究所强调的是中餐馆在跨文化传播实践中的可能性，而非过分夸大其作用。

第四节　多元社会：新移民、新裔代以及新的经济领域

纽芬兰华人移民社区的人口结构变化

纽芬兰华人社区出现实际意义上的人口结构变化以及社交网络的扩

[①] 参见笔者文章：2016. "Chinese Restaurants' Interior Decors as Ethnographic Objects in Newfoundland" *Western Folklore* 75, No. 1, pp. 33 – 76。

展，起始于20世纪60年代前后，主要归因于两大华人亚群体的崛起：新裔代华人和来自四邑地区之外的新移民。所谓新裔代（New Ethnicity），是由加拿大著名的乌克兰裔舞蹈家和民俗学者安德烈·纳哈楚斯基（Andriy Nahachewsky），指涉的是那些在移居地出生或者成长起来的、具有不同于自己的移民祖辈和父辈的、关于自身族裔身份和文化认同的移民后代。[①] 在纳哈楚斯基看来，这些"新裔代"的成员往往在文化选择上面临如何协调对于祖先文化的忠诚，和融入主流价值观的渴望之间的，由于文化差异带来的互斥性。在纽芬兰，新裔代华人主要包括两类人：一是在当地出生的华人后代（包括混血儿）；二是并非在当地出生，但是在当地成长并接受基础教育的华人后代。他们的共同特点在于都接受过当地正规的基础教育，故而熟悉当地社会的主流价值、意识形态和文化倾向。通常，这些新裔代的成员在文化选择上会面临两难处境：一方面，他们必须接受来自祖辈和父辈关于祖先文化的天然标签，并被来自社区内部和外部的力量（主流价值观）要求认同这一他们或许并不熟悉的文化形态；另一方面，他们又表现出对融入当地主流文化的强烈渴望和主观倾向。在此，新裔代对于主流文化的认同和对于自身祖先文化的陌生感，除了来自移居地的强势文化冲击外，很多情况下也是由于祖辈或者父辈的影响而造成的。在北美的许多华人家庭中（特别是20世纪90年代之前），特别是在文化程度较高的家庭中，父母往往出于希望孩子融入主流文化的期待，多会刻意减少子女与原先华人文化的接触（如语言），使其后代在身份认同上更为当地化。[②]

前文提到，纽芬兰的华人社区在性别构成上曾是一个纯粹的"男性单身汉"社区。在这一社区中，虽然同样存在诸如父子、祖孙、叔侄、甥舅等代际关系，但是，由于所有华人均来自相同的社会经济阶层和类似的文化教育背景，同时，他们面临着相同的外部政治文化环境，因此，处于不同代际的个体之间，并不存在明显的身份认同上的差异。即使在

---

① Nahachewsky, Andriy. 2002. "New Ethnicity and Ukrainian Canadian Social Dance." *Journal of American Folklore* 115, No. 456, pp. 175–190.

② 关于这一点，笔者在田野调查中多次从受访者处听到类似的个人经历，如王力力药学教授、王宏数学教授、张古美（台湾）音乐家，其夫为工程教授和赵育明化学教授等。

1949年排华法案废除之后，许多新近来到纽芬兰的华人青少年，也未能跳脱出原先的社会经济阶层。即是说，具有文化主体意识的新裔代华人作为一个独立群体在当时还未出现。具体说来，在父母均来自广东四邑地区的家庭中，大多数来到纽芬兰的华人青少年，如熊华耀、区声亮（Sing Lang Au）、熊光永（Wayne Hong）以及区如柏（Peter Hing）等，虽然其中的许多人曾经就读于当地的学校（一般为初中或者高中），掌握了一定的英语交流能力，但是，他们通常并未接着进入大学或者技工学校学习，因此未能在掌握一定的专业技能后进入专业领域。相反，他们通常仍然作为普通劳动力（general labor），延续着传统的华人谋求生计的方式，即接手家庭的餐馆生意或者重新开设中餐馆。究其原因，家庭因素在华人的职业选择上和经济活动中，具有着十分重要的作用。例如，谭惠美（May Soo）1958年出生于纽芬兰中部城市格兰德弗斯-温莎（Grand Falls-Windsor）镇，后赴加拿大西部阿尔伯塔省（Alberta）的阿尔伯塔大学（University of Alberta）学习心理学，获得理学学士学位。但是，其父并未允许她从事自己的专业，而是让其回到纽芬兰，经营家族的餐馆。①

然而，除上述回归族裔传统经济模式的趋势之外，纽芬兰的华人社群还存在着另外一种趋向。当问及为何自己得到家庭的支持而有机会进入大学深造时，熊楚亮医生说："因为父亲去世，1950年我来到圣约翰斯是投奔我的祖父，他在纽芬兰已经待了40年的时间。他尝过太多的辛苦，因此不太希望我继续做洗衣工或者经营餐馆。"② 1951年出生的方大卫（David Fong）也得到家人的支持，取得了工程学的学位，长期经营一家工程公司，后来还与人合作，开办了当地最大的酿酒企业（Quidi Vidi Brewery）。③ 在传统的华人职业之外，特别是专业技术领域获得就业机会，标志着纽芬兰华人新裔代登上了历史舞台。从此，华人新裔代逐渐走出原有的、封闭的族裔经济空间，逐渐开始以积极的能动参与者的身份（作为专业技术人士），迈入先前被禁止进入的、主流话语所主导的社

---

① 笔者于2013年10月6日，在圣约翰斯对谭惠美女士进行了访谈。
② 笔者于2009年7月10日，在圣约翰斯对熊楚亮医生进行了访谈。
③ 笔者于2011年11月18日，在圣约翰斯与方大卫先生进行了交谈。

会和经济场域。

可见，来自广东四邑地区的父母在子女的职业选择上，大体呈现出两种倾向：一是要求"子承父业"，希望孩子能传承家庭生意；二是鼓励孩子掌握专业技能，进入主流社会。在很大程度上，不同的职业选择，造成了个人对于自我华人身份的不同认知。对于子承父业的华人而言，华人圈，特别是由餐馆业主、其他餐馆从业人员、食材供货商等组成的亚华人圈，是其主要的社交和经济活动网络。在此网络之中，他们所使用的交往模式基本来自传统中国社会的礼仪秩序和道德规范，而在纽芬兰这个以英语为主要语言的地区，广东话（及其方言）却成为了这一华人亚群体最主要使用的语言（20世纪90年代以前）。对于这一群体而言，华人概念似乎是与生俱来的、标志其自我身份的、理所当然的标签。在很多情况下，这些华人与作为杜维明意义上的"文化中国"的祖居地之间，存在着千丝万缕的紧密关联，而将纽芬兰这处他们已经定居的土地，认为是暂时的栖居之所，因此，无论是当地社会抑或他们自身，均将其视为所谓的"侨居者"（sojourners）。然而，对于已经脱离传统经济生活模式的新裔代华人而言，在日常交往和经济活动的空间中，他们与其他华人之间的接触很少，他们的生活圈子和社交网络是由以学缘或职场关系为基础而构成的、主要由非华人所组成的、非排他性的空间。他们在日常交往中主要使用英语，并更多地将纽芬兰视为其永久性的居所，而对于自身的华人身份，他们在认同的同时，也会强调自身与当地社会的情感联系。方大卫曾说："我是一名华人，但我首先是一个纽芬兰人，因为我生活在这里。"可见，在这些新裔代的华人看来，其作为华人的族裔身份并非指向远方那个他们或许并不熟悉的祖先之国，而是指向其正身处其中的社会文化空间。即是说，华人身份是其在纽芬兰社会进行跨族裔交往的基础，在这一前提之下，华人更关注的是在当地的政治经济文化语境中，如何与其他族裔之间的共同生存。

这一点在拥有非单一族裔血统的华人后代中更为明显。在华人与白人组成的家庭中出生的孩子，他们对于自身身份的认知更为复杂，也极少出现子承父业的现象。例如，一位因害怕受到华人社区质疑而不愿意公开表明自己身份的纽芬兰华人曾说："我的父亲在自己的餐馆中遇到了我的母亲，他们结婚生子。这是一个幸福的故事。但是我从来都不愿意成为一个中餐馆的老板。因为我觉得自己不是一个纯粹的华人。我的父亲是一个纯粹的华人，但是我不是，我是生活在两种文化之间，并游离在两种文化之外的人。"在很多情况下，出生于跨族裔婚姻家庭的华人后代，或表现出与其相似的、游离于华人文化之外的倾向，或表现为对于祖先传统的强烈认同。

司徒育亭与其妻埃塞尔·玛丽·施贵宝（Ethel Mary Squibb）之子司徒比尔（Bill Ping）是加拿大海岸警卫队的一名成员。他说："在很多场合中，虽然我看起来是一个白人，我都说自己是一名中国人，这不仅是因为我有来自父亲50%的血统，而更是因为我现在仍然住在我父亲曾经住过的房子中，这里面装饰和摆放的都是他从中国带来的、或者和中国有关的东西，它们每天提醒着我，我的父亲是一名华人，我当然也是华人。"[1] 实际上，在跨族裔婚姻的家庭中成长起来的新裔代华人，在生理上具有比从纯粹华人家庭成长起来的孩子，更具有选择自我族裔身份的自由度。在比尔的例子中，其关于自我华人身份的认定，并非来自生物学意义上的关联，而来自切实的、基于其个体生命体验的生活经历和情感纽带。比尔的儿子司徒蔚林（William Ping Jr.）虽然只有25%的华人血统，但是却倾向于将自己定义为华人，这是因为其参加了当地华人协会组织的舞狮队，并担任鼓手，在一次次的排练和演出中，他逐渐认识、体悟和接受了这一族裔身份。这一身体经验使其关于华人身份和文化的认识，不再是纯粹理念意义的，而是通过承载中国传统艺术的具体的器物、行动和实践而被建构和想象的。[2] 对于比尔的女儿坎迪斯（Candace Ping）而言，由于父亲非常注重在家庭中营造中国新年的氛围，庆祝春节便成为了她个体生命中至为重要的记忆和习惯。因此，即使她已迁居至加拿大西部的阿尔伯塔省生活，而且，在其日常生活中极少与其他华人密切接触，在春节来临之时，她总会招呼身边的白人朋友共同庆祝中国新年。[3]

除了具有新意识的新裔代的成长之外，纽芬兰华人人口结构的改

---

[1] 笔者于2012年4月25日，在圣约翰斯对司徒比尔先生进行了访谈。
[2] 笔者于2011年4月16日，在圣约翰斯对司徒蔚林进行了访谈。
[3] 笔者于2017年8月6日，在圣约翰斯对司徒比尔先生进行了交谈。

变，还源于新移民的到来。在纽芬兰加入加拿大联邦以后，华人移民此地的方式主要有两种：一是延续前述所谓以地缘或亲缘关系为基础的纽带式移民模式；二是为加拿大移民新政吸引而来的移民。在 1949 年之后，纽芬兰华人除了申请自己的直系亲属来到加拿大与自己团聚以外，许多华人业主（主要是中餐馆的老板）为了维持或者扩大现有的经营规模，也需要不断招募劳动力。与早期华人雇主类似，他们会首先寻找自己的亲戚或者同乡，或者他们的熟人所介绍的朋友。例如，谭燦洲、谭鸿顺（Jackie Tan）、莫丙章（Joseph Mo）等均是通过这种方式来到纽芬兰谋生，并最终定居此地的。谭燦洲的到来是因为他的姨父，谭鸿顺是因为四邑乡下村中的族兄，而莫丙章则是通过在澳门打工时认识的师傅。

而更多新移民的到来，则是因由加拿大移民政策的新变化，以及加拿大社会经济和文化发展对于专业技术人才的强烈需求。1966 年，在皮埃尔·特鲁多（Pierre Trudeau）政府推动多元文化和民族平等的努力下，加拿大国会通过了关于取消倾向欧洲白人移民的种族配额制，而采用记分制（point system）来筛选移民的新政策，并宣布于 1967 年正式施行，这便是著名的加拿大 1967 年新移民法。根据新移民法的规定，申请人的各项条件只要能达到规定的分值，便可以按照申请流程的提示，移民加拿大，成为其永久居民，并在该国住满一定年限后，通过申请成为该国公民。其中，原先在筛选移民时占据重要地位的种族/族裔身份不占任何分值。在纽芬兰，一个更为具体的地方性情况是，由于政府鼓励居住在交通不便或者生活设施不完备地区的居民（特别是老年人和行动不便者）迁徙至临近的城镇（relocation programs），这使得这些城镇的医院需要扩大容量，以满足新增人口的医疗卫生需求。在这一背景下，纽芬兰和拉布拉多省最大的医院——圣约翰斯市综合医院及健康科学中心（St. John's General Hospital and Health Science Center），开始面向全球招聘医护人员。1962 年，来自澳门、刚从中国台湾"国防部"医学中心毕业的何谓鉴医生（Cosmos Ho）成为了移民至纽芬兰的第一位华人医生。[①] 在此之后，许多执业医生，如来自印度尼西亚的耳鼻喉科医生曾永志（E. T.

---

① 笔者于 2009 年 8 月 24 日，在圣约翰斯与何谓鉴医生进行了交谈。

Tjan)（于 1966 年）①和来自马来西亚的家庭医生陈进才（Chin Tan）（于 1973 年）②等，也陆续来到纽芬兰定居行医。截至 1976 年，在纽芬兰行医的华人医生达到 16 人。在这一时期，位于圣约翰斯的纽芬兰纪念大学（包括其所属的加拿大科学院海洋研究所）扩大自身办学规模，许多在美国接受高等教育的、出生或成长于香港和台湾的华人，成功应聘了大学职位。如教育学系的虞崇贞（Miriam Yu）（1972）、经济系的曹有盛（Eugene Tsoa）（1974）等。与此同时，来自香港、台湾和东南亚华人社区的学生，开始赴纽芬兰纪念大学留学，如来自台湾的黄信嘉（Shinn Jia Hwang）攻读海洋研究院的博士学位（1966）③、来自香港的王国贤攻读工程学学士学位（1968）④等。一些学生在毕业以后，选择留在纽芬兰工作，成为当地华人专业技术人士。由此可见，从 20 世纪六七十年代开始，由于加拿大移民政策的新变化，华人开始从世界各地移居纽芬兰，逐渐打破了原来由来自广东四邑地区的乡民及其后裔所构成的华人社区结构，形成了多元经济结构的基本样态。

在此需要进一步说明的是有关加拿大提倡多元文化政策的事宜。前文已经提到，在 20 世纪 60 年代以前，与许多移民社会一样（如美国、澳大利亚等），加拿大在移民政策上强调移民的文化（语言、宗教、种族等）可同化性，因此偏向于吸引欧洲裔的白人移民。但是，在 1967 年新移民法颁布实施以后，许多来自非欧洲国家的移民进入加拿大，逐渐改变了加拿大社会的民族构成。与此同时，加拿大本身存在着英裔和法裔两大欧洲民族长期以来的矛盾，而在 20 世纪 60 年代，法裔魁北克人国家分离主义运动又渐有重新抬头的趋势。因此，加拿大政府早在 1963 年就成立了针对英法文化和语言问题的皇家调查委员会（the Royal Commission on Biculturalism and Bilingualism）。在 1969 年调查结束时，该委员会在报告中指出，加拿大内部的族裔和语言问题并不仅是英法问题，加拿大社会已经成为了一个多种族多文化共存的多元社会，因此，加拿大政府应

---

① 笔者于 2012 年 5 月 5 日，在圣约翰斯对曾永志医生进行了访谈。
② 笔者于 2012 年 4 月 29 日，在圣约翰斯对陈进才医生进行了访谈。
③ 笔者于 2012 年 3 月 29 日，在圣约翰斯对黄信嘉先生进行了访谈。
④ 笔者于 2013 年 8 月 29 日，在圣约翰斯对王国贤先生进行了访谈。

该关注的不是单纯协调英裔和法裔之间的冲突,而是将原先的移民同化政策转变为移民包容政策,承认不同文化之间的平等关系。这份报告最终促使加拿大政府正式提出了国家层面上的多元文化政策。1971年10月8日,当时的加拿大总理皮埃尔·特鲁多在众议院发表演讲时第一次使用了"多元文化主义"一词。1984年,多元文化主义作为一项基本国策被写入加拿大宪法,1988年加拿大议院又通过了多元文化法。至此,多元文化主义从制度层面在加拿大完全确立。

华人新社团的建立与跨文化传播的新趋势

由于华人群体组成日趋多元化的特性,原本服务于地方和宗族的会馆式组织,逐渐不能适应华人社区自身扩大和向外部社会发展的需要,而渐趋走向最终的解体。例如,同乡会首先于1973年宣布解散,而集美社虽然一直将组织延续至20世纪90年代中期,但在此之前,它基本上已经不再作为华人活动的中心场所,仅用于为孤寡老人提供住宿。[①] 1976年,在熊楚亮医生的倡导和组织下,联合了包括餐馆业主、餐馆其他从业人员、专业技术人士和学生在内的几乎所有华人,组成了"纽芬兰华协会"。第一届纽芬兰华协会理事会的成员包括:会长熊楚亮、副会长区声亮(东部地区)、副会长谭奕桓(Tom Chow)(中部地区)、副会长谭锦添(Kim Ham Tom)(西部地区)、中文书记马臻尘(Dick Mar)、英文书记玛格丽特(Margret Chang,白人)、财务黎健华(Brian Winn,来自缅甸)、财务熊光楣、西部地区书记谭珍霞(Jeannie Tom)、助理书记区彩霞(Rita Aue),以及会计谭灿成(Chansing Tam)。在这份名单中,除玛格丽特外,餐馆从业人员与专业技术人员所占比例相当,均为五人。这进一步说明了纽芬兰华人职业选择日益分化的态势。纽芬兰华协会的成立,使得纽芬兰的华人组织从先前的"会馆"转变成为更具包容性和功能性的"社团"。[②]

---

① 笔者于2014年4月8日,在圣约翰斯对集美社的最后一任财务区如柏先生进行了访谈。

② 关于会馆与社团之间的区别,可参见 Zhou, Min and Rebecca Y. Kim. 2006. "The Paradox of Ethnicization and Assimilation: The Development of Ethnic Organizations in the Chinese Immigrant community in the United States." In *Voluntary Organizations in the Chinese Diaspora*, edited by Khun Eng Kuah-Pearce and Evelyn Hu-Dehart, 231-252. Hong Kong: Hong Kong University Press.

作为一个民间的非盈利性组织，该协会的宗旨和目标是团结在纽芬兰的所有华人[①]，并服务于华人全体的各项社会和文化需求，另外，向非华人社区介绍中国传统文化艺术，亦为该协会早期的重要工作目标。在教育系教授虞崇贞博士出任会长（1981—1982）后，跨文化交流成为其任期内的关注重点。例如，在虞博士的组织下，作为1981年华人春节庆祝活动的一部分，位于达克沃斯大街的纽芬兰博物馆（Newfoundland Museum）举办了为期一个多月（1981年2月6日至1981年3月15日）的"中国文化节"（Chinese Cultural Festival），活动包括中国文物展［得到了渥太华中国文化协会（The Chinese Cultural Society of Ottawa）的支持］和一系列有关中国文化的讲座与现场演示（中医与针灸、传统中国绘画、中国书法、中华饮食文化、加拿大华人移民史）。对此，《晚间电讯报》专栏作家雷吉娜·麦克布莱德（Regina McBride）进行了大篇幅的专题报道，并鼓励纽芬兰人到现场观展和聆听讲座。[②] 再者，1982年1月22—23日，同样是为庆祝华人新年，在纽芬兰华协会的组织下，蒙特利尔的中国舞蹈研究社（The Montreal Society of Chinese Performing Arts）受邀到纽芬兰圣约翰斯文化艺术中心（St. John's Arts and Culture Center）进行专场演出，曲目包括《春江花月夜》《双飞蝴蝶》《鱼美人》《剑舞》《孔雀舞》《江南好》《苗女弄杯》《筷子舞》《花伞舞》《彩绸迎春》《灯舞》《蒙古舞》。纽芬兰音乐界与公众对于此次展演反响热烈。纽芬兰纪念大学音乐学院教授莫林·沃尔克（Maureen Volk）告诉笔者："我那时是第一次近距离地看到中国舞蹈的现场表演，感觉非常优美，我当时便产生了学习中国音乐和舞蹈的冲动。"[③] 在随后的时间里，许多表演艺术家，如舞蹈与京剧表演艺术家刘威廉（William Lau）经常受邀来访和演出。

在改革开放之后，来自中国内地的学者和学生（与之前四邑地区乡民不同的移民模式）开始赴纽芬兰纪念大学访问学习。1982年，首批来自中国内地的访问学者来到纽芬兰作短暂交流；1986年，纽芬兰纪念大

---

① 根据熊楚亮医生提供的1977年和1978年的纽芬兰华协会会员登记表，共有778名华人以个体或者家庭为单位加入了这个新成立的社团，几乎囊括了岛内的所有华人人口。
② 《晚间电讯报》1981年2月10日（"Chinese Cultural Festival"）。
③ 2010年10月16日，笔者在圣约翰斯对沃尔克进行了访谈。

学正式招收了第一批来自中国内地的留学生。1988年，来自中国内地的谢顺恩（John Shieh）等四人，在北美的大学获得博士学位后，被任命为新成立的纽芬兰纪念大学计算机系教授。[①] 随后，大批来自中国内地的学者就职于纽芬兰纪念大学及附属的研究、医疗机构。截至2019年8月，在纽芬兰纪念大学、北大西洋学院（College of North Atlantic）、加拿大科学院海洋研究所和健康科学中心（圣约翰斯综合医院）正式工作的华人，已有70余人（不含退休人员），已然成为当地教学、科研和社会服务事业的重要力量。如今，常住纽芬兰的各类华人专业人士的数量，已经与中餐馆从业人员的数量基本持平，甚至超过了后者的人数。另外，纽芬兰纪念大学每年都会吸引数百名来自全世界的华人学生（主要来自中国内地）在此攻读学位或者作短期交流，他们中的大多数人倾向于留在当地，从事与所学知识相关的专业技术领域的工作，诸如商业、银行业、工程以及医药等。由于来自中国内地的人群本身所具有的非地缘性特征，他们的到来使得纽芬兰华人人口结构和经济生活模式进一步趋向于非同质化。对于许多华人，特别是华人新裔代而言，在他们的工作伙伴、邻居甚至朋友圈子中，华人所占据的比例逐渐缩小。除了极少数比较亲密的伙伴以外，他们与其他华人之间的交往，更多时候是在由诸如纽芬兰华协会、中国学生会（现更名为纽芬兰纪念大学中国学生学者联谊会，直属于中国驻加拿大大使馆）、或者当地多元文化指导委员会（Newfoundland and Labrador Multicultural and Folk Art Council）所组织的华人传统节日（如春节、中秋等）的庆祝活动之中。即是说，华人之间的交往，逐渐成为了相互之间文化上的相互勾连，由此，纽芬兰的华人社交网络，已由原先的"经济共同体"，转变成为令狐萍（Huping Ling）所谓的"文化共同体"（Cultural Commanity）。[②]

在纽芬兰华人文化共同体的形成过程中，原先居于主导地位的族裔空间——主要是经济活动发生的场所，如华人洗衣店和中餐馆等，逐渐

[①] 笔者于2012年2月17日，在圣约翰斯对谢顺恩教授进行了访谈。

[②] 参见Ling, Huping. 2005. "Reconceptualizing Chinese American Community in St. Louis: from Chinatown to Cultural Community." *Journal of American Ethnic History* 24, No. 2, pp. 65 – 101; 2009. *Asian America: Forming New Communities, Expanding Boundaries*. New Brunswick, New Jersey: Rutgers University Press.

不再作为华人，特别是新裔代和华人专业技术人士日常生活的中心场域。由于华人日益成为纽芬兰主流生活模式的参与者和实践者，原先对于华人而言处于相对关闭状态的公共空间，正逐渐对华人社群及其文化开放。例如，在1976年纽芬兰华协会成立之后，其每年组织的春节庆祝活动的场所，从未在任何一家华人餐馆或者当时仍然存在的集美社的房舍中举行，而是均选址于当地著名的活动中心，如当地大教堂或者学校的演艺厅、殖民地俱乐部（Colony Club）和加拿大退伍军人俱乐部（Royal Canadian Legion）等。可见，在很大程度上，华人在经济和文化上，正在逐渐被整合到纽芬兰主流的社交网络与活动场域中。由于华人群体与当地社区之间的交往日益密切，中华传统文化艺术也随之被引入非华人群体的日常生活之中。例如，上述提到的诸如华人的新年庆祝和当地多元文化节的华人活动，都是对公众开放的文化活动，吸引了非常多的非华人群体和个人参与其中。另外，舞狮作为当地华人艺术文化的突出代表，一直都是这些艺术活动的中心环节，并逐渐成为了当地多元文化兴盛的重要表征。如今，在纽芬兰非物质文化遗产委员会所编撰的手册中，华人舞狮活动的形象，被醒目地印制于封面之上。2014年，由于笔者在对纽芬兰华人舞狮文化资料的收集、整理和研究中有所贡献，遂获得了当地负有盛名的音乐遗产奖（Dermot O'Reilly Legacy Award）。这一奖项在设置上规定只能颁发给对纽芬兰传统音乐做出成绩的个人，可见，至少在一定程度上可以说明，华人舞狮作为纽芬兰文化一部分的事实已为当地艺术界和公众所承认。另外，在没有华人就学的圣约翰斯圣特蕾莎小学（St. Teresa School）以及并无华人定居的拉布拉多市（Labrador City），华人歌舞及新年庆祝都成为了学校和社区活动的主题。很显然，通过华人社区与当地社会频繁的经济文化互动，华人文化不再被视为一种可怕的外来威胁，而逐渐成为了共享性的公共资源。这为人类命运共同体的构建，提供了坚实有力的文化基础。

本章小结

总体而言，在移民活动的大背景之下，作为在社会经济生活秩序和权力话语结构中处于劣势的少数族裔，华人在很大程度上受制于当地政治经济文化的现实语境，不断在族裔关系的互动与博弈中，建构和不断拓展着自我生存、发展和自我表达的族裔空间，并在变化的现实场域中，适时地将之逐渐向主流公共空间移动，以此获取更多的社会承认、发展机遇和象征资本。华人在与外部世界的交流过程中表现出来的策略性和能动性，是其应对不同社会文化空间中的挑战的积极姿态，造就了华人作为一个族群本身的主体存在性和独特性。在不同族裔共存的多元文化空间中，即使在遭受歧视和不平等对待的时期，华人的经济活动和日常生活也并非是完全孤立且局限于族群内部的，而是处于与其他族群和外部社会持续性的间性互动和信息交换中，因此，跨文化传播是这一族裔间交流过程中发生的、无可避免的必然事件。在族裔间的交往互动中，华人通过建构日常社交和经济活动的网络，能动地进行着跨文化传播的实践活动，使其从隐藏于族裔空间内部的传统知识，逐渐转变为超越族裔边界的共享性的文化资源，和建构人类命运共同体与"全球艺术"及"新文化"的基础。可见，与政治交锋、商品和劳务交易不同，艺术通过民间方式的传播往往是以一种非常个人化、非正式的方式进行的，其成功和实现的基础，通常是创造了一种传播主体与接受主体共同经历的体验，以及由此带来的智识与情感共鸣。于是乎，一种以此为基础的共同体，便有可能因此而形成，这便体现了艺术所具有的重要的认同功能。

在日益多元开放的现实政治文化环境中，中心与边缘是一种相对的、具有流动性的权力状态。在各种社会政治文化运动和思潮的冲击下，以逻各斯中心主义为主导的绝对权力逐渐失效，随之而起的是以文化民主为基本理念的多元文化社会中所体现的文化经验与认同感的多元化和杂糅性倾向。[1] 这种认同形态的多元性、流动性和杂糅性，使其被指涉为一种去本质化的现象学状态，它是过程性和未完成的。与当代社会占据主流地位的这种多元认同状态相呼应的，是日益浮现的新的主体性、新的身份和新的族群意识，以谋求建构和整合新的文化（也是政治）身份和共同体。[2]

---

[1] Butler, Judith. 1990. *Gender Trouble: Feminism and the Subversion of Identity*. New York: Routledge.

[2] 参见 *Special Issue: The Identity in Question. October* 61 (1992).

在这种多元认同的状态下,对地方性知识和民族传统的强调,构成了各方(特别是移民群体)在公共空间之中进行对话的基本前提。① 在跨境和跨文化交流不断深化、全球化进程不断加速的现实情境中,以复语境化为基础的不同文化体系之间的交流与融合,成为了新的发展动力和前进刺激,而新的认同与文化身份也会因此而被建构。② 而今,在艺术历史的进程从以西方中心主义为基点的"世界艺术"(纵向历史)向由多元文化视角定义的"全球艺术"(横向历史)的过程中,艺术认同的关键在于如何实现地方性、民族性与全球性的对话,如何建构多元一体的认同机制和存在论意义上的文化共同体,或者说艺术的多元文化主义(artistic multiculturalism)。③ 在这个意义上,华人艺术传统在纽芬兰的跨文化传播案例,便具有了切实且重要的讨论价值。

下文将以更为具体的案例分析,展现饮食文化、文化表演和节庆仪式等中国非物质文化遗产的代表事象,在北美地区(特别是以纽芬兰为代表的偏远地区)的跨文化传播实践。

---

① Zygmunt Bauman. 2004. *Identity: Conversations with Benedetto Vecchi*. Cambridge, Polity Press.

② Hall, Stuart. 2003. "Cultural identity and diaspora". in Jana Evans Braziel and Anita Mannur (eds), *Theorizing diaspora*. London, Blackwell Publishing.

③ Bourriaud, Nicolas, 2008. 'Notes on Globalization, National Identities, and the Production of Signs', in: Kamal Boullata (ed.), *Belonging and Globalization: Critical Essays in Contemporary Art and Culture*. London and San Francisco: Saqi, pp. 101–108.

第 二 章

华人饮食文化的北美之旅：
中餐与中餐馆

  2013年，一位祖籍香港的第三代美国华裔阿林（Lam）和他大学时代的好友戴维，在中国上海开设了一家名为"幸运签语饼"（Fortune Cookie）的餐厅。在美国生活过的朋友们应该都知道，"幸运签语饼"是在北美中餐馆中非常流行的娱乐性甜点。这家"幸运签语饼"餐厅主打的菜式是"中餐"，但是，它们所供应的中餐并非中国人所想象的"正宗"中国菜，而是所谓的"美式中餐"，正如该餐厅在其广告语中明确宣传的那样："我们的食品是正宗的美国口味。"这些所谓的美式中餐，很多是在中国本土无法找到的菜肴，但是，对于很多从北美来华的人而言，美式中餐确是治愈他们乡愁的良药。美式中餐在中国本土踪迹难寻的客观现实，正是餐厅经营者们创业的主要动机之一。2016年，笔者在去"幸运签语饼"餐厅探访的过程中发现，餐厅内的客人基本上是非华裔的美国人或加拿大人。在与他们交谈的过程中，这些食客告诉笔者，他们非常想念家乡的中餐，那是他们过去日常生活的重要组成部分。由此可见，"幸运签语饼"餐厅的食客们对餐厅所供应的食物表现出来的欣喜和狂热，根源于他们原先在北美的文化和生活经验。在这个意义上，幸运签语饼餐厅以及与之相关的故事，指向着本章将要涉及的诸多有关跨文化传播的重要问题，如北美的中餐传播和发展历史、华人与非华人在中餐传播过程中的文化互动，以及中华饮食文化在跨文化传播中的本真性问题等。

  如前所述，华人移民纽芬兰的历史最迟可追溯到1895年。[①] 从华人

---

 ① 参见《晨报》1895年8月19日的报道。

移民首次登陆纽芬兰开始,华人的饮食文化便随之在当地的社会文化空间中出现了。在详细讨论纽芬兰的华人饮食文化及其传播过程之前,先简要回顾一下饮食文化研究,特别是有关中餐在海外传播(以北美为中心)的学术史。

在许多民俗学和相关学科的学者看来,饮食是一种在日常经验层面表达认同感和进行身份博弈的有效方式。[1] 例如,查尔斯·坎普(Charles Camp)曾说:"食物是最能表现身份认同的标志物之一(如果不是唯一的话)。"[2] 在移民社会或者多元文化语境下,饮食文化构成了移民生活和跨文化交际的核心。在这个意义上,华人饮食文化在构建、呈现和凝练个体或者集体层面的华人身份认同时(特别是在北美这样的移民社群中),发挥着至关重要的作用。[3] 尤其值得注意的是,餐饮作为早期华人

---

[1] 参看 Brown, Linda Keller, and Kay Mussell, eds. 1984. *Ethnic and Regional Foodways in the United States: The Performance of Group Identity.* Knoxville: University of Tennessee Press; Camp, Charles. 1989. *American Foodways: What, When, Why and How We Eat in America.* Little Rock, AR: August House; Gabaccia, Donna R. 1998. *We Are What We Eat: Ethnic Food and the Making of Americans.* Cambridge, MA: Harvard University Press; Kaplan, Anne, Marjorie A. Hoover, and Willard B. Moore. 1986. *The Minnesota Ethnic Food Book.* St. Paul: Minnesota Historical Society Press; Preston-Werner, Theresa. 2008. "In the Kitchen: Negotiating Changing Family Roles in Costa Rica". *Journal of Folklore Research* 45, No. 3, pp. 329-59; Tye, Diane. 2010. *Baking as Biography: A Life Story in Recipes.* Montreal: McGill-Queen's University Press.

[2] Camp, Charles. 1989. *American Foodways: What, When, Why and How We Eat in America.* Little Rock, AR: August House, 29.

[3] Chen, Yong. 2014. *Chop Suey, USA: The Story of Chinese Food in America.* New York: Columbia University Press; Cho, Lily. 2010. *Eating Chinese: Culture on the Menu in Small Town Canada.* Toronto: University of Toronto Press; Coe, Andrew. 2009. *Chop Suey: A Cultural History of Chinese Food in the United States.* Oxford: Oxford University Press; Hui, Ann. 2019. *Chop Suey Nation: The Legion Café and Other Stories from Canada's Chinese Restaurants.* Vancouver: Douglas & McIntyre; Lee, Jennifer 8. 2008. *Fortune Cookie Chronicles: Adventures in the World of Chinese Food.* New York: Twelve; Li, Li. 2002. "Cultural and Intercultural Functions of Chinese Restaurants in the Mountain West: An Insider's Perspective". *Western Folklore* 61, No. 3/4, pp. 329-46; Liu, Haiming. 2015. *From Canton Restaurant to Panda Express: A History of Chinese Food in the United States.* New Brunswick, NJ: Rutgers University Press; Marshall, Alison. 2011. *The Way of the Bachelor: Early Chinese Settlement in Manitoba.* Vancouver: University of British Columbia Press; Mendelson, Anne. 2016. *Chow Chop Suey: Food and the Chinese American Journey.* New York: Columbia University Press; Roberts, J. A. G. 2002. *China to Chinatown: Chinese Food in the West.* London: Reaktion Books; Wu, David Y. H., and Sidney C. H. Cheung, eds. 2002. *The Globalization of Chinese Food.* Richmond: Curzon Press.

(当然，在今天似乎也仍然如此)主要的谋生手段，它并非是隐藏于族裔空间内部的文化传统，而更是承担着作为跨文化交际和传播的载体和媒介的重要功能。这一点在北美某些偏远地区或者小城镇［如李莉（Li Li）所研究的美国西部山地地区（Mountain West）和马悟水所研究的加拿大曼尼托巴省西部地区（West Manitoba）］中尤为明显。① 就纽芬兰的情况而言，它身处北美大陆的最东端，与欧洲大陆隔海相望，在交通不甚便利的时期，是相对孤立和偏僻的。而且，由于纽芬兰的主要经济支柱是传统捕捞型的渔业，城镇化和工业化的水平较低。因此，其本身的餐饮文化具有非常明显的地域特征，且非常保守。一直以来，有关纽芬兰华人饮食文化的研究较少，且开始较晚。1991 年，刘建湘（Jianxiang Liu）以华人家庭为单位，考察了华人饮食传统是如何在缺少传统中国食材和不同族裔共同组成的家庭的环境中得以不断延续和传承的，然而，这方面的研究尚未十分深入。② 近年来，对于纽芬兰华人饮食的研究有了一些新的进展。除了笔者已经发表过的三篇文章（分别关注纽芬兰华人饮食文化的发展历史、餐馆建筑外观与内部装饰以及非华人食客在中餐发展历程中的角色等问题）之外，③ 叶锬焰以纽芬兰中餐馆作为媒介，探讨了华人的民族性是如何在华人与非华人的互动中被定义和演绎的。④ 在叶文中，华人饮食文化的本真性及其背后的权力关系是考察的重点。与之相类同，黄茜的论文则主要关注纽芬兰华人茶文化中所折射出来的华人民

---

① Cho, Lily. 2010. *Eating Chinese: Culture on the Menu in Small Town Canada*. Toronto: University of Toronto Press; Li, Li. 2002. "Cultural and Intercultural Functions of Chinese Restaurants in the Mountain West: An Insider's Perspective". *Western Folklore* 61, No. 3/4, pp. 329 – 46; Marshall, Alison. 2011. *The Way of the Bachelor: Early Chinese Settlement in Manitoba*. Vancouver: University of British Columbia Press.

② Liu, Jianxiang. 1991. "Continuation and Acculturation: A Study of Foodways of Three Chinese Immigrant Families in St. John's, Newfoundland." M. A. thesis, Department of Folklore, Memorial University of Newfoundland.

③ Li, Mu. 2014. "Negotiating Chinese Culinary Traditions in Newfoundland". *Digest: A Journal of Foodways and Culture* 3, No. 1, pp. 2016. "Chinese Restaurants' Interior Decor as Ethnographic Objects in Newfoundland". *Western Folklore* 75, No. 1, pp. 33 – 76; "Performative Chineseness and Culinary Tourism in Chinese Restaurants in Newfoundland, Canada." *Folklore* 131, No. 3, pp. 268 – 291.

④ Ye, Tanyan. 2018. "Somewhere in Between: Chinese Identity and Community in St. John's as Seen through Chinese Restaurants." M. A. Thesis, Department of Folklore, Memorial University of Newfoundland.

族性。① 值得注意的是，叶锬焰和黄茜的论文都十分注重从非华人的视角考量和理解在一种持续不断的互动和协商过程中饮食活动与身份建构之间的关系。

在不同族群的互动过程中，饮食文化作为一种表演性的民俗活动，从来都不是一个单向度的封闭系统，而是一个鼓励众声喧哗的多维、开放的交互体系。在过往有关饮食文化的研究中，许多研究者过于重视从局内人的角度考察某一特定族群或地区的饮食传统，其原因在于，当研究涉及诸如本真性等重要问题时，局内人的观点被理所当然地认为更具有说服力和权威性。然而，需要说明的是，自表演转向发生之后，民俗学界对于本真性的思考也相应地发生了巨大的变化。在表演理论提出之初，鲍曼等研究者的初衷在于将民俗事象的表演和阐释回归至社区传统，强调一种以理想的"本真性"为基础的活态传承路径。但是，经过20余年的发展，在20世纪90年代初期，许多研究者逐渐发现，语境中心论其实指向了一种对于本体论或者存在论意义上的"本真性"的批判。例如，罗杰·亚伯拉罕斯（Roger Abrahams）将原本十分推崇的"本真性"认为是萦绕于民俗学学科发展之上的虚妄的"幽灵"（ghost）。② 这是因为，在不断变化的社会文化和具体表演情境中，"本真性"本身无法落实到具体的民俗事象及其存在状态上，它只是一种现代性语境下人们基于权力关系而创造出来的话语场和知识幻景。③ 在雷吉娜·本迪克斯（Regina Bendix）看来，至此，民俗学（特别是美国民俗学）的立场，已经从最初多尔森对于创造"伪民俗"的极力抵制，经由以表演和语境为中心的理论转向，转向了对于文化再现的政治的关注和重新阐释，极大地挑战了民俗学长期以来对于存在论意义上的本真性的追求。④

在此趋势影响下，近年来，在饮食文化研究领域出现的一个新现象

---

① Huang, Qian. 2019. "Drinking Tea in St. John's: A Study of Diasporic Chinese Tea Drinking and Ethnic Identity." M. A. Thesis, Department of Folklore, Memorial University of Newfoundland.

② Abrahams, Roger D. 1993. "Phantoms of Romantic Nationalism in Folkloristics." *Journal of American Folklore* 106, No. 419, p. 24.

③ Snow, Stephen Eddy 1993 *Performing the Pilgrims: A Study of Ethnohistorical Role-Playing at Plimoth Plantation.* Jackson: University Press of Mississippi, p. xv.

④ Bendix, Regina 1997 *In Search of Authenticity: The Formation of Folklore Studies.* Madison: The University of Wisconsin Press, pp. 188–228.

是，局外人的视角（即跨文化传播的视角），无论是从一般食客或者美食家/食品鉴赏家（foodies）①的角度，正逐渐成为学界新的关注点，并在此基础上产生了诸如饮食旅游（food tourism）②、美食旅游（culinary tourism）③和饮食殖民主义（food colonialism）④等新概念和新理论。基于此，本章将批判性地考察在北美多元语境中纽芬兰华人中餐馆以及在此场域中华人经营者和他们的顾客（或者在更宽泛的意义上说，是华人移民及其后代与当地社区中其他族裔的人士）之间的互动。无疑，在建构和阐释华人饮食文化传统和纽芬兰当地的华人民族性方面，非华人食客或者其他参与者具有非常重要的作用。在应对不断变化的社会文化情境的过程中，不同文化之间的互动和交流有助于在华人与非华人之间建构一种具有糅合意味的归属感。在一定意义上说，非华人对于华人饮食文化活动的参与，指向着一种通过跨文化的共享性经验进行跨文化整合的可能路径，例如基于华人饮食文化而将美国定义为所谓的"炒杂碎上的美国"（chop suey USA）⑤或者"炒杂碎之国"（chop suey nation）⑥等。

特别需要提及的是，本章将运用露西·隆（Lucy Long）所提出的"美食旅游"概念作为基本操作框架，描述、分析和理解目标群体在特定

---

① Johnston, Josée, and Shyon Baumann. 2010. *Foodies: Democracy and Distinction in the Gourmet Foodscape*, New York: Routledge.

② Sharples harples, L. 2003. "Food tourism in the Peak District National Park, England". In *Food Tourism around the World: Development, Management and Markets*, edited by C. Michael Hall, Liz Sharples, Richard Mitchell, Niki Macionis, and Brock Cambourne, 206 – 27. Oxford: Butterworth-Heinemann, 2003. Getz, D., T. Andersson, R. Robinson, and S. Vujicic. 2013. *Foodies and Food Tourism*. Oxford: Goodfellow.

③ Long, Lucy M. 2003. "Culinary Tourism: A Folkloristic Perspective on Eating and Otherness". In *Culinary Tourism*, edited by Lucy Long, 20 – 49. Lexington: University Press of Kentucky; 2010. "Culinary Tourism and the Emergence of Appalachian Cuisine: Exploring the 'Foodscape' of Asheville, NC". *North Carolina Folklore Journal* 57, No. 1, pp. 4 – 19.

④ Heldke, Lisa. 2001. "'Let's Eat Chinese!': Reflections on Cultural Food Colonialism". *Gastronomica* 1, No. 2, pp. 76 – 79; 2003. *Exotic Appetites: Ruminations of a Food Adventurer*. New York: Routledge, 2003.

⑤ Chen, Yong. 2014. *Chop Suey, USA: The Story of Chinese Food in America*. New York: Columbia University Press.

⑥ Hui, Ann. 2019. *Chop Suey Nation: The Legio Café and Other Stories from Canada's Chinese Restaurants*. Vancouver: Douglas & McIntyre.

饮食文化活动中的参与情况。① 另外，一种"饮食地理学"（culinary geography）的观念也可能从个体在美食旅游的体验中萌发出来，将具体的本地情境与一种全球化的导向相互联结。② 即是说，一方面，中华饮食文化的流行是一个全球性的文化现象，食用中餐已经成为了华人群体之外的许多人在日常生活中的重要部分；在另一方面，作为物质实体存在的中餐馆，不可脱离某一具体的社区、群体和文化空间而存在。因此，本研究将以此探究全球化与地方经验之间的博弈和互动。

从研究的具体内容而言，本章以下所采用的案例以及对这些案例的分析，首先基于笔者自2008年开始在纽芬兰及北美各地中餐馆的田野调查。其中最重要的是笔者曾在纽芬兰首府圣约翰斯人气最高的中餐馆——苏记食家（Magic Wok Eatery）——历时五年作为服务生的田野经历（2010—2015）。其次，本章所涉材料还来自笔者对包括华人和非华人在内的各类相关人士从2009年开始一直进行的跟踪式深度访谈。最后，笔者也从当地主要新闻媒体或自媒体获得有关华人饮食文化的丰富信息，特别是当地著名的美食评论家卡尔·威尔斯（Karl Wells）在纽芬兰最重要的报纸《电讯报》（即由前文提到的《晚间电讯报》改版而成）的"饮食"（Food and Drink）专栏上撰写的食评文章。据笔者的田野调查可知，威尔斯的食评很大程度上代表了当地主流的公众意志，一直以来深受当地民众的喜爱和认同。本章对于威尔斯食评的研究其实反映了饮食文化研究中新近出现的一个现象，即考察报纸和其他社交媒体是如何塑造了读者或观众对于食物的认识和理解。③ 在此还需赘述的是本章对于笔

---

① Long, Lucy M. 2003. "Culinary Tourism: A Folkloristic Perspective on Eating and Otherness". In *Culinary Tourism*, edited by Lucy Long, 20 – 49. Lexington: University Press of Kentucky.

② Bell, David, and Gill Valentine. 1997. *Consuming Geographies: We Are Where We Eat*. New York: Routledge; Freidberg, Susanne. 2003. "Not All Sweetness and Light: New Cultural Geographies of Food". *Social and Cultural Geography* 4, No. 1, pp. 3 – 6; Wu, David Y. H., and Sidney C. H. Cheung, eds. 2002. *The Globalization of Chinese Food*. Richmond: Curzon Press.

③ Davis, Mitchell. 2004. "Power Meal: Craig Claiborne's Last Supper for the *New York Times*". *Gastronomica* 4, No. 3, pp. 60 – 72; Gottileb, Dylan. 2015. " 'Dirty, Authentic... Delicious': Yelp, Mexican Restaurants, and the Appetites of Philadelphia's New Middle Class". *Gastronomica* 15, No. 2, pp. 39 – 48; Salvio, Paula M. 2012. "Dishing It Out: Food Blogs and Post-Feminist Domesticity." *Gastronomica* 12, No. 3, pp. 31 – 39; Voss, Kimberly, and Lance Speere. 2013. "Food Fight: Accusations of Press Agentry". *Gastronomica* 13, No. 2, pp. 41 – 50.

者自身作为服务生经历的自传式民族志（auto-ethnography）书写。进行自传民族志研究的优势在于可以在活态环境中通过自身的具身性感受和直觉获取第一手资料。然而，这一方法同样存在一些陷阱，在本研究中，作为华人，笔者无可避免地带有某些文化偏见，并因此有可能造成对跨文化交际的误解。

第一节　华人饮食文化与华人餐馆在纽芬兰的兴起

中华饮食文化大体可以通过贸易和移民活动两种方式传入他国。早在 18 世纪，广东十三行中富足的中国商人便将鱼翅和燕窝等上等中国菜肴介绍给与他们有生意往来的西方伙伴，以此来表现自身的慷慨和财富。① 在鸦片战争之后，1842 年《望厦条约》的签订正式开启了中美之间直接的大规模（也是不平等的）国际贸易，随之而来的是许多大型的豪华中餐馆相继开设在加利福尼亚太平洋沿岸的主要城市中（如旧金山、洛杉矶等），用以满足在美中国商人日常生活和商贸接洽的需要。其中，1849 年在旧金山开张营业的广东酒家（Canton Restaurant），被认为是北美第一家中餐馆。② 然而，这些烹制上等中国菜肴的中餐馆，似乎并没有引发当地白人上层社会对于中餐的兴趣和热爱。虽然时常出入中餐馆，但是他们"参加这些礼节性的宴会……的目的，主要是为了纯粹的商业利益而发展与中国商人之间的关系"。③ 相较于精英阶层，普通的北美民众在生活中很难接触到这些奢华的中国佳肴，他们有关华人饮食文化的主要观念和亲身尝试，通常是经由自身与普通华人移民之间的交流与互动。④ 这可以说是中餐在北美（特别是小城镇和偏僻地区）传播和发展的

---

① Coe, Andrew. 2009. *Chop Suey: A Cultural History of Chinese Food in the United States*. Oxford: Oxford University Press.

② Liu, Haiming, and Lianlian Lin. 2009. "Food, Culinary Identity, and Transnational Culture: Chinese Restaurant Business in Southern California". *Journal of Asian American Studies* 12, No. 2, p. 136.

③ Coe, Andrew. 2009. *Chop Suey: A Cultural History of Chinese Food in the United States*. Oxford: Oxford University Press, 107.

④ Coe, Andrew. 2009. *Chop Suey: A Cultural History of Chinese Food in the United States*. Oxford: Oxford University Press, 63.

主要方式，纽芬兰地区中餐的发展历史亦是如此，因为，很多地方从未存在过富足的中国商人阶层。①

前文提到，华人移民纽芬兰的历史最迟不晚于 1895 年，而到了 1906 年，当地华人人口的数量已经达到了至少 180 人。② 急剧增加的华人人口引发了当地对于一些传统中国食材（如大米）的大量需求："圣约翰斯蔬菜副食杂货店的老板们发现，现在有一种商品非常紧俏。这种商品就是大米，大米的走红完全是因为最近来到纽芬兰的那些华人们。这些东方来客在很多方面已经慢慢向我们靠拢了，他们剪掉了辫子，他们脱掉了祖先的宽袍大袄，换上了西式衣服，他们脚上蹬着白人的鞋子，但是，在私底下，他们仍然钟情于将大米作为自己的主食。"③ 熊楚亮医生在 2009 年 7 月 9 日的一次访谈中告诉笔者，据其祖父（如前所述，1910 年来到纽芬兰）说，早期华人移民很少食用当地人烹饪的食物，他们往往从多伦多或者蒙特利尔等地的唐人街预订咸鱼、干菜等华人食品，或者，他们也会在当地买来肉和蔬菜（如卷心菜和土豆等），用华人的方法进行烹制。熊楚亮医生还回忆道，当第一位华人医生何谓鉴医生于 1962 年初到纽芬兰时，当时许多华人经营的餐馆并不售卖中餐，有些售卖中餐的餐馆菜品极少且无正宗的中餐，当地超市和杂货店中也没有中国食品；因此，当何医生思念家乡美味时，便会到熊医生祖父经营的转利洗衣店（John Lee Laundry）中与洗衣工们一同就餐。④ 对于许多华人（如 1966 年自印尼前来的曾永志医生）而言，除了恶劣的雨雪和大风天气以外，他们定居纽芬兰所遭遇的最大挑战是传统中国食品的匮乏。

而华人居所之外的中餐，则稍迟于华人到达纽芬兰的时间。1906 年，一位不知姓名的华人小贩开始在圣约翰斯附近的矿场贝尔岛向在此工作的华人劳工售卖中国食物。另外，前文已经提到，第一位正式的华人厨

---

① Li, Mu. 2014. "Negotiating Chinese Culinary Traditions in Newfoundland". *Digest: A Journal of Foodways and Culture* 3, No. 1; 2016. "Chinese Restaurants' Interior Decor as Ethnographic Objects in Newfoundland". *Western Folklore* 75, No. 1, pp. 33–76.
② 参见《晚间电讯报》1906 年 5 月 1 日的报道。
③ 《贸易评论》（*Trade Review*）1906 年 11 月 24 日。
④ 2013 年 9 月 10 日，笔者在圣约翰斯对熊楚亮医生进行了访谈。

师是 1915 年来到纽芬兰的唐南豪,他将自己的餐馆也开设在贝尔岛上。①但是,基于对当地市场的判断,虽然他本人在私人生活中可能会主要食用中餐,但是,唐厨师的餐馆售卖的并非中餐,而是在当地更受欢迎的炸鱼和薯条等餐点。

唐厨师的餐馆售卖西餐而非中餐的事实,反映了在许多缺少足够体量的中国商人群体的城镇中华人经营者的商业策略,他们的目的是迎合那些对中餐缺乏认知或者毫无兴趣的当地食客。② 如前所述,有记载的第一家华人经营的餐馆,是方慕式于 1918 年在圣约翰斯市中心沃特尔大街开设的帝王餐厅;在他之后,当地华人领袖,同时也是在当地第一位入籍的华人区荣照于 1922 年开设了领地餐厅(Dominion Café)。③ 随着华人人口的增长,一些华人开始在已经饱和的洗衣业之外,寻求新的职业发展道路,但是,由于当地社会不断出现的反华摩擦和劳动力市场的种族限制,经过不断尝试,他们中的许多人决定在餐饮业开拓,使得华人经营的餐馆的数量不断上升。前章提到,据 1931 年移民纽芬兰的司徒育亭统计,至 20 世纪 40 年代前后,圣约翰斯华人经营的餐馆的数量已经超过了 10 家,大部分都坐落在市中心,包括:帝国餐馆、联合国餐厅、银球餐厅、美景饭店、白百合饭店、伦敦餐厅、西部餐厅、大众餐厅、圣约翰斯餐厅和西侧餐厅等。④ 除了这些餐厅以外,许多华人还经营着炸鱼和薯条店,这些店铺主要集中在市中心的高华街。实际上,无论从餐馆名称或者供应的菜肴看,这些餐厅大体只能被定义为华人所有或经营的餐厅,还不可被称为严格意义上的中餐馆。

何谓真正的中餐馆呢?根据劳瑞尔·图尔戎(Laurier Turgeon)和玛德琳·帕斯蒂内利(Madeleine Pastinelli)的观点,要定义一个餐馆是否具有民族性,需要"这个餐馆在招牌上或者其他显眼的地方明确地表明

---

① Chinese Association of Newfoundland and Labrador. 1995. *Past-Present-Future*: *A Commemorative Book Honouring the 100th Anniversary of the Chinese Community in Newfoundland and Labrador (1895 – 1995)*. St. John's: Chinese Association of Newfoundland and Labrador, 7.

② Li, Mu. 2014. "Wanderers between Cultural Boundaries: Exploring the Individual Expressions of Chineseness in Newfoundland". PhD diss., Memorial University of Newfoundland.

③ Yu, Miriam. 1986. "Ethnic Identity: The Chinese in Newfoundland". *Multiculturalism* 9, No. 3, pp. 19 – 20.

④ 参见司徒育亭《我的回忆录》(未正式出版)第 22 页所列餐馆名单。

纽芬兰早期华人经营的西式餐馆（司徒比尔提供）

自身主打的菜式是不同于当地主流民族菜肴的民族或者地方饮食"。[1] 很显然，如果遵从这一定义的话，前述那些华人经营但却不售卖中餐的餐馆，不能算是真正的中餐馆，他们供应的饮食更不可被称为正宗的中餐（甚至不是中餐）。如上图所示，无论是建筑风格抑或餐馆招牌，都无法使得顾客将"星餐厅"（Star Cafe）看作一家传统意义上的、或者可以为人辨认出的中餐馆。在饮食文化研究中，本真性是用来描述一个被认为或者被接受为"真的"事物或者状态[2]，这里的"真"的标准，是要求餐馆厨师在烹制食物时"使用与特定民族、国家或者地区群体在当地所使用的食材相同的食材，并且保证工序完全一致"。[3] 在北美早期的排华浪潮中，许多华人经营的餐馆不售卖中餐的原因，在于他们很难或者根本不可能达到以上标准。

在20世纪初期的北美大陆，传统的中国食材、专业的厨师甚至炊具

---

[1] Turgeon, Laurier, and Madeleine Pastinelli. 2002. "'Eat the World': Postcolonial Encounters in Quebec City's Ethnic Restaurants". *Journal of American Folklore* 115, No. 456, pp. 252.

[2] Taylor, Charles. 1991. *The Ethics of Authenticity*. Cambridge, MA: Harvard University Press, 17.

[3] Lu, Shun, and Gary A. Fine. 1995. "The Presentation of Ethnic Authenticity: Chinese Food as a Social Accomplishment". *Sociological Quarterly* 36, No. 3, pp. 538.

和特定的炉灶都非常难以获得。在食材方面,酱油、海鲜干货(如干贝等)和其他传统中国菜中经常使用的调料和食材(菌菇和木耳等),只能依靠华人移民自己从家乡带来或者通过当时的邮政和商贸系统直接从中国进口。① 其实,直到21世纪初期,在纽芬兰等北美大陆较为偏远的地区,普通华人仍然感到难以方便地购买中国食品。来自广东省深圳特区的冯建辉对笔者说:"我是2007年到达纽芬兰的,那时我很难买到在老家常见的广东菜心、芥蓝和苦瓜等食材。"② 对于很多华人而言,"中国食物的重要性远甚于其它一切"。③ 虽然很多华人〔如谢顺恩和龙文丽(Wendy Long)夫妇〕最终无奈选择采用当地食材进行烹饪,但是,仍有许多人对部分纽芬兰食物在口味上难以接受。1968年从台湾来到纽芬兰念博士的黄信嘉告诉笔者:"在我留学生活的初期,我的太太还未来到纽芬兰与我一起生活,因此我一个人住在大学的宿舍里。为了方便,我与一些华人同学经常在学校的食堂吃饭。学校的食堂主要供应的是当地特色的食物,有些比较合口味,有些让我望而却步。很多次,当我和朋友们还未走进餐厅就闻到一股腥臊恶臭的味道时,我们就知道今天供应的是牛腰馅饼(kidney pie),于是马上掉头就跑。回到宿舍,我们就会煮一些从家里寄来的米粉和榨菜。真的是非常好吃!我觉得,应该给发明榨菜的人一个诺贝尔奖!"④

可见,在很长的一段历史时期内,华人饮食文化大体局限于自身家庭或者华人社区的范围内,这在一定程度上推动了华人饮食文化在家庭内部的延续和传承。黄信嘉的妻子林清香说:"我们会在传统节日时做具有中国特色的美食。在端午节的时候,我们包粽子,中秋的时候,我们会做月饼,而在春节来临的时候,我们就会煮上火锅,邀请朋友相聚。每次我说起端午节,我孩子的第一反应就是:'我要吃粽子。'"⑤ 纽芬兰出生的二代华人杨乐威(Lewis Yang)告诉笔者:"就我个人的饮食习惯

---

① Coe, Andrew. 2009. *Chop Suey: A Cultural History of Chinese Food in the United States*. Oxford: Oxford University Press; Roberts 2002.
② 2012年3月4日,笔者在圣约翰斯对冯建辉进行了访谈。
③ 2012年1月20日,笔者在圣约翰斯对崔叶澄(Alick Tsui)进行了访谈。
④ 2012年3月29日,笔者在圣约翰斯对黄信嘉进行了访谈。
⑤ 2012年3月29日,笔者在圣约翰斯对林清香进行了访谈。

而言，我经常吃中餐。在我成长的过程中，我从父亲那里学会了如何烹饪中餐，所以我也经常自己做。我一周至少有四天是自己做中餐吃。如果在外就餐，我通常也会选择中餐。这是我最熟悉的口味，对于我的肠胃而言也是最适合的东西。"① 因此，出于口味上的偏好，很多华人会尝试从纽芬兰之外的地方获得中国食品。如来自马来西亚的陈进才医生告诉笔者："我的母亲经常从马来西亚给我们寄来香菇和酱油等中国食品。"② 因为路途遥远，国际配送的时间较长，特别是美国和加拿大都有较为严格的食品出入境监管机制，许多中国食物，特别是新鲜的蔬菜水果非常难以在运输过程中完好保存。林清香曾告诉笔者："有一次，我打电话给在台湾的家人，抱怨说纽芬兰没有中国食品。一天，我收到了一个来自台湾的包裹，这个包裹不知道为什么特别的臭，臭得连邮递员的表情都扭曲了。我打开一看，居然是一大包剥好的蒜，长途旅行之后，这些蒜都发霉腐烂了。"③ 曾永志医生说："我们每次去多伦多这样的大城市时，都是带着两个空箱子去的，回来之前会从唐人街买上满满的东西带回纽芬兰。"④

更为普遍的情况是，每隔一段时间，一般是半年一次，华人会联合起来一起通过写信的方式从蒙特利尔、温哥华或者多伦多的华人批发商那里订购食物，并由"货到付款"（Cash on Delivery，COD）物流送到各家各户，这是早期"华人获得蚝油、酱油、咸鱼和莲藕等食物"⑤ 的屈指可数的路径之一。那么，除了运自远方的中国（或其他华人聚居地）和北美大都市的唐人街，中国食材如何在当地得到呢？最方便的做法自然是自力更生，如熊楚亮医生所言："在夏天的时候，我们会在洗衣店的后院自己种一些白菜、芥蓝、雪豆等蔬菜。"⑥ 熊楚亮医生的母亲，直到百岁高龄，仍在自家的后院种植香菜、葱和豌豆等蔬菜。在一部由当代作家阎真所著的、与其在纽芬兰留学经历为原型创作的小说《白雪红尘》，

---

① 2013年6月23日，笔者在圣约翰斯对杨乐威进行了访谈。
② 2012年4月29日，笔者在圣约翰斯对陈进才医生进行了访谈。
③ 2012年3月29日，笔者在圣约翰斯对林清香进行了访谈。
④ 2012年5月5日，笔者在圣约翰斯对曾永志医生进行了访谈。
⑤ 2013年9月10日，笔者在圣约翰斯对熊楚亮医生进行了访谈。
⑥ 2013年9月10日，笔者在圣约翰斯对熊楚亮医生进行了访谈。

描写了主人公在自己租住房屋的浴缸中培育豆芽，并将之售卖给当地的中餐馆的情景。

在纽芬兰的华人社区之外，据一家名为玛丽·简（Mary Jane's）的健康食品经营部（全名为：Mary Jane's Natural, Foreign & Specialty Foods, Coffee Tea & Spices）的前店主詹妮特·马歇尔（Janet Marshall）所述，该店从1971年开业时起，便开始售卖一些中国食材和杂货，这是纽芬兰的第一家售卖中国货的店子。她本人于1975年从玛丽·简［又名简·莱尔（Jane Lael）］接手该店的经营，她说："从20世纪70年代开始到80年代早期，中国食品一直是我们店经营的主要部分。每六个月，我们便会从温哥华的批发商那里订购大概一万加元的货物，这样的数额在当时对于我们这样规模的小店而言是非常巨大的。"[①] 玛丽·简经营中国食材的缘起，或许与当时西方世界"反对快餐食品、推动健康饮食，减少肥胖和心脑血管疾病"的风潮相关。对于玛丽·简的开张，华人们表现了极大的热情。林清香说："当我们看到玛丽·简开始卖生姜的时候，我们简直太高兴了。"[②] 自那以后，玛丽·简便被许多华人戏称为纽芬兰的"唐人街"，因为一到上新货或者节日的时候，本埠华人便会在那里聚集，在平日里，华人也会光顾购物。据说，如果你希望见到某一特定的华人，只要在该店一直守候，便可实现和达成心愿。随着华人人口的增加以及因此而不断增长的对于华人食物的需求，玛丽·简逐渐不再是唯一的选择。"今天，很多本地超市［如开市客（Costco）、索比氏（Sobey's）和多米宁（Dominion）等］已经开辟了专门的中国食品货架，许多华人经营的小杂货店也相继开设。"[③] 不过，纽芬兰境内的很多中餐馆仍然主要依靠每两周一次的物流货车（如越南华侨峰哥等）将中国食材从多伦多运到这里。[④]

在华人开始定居纽芬兰的早期，除了食材等方面的客观原因外，北美地区正宗中餐的缺失极有可能还在于公众对中餐的恐惧，即认为传统

[①] 2016年5月5日，笔者通过邮件形式对詹妮特·马歇尔进行了访谈。
[②] 2012年3月29日，笔者在圣约翰斯对林清香进行了访谈。
[③] 2019年11月23日，笔者通过电话形式对苏金堂进行了访谈。
[④] 2019年11月23日，笔者通过电话形式对苏金堂进行了访谈。

玛丽·简在店外（詹妮特·马歇尔提供）

的中式烹饪会使用一些"不洁净"或者"受到玷污"的食材与调料。1914年3月4日，一篇题名为"中国广东"（"Canton, China"）的文章在《晚间电讯报》上发表，其中提到："广东人民非常热情好客，当你对他们彬彬有礼时，他们便会回馈你如下美食：烤狗肉、炖猫肉、煮猫头鹰、腌老鼠、烟熏大蟒蛇和燕窝汤。考虑到广东人民是如此的热情好客，美国人民可不想那么频繁深入地到广东寻访。"对于有可能在中国吃到自己无法接受的食材的担心，不仅让许多美国人害怕去往中国，而且也在很大程度上使他们选择刻意回避自己身旁的中餐。

第二节 美式中餐的兴起和流行

上述对于华人饮食文化的恐惧，制造了在西方世界中广泛流传的有关中餐馆的城市传说。苏珊·多莫维茨（Susan Domowitz）就此解释道："实际上，普通人永远不可能知道这些外国人或者外族人到底把什么东西放进了那些充满神秘的菜肴中，而这些随之而来的城市传说似乎是在发出警告。"① 而且，所有这些"城市传说"似乎都证实了公众的恐惧情可以溯源："外国人或者异族人是我们社区中的他者，他们根本就没有依照我们的道德标准行事。"② 因此，中餐经常被归入迈克尔·欧文·琼斯（Michael Owen Jones）所谓的"令人恶心之物"（disgust）的范畴。③ 对此，琼斯认为只有两种方式可以让公众的态度发生改变：一是"掩盖"（disguise），二是"转变"（transformation）。④

为了能够维持生计，许多华人经营的餐馆，特别是那些客流主要依靠当地社区中非华人群体的餐馆，主动选择改变自身菜肴的方式来满足顾客的口味需求。对于前述的唐厨师而言，这种改变即意味着他必须学会如何制作诸如炸鱼和薯条等当地特色菜肴。然而，有时候与华人的预期相悖的情形是，某些顾客首次造访华人所经营的餐馆的目的，或为寻求一种异国情调，或为了故意获取一种"向下"（inferior）的经验："你至少得去唐人街吃顿饭，并且在随后去礼查饭店（Astor House）喝酒和抽雪茄时嘲笑一下这种经历，但是千万别把到唐人街吃饭当成习惯了。"⑤ 可以想见，许多早期的中国餐馆在北美社会中面临着两难境地（culinary ambivalence）⑥：如果他们供应正宗的中国菜肴，那么顾客会怀疑他们所使用的食材的安全性，而如果他们售卖的是当地食物，那么他们又会被批评为太美国化而失却了本真（而让他们失去了嘲笑的对象）。

如果进一步深入探讨的话，北美的中餐馆（在世界的其他地方亦然，如2019年笔者在瑞典和丹麦所见的中餐馆便是如此）实际上不仅只是纯粹的就餐场所，它们更是再现中华文化和帮助海外华侨华人回归和传承

---

① Domowitz, Susan. 1979. "Foreign Matter in Food: a Legend Type". *Indiana Folklore* 12: 94.

② Fine, Gary Alan. 1980. "The Kentucky Fried Rat: Legends and Modern Society". *Journal of the Folklore Institute* 17, No. 2/3, p. 231.

③ Jones, Michael Owen. 2000. "What's Disgusting, Why, and What Does It Matter?" *Journal of Folklore Research* 37, No. 1, pp. 33 – 71.

④ Jones, Michael Owen. 2000. "What's Disgusting, Why, and What Does It Matter?" *Journal of Folklore Research* 37, No. 1, p. 56.

⑤ Coe, Andrew. 2009. *Chop Suey: A Cultural History of Chinese Food in the United States*. Oxford: Oxford University Press, 156.

⑥ Li, Mu. 2014. "Wanderers between Cultural Boundaries: Exploring the Individual Expressions of Chineseness in Newfoundland". PhD diss., Memorial University of Newfoundland.

其文化的重要地标。① 李莉在研究中指出：中餐馆，特别是那些开设在美国西部山区的小城镇中的中餐馆，通常会为了迎合顾客的需要而改变或者隐藏自身的文化身份。很多餐馆主为了既保持自身的文化特征，又能实现一定程度上涵化的目的，而尝试将中华饮食传统与美国饮食文化进行整合。这种妥协的成果便是所谓的"美式中餐"的出现，其中比较著名和流行的菜肴包括炒杂碎（chop suey）、甜酸鸡（sweet and sour chicken）、酥鸡（soo guy）、蛋卷（eggroll）和馄饨汤（wonton soup）等。它们是可在包括纽芬兰在内的整个北美的任意一家中餐馆中看到的菜肴。② 笔者第一次见识"美式中餐"是在2009年4月的一个星期日下午。当时，我受邀参加在新城餐厅（New City Restaurant）举行的一次华人活动，走进餐馆，首先看到了写着"今日菜肴"的小黑板上有一道名为"soo guy"的菜，遂问道："这是什么菜？"餐馆老板文新忠先生的小女儿（当时不到十岁）用广东话回答："soo guy 不就是酥鸡吗？这是给老外吃的。"随后她又向我普及了有关"美式中餐"的许多"知识"。

在美式中餐取代正宗中餐（大都会唐人街）和纯粹西餐（小镇和偏僻地方）的过程中，中餐馆转变成为了邀请"顾客将自身与在其面前的菜肴进行关联，并对之作出相应的文化阐释，最终可以接纳这种源自外来饮食文化"的场所。③ 通过售卖"美式中餐"，中餐馆逐渐被认为是"安全"的地方，因为"在这里，顾客们可以与其他饮食文化相遇，但是，与此同时，他们又不会离自己熟悉的口味太远"。④ 这使得美式中餐的本真性一直成为各方讨论的中心问题之一，许多食评家和中餐馆的厨师们认为不可将之看作纯粹的中餐或者西餐，而应视为一种不同菜式的融合体。例如，在访谈中，苏金堂、莫丙章、谭燦洲和谭鸿顺等纽芬兰中餐馆的厨师认为，因为美式中餐在准备和烹饪的过程中会使用一些当

---

① Li, Li. 2002. "Cultural and Intercultural Functions of Chinese Restaurants in the Mountain West: An Insider's Perspective". *Western Folklore* 61, No. 3/4, p. 330.

② Li, Mu. 2014. "Wanderers between Cultural Boundaries: Exploring the Individual Expressions of Chineseness in Newfoundland". PhD diss., Memorial University of Newfoundland.

③ Rosenberg, Liora Gvion. 1990. "Why Do Vegetarian Restaurants Serve Hamburgers? Toward an Understanding of a Cuisine". *Semiotica* 80: 63.

④ Lu, Shun, and Gary A. Fine. 1995. "The Presentation of Ethnic Authenticity: Chinese Food as a Social Accomplishment". *Sociological Quarterly* 36, No. 3, p. 548.

地特有的食材或者当地人喜欢的烹饪方式（如深度油炸）来迎合当地人的口味，因此拒绝将之视作中餐。金门酒家的前店主之一熊华耀告诉笔者："当我太太（缅甸华侨）第一次来到纽芬兰时，她看着我们这里供应的食物，很奇怪地问：'这是什么呀？'我说：'这是中餐啊。'她立即质疑说：'这怎么会是中餐呢？'其实，我们心里都很清楚，在金门酒家，我们主打的是美式/加拿大式的中餐，是与传统中餐非常不同的菜肴。"① 说到传统中餐与美式中餐的区别，熊华耀解释道：

> 二者的最大不同之一在于，传统中餐并不会把食材全部混在一起。我们一般是不做什锦菜的。在我的家乡广东，如果我们烧牛肉炒芥蓝，我们不会再往里面加胡萝卜、小玉米和其他一些在这边会加的食材。我们在纽芬兰这样做的原因，是为了迎合当地人的口味。而且，我们知道当地人更注重健康，因此，我们在做蔬菜丁炒鸡肉时，会加上很多的蔬菜。但是，在中国，我们一般会放更多的鸡肉，蔬菜只是点缀，是为了让菜更好看的。……另外，比如说咕咾肉，这是华人做油炸的方式。我们会把肉浸到由蛋清、一点面粉和淀粉调制的混合物中，点蘸后进行油炸，而不会使用很厚的面糊包裹。所以，美式中餐里面的甜酸鸡、杏仁酥鸡和柠檬脆皮鸡等，都不是正宗的。②

依据笔者的考察，直到目前，纽芬兰中餐馆百分之八十的销售量都来自美式中餐。对于美式中餐的流行，也有学者指出："对于一种菜式的保留和传承，并不需要要求它与原来的模式完全一致，而是要看它是否符合该菜式长期以来已经形成的一些最根本的特征，是否与菜肴背后的核心文化观念有关联，以及是否被顾客或者厨师认定为一种非常具有特色的菜式。"③ 实际上，一些中餐馆的厨师承认美式中餐作为中餐发展的

---

① 2013 年 9 月 16 日，笔者在圣约翰斯对熊华耀进行了访谈。
② 2013 年 9 月 16 日，笔者在圣约翰斯对熊华耀进行了访谈。
③ Lu, Shun, and Gary A. Fine. 1995. "The Presentation of Ethnic Authenticity: Chinese Food as a Social Accomplishment". *Sociological Quarterly* 36, No. 3, p. 539.

一种新菜式。例如，在纽芬兰圣约翰斯熊氏外卖（Hong's Takeout）的经营者熊元衮厨师看来，虽然美式中餐在食材选用、烹饪过程和摆盘等方面与传统中餐相比存在较大差异，但仍是中餐。他的理由非常简单，因为这些菜肴是华人制作的，而且对外宣称是中餐。更为重要的是，这些将美式中餐作为中餐的一种创新形式（或者，用更为现代的说法来说，叫创意中餐）的"传承人们"，不仅把这种菜式用作维持生计的工具，而且还将之置于自身日常的饮食实践中。熊元衮先生因为突然中风的缘故，于2007年前后正式关闭了生意仍然十分红火的熊氏外卖，但是，笔者在多次与其夫妻在其家中一同就餐时发现，诸如炒杂碎、蜂蜜蒜香小排、牛肉炒西兰花和杏仁什锦鸡丁等美式中餐菜肴，是熊先生及其夫人非常喜爱的佳品。熊元衮先生对笔者说："博士，你看看，这些明明就是中餐嘛，我自己非常喜欢吃这些饭菜。我是中国人，我是用制作中餐的传统方法来进行烹饪的，我不明白为什么很多人把它们看作专为西人准备的饭菜。"①

关于美式中餐是否是中餐这个问题，笔者在做服务生时接触到的许多非华人顾客［如萨默斯（Doug Summers）］都无一例外地表示赞同熊厨师的说法，因为，即使是美式中餐［例如，萨默斯非常喜爱的苏记食家的主厨炒饭（house fried rice），是用煮熟放凉之后的白米饭和叉烧、小虾仁与蔬菜丁等食材翻炒而成的］，也非常不同于他们的日常饮食，非常具有异国情调。依据这些非华人食客自身的生命体验和文化经历，他们将这些具有文化异质性的菜肴看作"正宗"的中餐。这表明，饮食文化的本真性潜藏于公众对特定现象经验的感知之中②。在北美的语境中，中餐的北美化成为了一股非常强劲的跨文化传播趋势，许多新菜被创造出来并在北美的中餐馆中逐渐流行，这些常见于菜单中的美式中餐，不再是危险的，而是"安全的"。③ 因此，在很多与华人文化相关的场合，如春节庆祝和中秋节聚餐等中外嘉宾均有出席的情况，美式中餐通常会被作

---

① 2015年7月28日，笔者在圣约翰斯对熊华耀进行访谈。

② Shelton, Allen. 1990. "A Theater for Eating, Looking and Thinking: The Restaurant as Symbolic Space." *Sociological Spectrum* 10: 507–526.

③ Cho, Lily. 2010. *Eating Chinese: Culture on the Menu in Small Town Canada*. Toronto: University of Toronto Press.

为华人身份的"象征物"而呈现给非华人群体。对此,作为纽芬兰华协会创始人的熊楚亮医生说:"我觉得这些美式中餐就是按照传统中餐的方式进行烹饪的,这些食物可比我在1950年前中国乡下吃的好多了。"[1]

辩证地来看,在跨文化传播的意义上,一方面,这些"安全"的美式中餐一定程度上消磨了菜肴本身的文化标记,逐渐趋向于"同一和日常"[2]。但是,在另一方面,它也同时创造了文化上的差异和距离。在这个意义上,主打美式中餐的华人餐馆,便可被称为前述图尔戎和帕斯蒂内利所谓的"民族餐馆"(ethnic restaurant),因为它们显著标示了自身菜肴的文化独特性。在斯图尔特看来,食用这些经过"文化挪用"的、具有异国风情的食物的事件,实际上是将原先属于某一特定族群的空间,转变成为了一个任何个体都可以定义和指称的内在性的、个人化的空间。[3] 在这一过程中,具有异质性和陌生感的跨文化经验转变成为了独特的个人历史和记忆。因此,中餐馆在微观层面上成为了允许跨文化接触的、去本土化的表演性场域,食客们无须远行便可以在本地或者说熟悉的文化语境中看到、触摸甚至消费外来文化。[4] 在这个意义上,西方人在西方世界中造访中餐馆的行动,便与露西·隆所定义的"美食旅游"概念相符:"所谓美食旅游,是指饮食作为旅游活动的主题、媒介、目的和路径。它是关于人们去探索新的食物,并通过这些新的食物去探索新的文化和生活方式。它也关乎一个特定的群体利用饮食去'售卖'自己的历史和建构自身具有商业价值与吸引力的身份;另外,它也使得人们可以满足自己的好奇心。最后,美食旅游关乎人们在日常生活的固定模式之外去体验饮食,从自己习以为常的生命体验之外认识差异性,以及看到食物参与差异性再现和博弈的能力。"[5] 值得注意的是——"与传统意

---

[1] 2013年9月10日,笔者在圣约翰斯对熊楚亮医生进行了访谈。

[2] Turgeon, Laurier, and Madeleine Pastinelli. 2002. "'Eat the World': Postcolonial Encounters in Quebec City's Ethnic Restaurants". *Journal of American Folklore* 115, No. 456, p. 251.

[3] Stewart, Susan. 1993. *On Longing: Narratives of the Miniature, the Gigantic, the Souvenir, the Collection*. Durham, NC: Duke University Press, 47.

[4] Turgeon, Laurier, and Madeleine Pastinelli. 2002. "'Eat the World': Postcolonial Encounters in Quebec City's Ethnic Restaurants". *Journal of American Folklore* 115, No. 456, p. 251.

[5] Long, Lucy M. 2003. "Culinary Tourism: A Folkloristic Perspective on Eating and Otherness". In *Culinary Tourism*, edited by Lucy Long. Lexington: University Press of Kentucky, 20.

义上的旅游不同,美食旅游者并不需要离开他们生活的社区去探索异国情调。民族餐馆就是那些数量正在不断增加的美食旅游目的地之一,在这里,人们可以在自己所熟悉的文化背景下和日常生活中投身旅游实践活动。"[1] 因此,当顾客来到一家与自身民族身份和文化背景不同的餐厅就餐时,即使他们仍然居住在自己离餐馆不远的家中,他们实际上化身为异文化的旅行者,开启了通往另一文化的旅程。接下来,笔者将以加拿大纽芬兰地区的华人餐馆为例揭示此类旅行的景况,并以此探讨这一过程之中文化信息是如何交互和传递的。

第三节 中餐在纽芬兰的接受情况

笔者自 2009 年开始对纽芬兰华人餐馆历史的考察表明,让当地人接受中餐,即使是经过改良的美式中餐,也并不是一件容易的事情。最终造成这一现象的原因十分复杂,其前提在于纽芬兰社会政治语境的变化。前文已经多次提到,在华人移居纽芬兰的早期历史中,华人一直以来遭受着政治、经济、文化和日常社会生活中的制度性和非制度性歧视。这一现象发生初步改变的契机是 1949 年 3 月 31 日纽芬兰加入加拿大联邦。由于第二次世界大战之后成立的联合国极力倡导各国重视人权问题(1948 年 12 月 10 日联合国大会通过了《世界人权宣言》),加拿大政府已于 1947 年废止了排华法案。基于联邦法律高于地方法律的原则,在纽芬兰加入加拿大联邦后,其排华法案也随之废止,结束了针对华人的制度性歧视。纽芬兰加入加拿大联邦造成了以下几个直接的结果:第一,包括华人在内的纽芬兰居民可以自由在纽芬兰和加拿大大陆之内活动,增长了个人的见识,为中餐的传播提供了新的可能;第二,华人有权申请加拿大永久居留权,并可以申请自己的直系亲属来加与其共同生活,这造成了华人人口数量的增加,一定程度上迫使华人寻找新的工作机会,促成华人餐馆数量的增加和广泛的分布,创造了中餐传播的物质基础。

---

[1] Motz, Jennie Gemann. 2003. "Tasting an Imagined Thailand: Authenticity and Culinary Tourism in Thai Restaurants". In *Culinary Tourism*, edited by Lucy M. Long. Lexington: University Press of Kentucky, 53-54.

据熊元衮先生回忆，在其在纽芬兰经营餐馆的头 13 年（1953—1966），他从未为自己家人和华人之外的群体烹饪过中餐。① 而如第一章所述纽芬兰第一家销售炒杂碎等美式中餐的餐馆，是 1954 年由广东移民区荣鼎经营的"华美餐厅"。区荣鼎 1946 年来到纽芬兰，在纽芬兰加入加拿大联邦后赴多伦多 ［据称是当地的荔枝园餐厅（Litchi Garden）］ 学习美式中餐的烹饪技术，学成之后重新回到圣约翰斯接手其父亲的生意。② 熊医生告诉笔者：区荣鼎曾以笑谈的方式讲过——在餐馆开业之初，纽芬兰当地的英裔和爱尔兰裔民众极少光顾——"这些群体更喜欢在早期华人经营的西餐馆中享用烤牛肉、炸猪排、炸鱼和薯条以及辣火鸡三明治等餐点"，而华美餐厅的主要顾客是当时在纽芬兰避难的大批犹太人。究其原因，是因为"犹太人是做生意的，到处跑，见过世面"，而且"在二战期间来到纽芬兰避难之前，他们就在纽约等大城市中吃过中餐"。③ 这一情况的转变大致出现在 20 世纪 50 年代末期和 60 年代初期。1956 年从广东到纽芬兰与丈夫谭锦潮（Tam Kim Chow）团聚的谢亚韫（Yvonne Chow）回忆说："在 1960 年前后，本地白人突然开始来到华人经营的餐馆主动点中餐，我们很奇怪。他们说，在开放（即纽芬兰加入加拿大联邦）后的这几年，纽芬兰经济情况不好，很多人到加拿大本土打工，看到中餐在大城市很流行，而且非常便宜，他们经常去吃，逐渐喜欢上了中餐。"④ 从这一点来看，纽芬兰人对于中餐的接受要滞后于北美许多地区，特别是拥有较大华人体量的大都会。

实际上，普通民众对于中餐的认识和接受，尤其是在中餐进入北美的早期，通常都与个人经历和个体记忆有关。查理·思努克告诉笔者，他第一次接触中餐是在一场 20 世纪 40 年代在其家乡——纽芬兰的格兰德班克镇（Grand Bank）举行的葬礼上："我的远房表姊芙洛尼·马修斯嫁给了圣约翰斯的餐馆老板熊查理。他们婚后住在圣约翰斯，芙洛尼的父亲雅各布也和他们生活在一起。1943 年雅各布去世了，他们将他的遗体

---

① 2013 年 7 月 10 日，笔者在圣约翰斯对熊元衮进行了访谈。
② 2013 年 9 月 10 日，笔者在圣约翰斯对熊楚亮医生进行了访谈。
③ 2013 年 9 月 10 日，笔者在圣约翰斯对熊楚亮医生进行了访谈。
④ 2021 年 10 月 16 日，笔者通过网络对谭惠美和谢亚韫进行了访谈。

送回老家安葬。在葬礼上，当时还是一家名为阿瓦隆烧烤酒吧（Avalon Bar and Grill）老板的查理为所有参加仪式的人准备了午餐。我已经忘了具体吃了什么，只记得他用了一个特别大的锅来烹饪，因为人非常多。我虽然也不记得菜的名字，但是我对它的颜色印象深刻，它是红色的，可能放了很多西红柿。它真的是太好吃了。查理还为我们配了米饭，米是从圣约翰斯带到格兰德班克来的。那是我第一次吃中餐和遇到华人。"[1]从那时候开始，思努克便开始喜欢上中餐。因此，在20世纪50年代后期，他从家乡搬迁至圣约翰斯以后，便时常光顾售卖中餐的餐馆，常点的几种美食包括蒜香蜜汁排骨等。但是，对于其他普通的纽芬兰人而言，他们或许并不像思努克一样在年轻时代便有机会接触华人和品尝中餐，更勿论对之产生喜爱之情。蕾妮·芬莱森（Renee Finlayson）是前文提到的玛丽·简商店的常客，她告诉笔者："我开始知道玛丽·简这家商店是在1973年前后，那时候我住在纽芬兰西部的木点镇（Woody Point）。我来到圣约翰斯办事时，在市中心的达克沃斯大街上看到了这家店，我非常欣喜在这里可以买到大包装的食品。于是，我买了很多大包的坚果、干果、花生酱和大约两公斤的干青豆回家。"[2] 从她的叙述中可以推断——芬莱森的购物清单并未包含玛丽·简商店中的特色商品——中国食品，其中的原因在于，她和家人在此之前从未接触过中餐（关于这一点，笔者在其后与之的交流中得到了证实）。可以推论，只有当华人与其他非华人的纽芬兰居民之间增加互动和增进相互间理解之后，公众排斥中餐的情况才可能有所改变。

而中餐馆数量的增加和日益广泛的分布，正为纽芬兰公众与华人互动的增加提供了重要的物质基础之一。排华法案在纽芬兰被废除以后，出于对当时中国境内局势的估计，原先未打算在当地长期居留的华人开始将他们远在中国的配偶、子女和其他直系亲属接到纽芬兰定居，这直接导致了当地华人人口数量的激增。当时，传统的华人洗衣店行业由于洗衣机逐渐进入普通家庭而式微，许多华人开始转向已有华人长期介入的餐饮业。在20世纪70年代以后，华人餐馆在纽芬兰的分布已经十分广

---

[1] 2014年4月18日，笔者在圣约翰斯对查理·思努克进行了访谈。
[2] 2019年3月19日，笔者通过邮件对蕾妮·芬莱森进行了访谈。

泛，每一个城镇甚至乡村都至少拥有一家中餐馆。熊楚亮先生回忆道："那时候，整个纽芬兰有 40 多家中餐馆，其中大概有一半在圣约翰斯。"①依据笔者 2019 年的田野调查，当时纽芬兰中餐馆的数量已经超过 50 家。

从下述案例中，我们可以看到中餐馆在纽芬兰广泛分布和广受欢迎的景象。在纽芬兰中部的普拉森舍（Placentia）地区，坐落着一家名为"海缤酒家"（Hoi Pun Restaurant）的中餐馆。当凯瑟琳·温特（Kathleen Winter）和她的丈夫驾车在经过一个已经废弃的前省立公园卡特拉克特（Cataract，又名大瀑布省立公园）后，又得从圣凯瑟琳（St. Catherine's）泥土路上前行，只有中餐馆为如温特及丈夫一样的旅人提供了些许慰藉。温特写道："总有那么一个时刻，你车上的蓝色小冰袋已经用尽②，你只能靠路边售卖的食物充饥，这对于旅者而言，其实是非常恐怖的。每到这时，我觉得我们都应该感谢中餐馆。……每一次当我如同在被废弃的卡特拉克特公园感到害怕那样或者当我面对令人恐怖的无比野性的沼泽时，我永远只需要记住的是，我的救赎近在咫尺，就如同我临近下一个中餐馆一样。"③对于许多在北美穿行的旅者而言，"下一个中餐馆"是确定无疑的，意味着希望，那里的食物是可预期的、熟悉的和美味的，是美食使得北美的中餐馆成为了归属和目的地。

当时，由于人手短缺，华人餐馆无一例外地将华人安排在内厨，而雇用数名当地白人（特别是女性）作为侍应。例如，据谭惠美及其母谢亚韫介绍，其家族 1963 年在纽芬兰中部城镇格兰德弗斯－温莎开设的台湾酒家（Taiwan Restaurant），除华人厨师外，还雇用了 14 名白人女性（有时人数会少一些）。④ 中餐馆为这些白人女性提供了为数不多的就业机会，而后者又成为了中华餐饮文化最早的白人接受者群体之一。来自格兰德弗斯－温莎东北方向小镇毕肖弗斯（Bishop Falls）的玛丽·帕森斯（Mary Parsons）自 1970 年高中毕业后便在台湾酒家工作至今，是该餐厅工作时间最长的女侍应，她说："纽芬兰经济环境很差，工作机会少，男

---

① 2013 年 9 月 10 日，笔者在圣约翰斯对熊楚亮医生进行了访谈。
② 即无法随车储存食物了。
③ 《电讯报》2006 年 8 月 19 日。
④ 2021 年 10 月 16 日，笔者通过网络对谭惠美和谢亚韫进行了访谈。

性往往离开纽芬兰到加拿大本土或者美国工作，女性很少外出打工，中餐馆为我们提供了在本地工作的机会。"① 在中餐馆工作的岁月中，玛丽逐渐认识、了解和喜欢上了中餐，并向家人、亲戚和身边的朋友推荐中餐："台湾酒家为我们员工提供免费伙食，那是我第一次真正接触中餐，我觉得口味很不错，从那时起，我就经常给家人外带餐馆里的食物，无论是我还是周围的人，都慢慢喜欢上了中餐。"② 与玛丽一样，许多白人女侍应来自较小的城镇和社区，她们实际上成了将中餐传播至纽芬兰各个角落的"桥梁、纽带"。

不过，玛丽介绍说，她最初在餐馆中所见和外带给家人的中餐，通常是甜酸炸鸡球和柠檬酥鸡等油炸食品，这些食品也是最早出现在中餐馆菜单中为数不多的菜肴。从中餐在北美地区的发展历程看，中餐馆的经营者对于中餐的推广经历了一个从完全西化、菜单中出现少量中餐菜品、美式中餐的兴起到介绍正宗中餐的过程。从1950年便开始在纽芬兰经营餐馆的熊氏家族成员、金门酒家的经营者之一熊华耀说："在刚开始的时候，我们的菜单中只有很少的中餐，因为很多纽芬兰人不吃中餐，他们来到餐馆时，我们希望他们也能吃上自己想吃的东西，所以，虽然我们很想像大城市那样做中餐，我的侄子熊光楫也去多伦多等地学了怎么做中餐（美式中餐），但是我们也只能慢慢推广。"③

在中餐馆由华人经营的餐馆向售卖中餐的餐馆的转变过程中，中餐馆的经营者们采用了非常灵活的销售策略，其基本原则就是尽量满足客人的需要。前文提到的圣约翰斯熊氏外卖的厨师熊元衮最初于1953年在贝尔岛经营一家名为"太阳餐厅"的西式餐馆，1966年该地铁矿开采关闭后，他便来到圣约翰斯开设中餐馆。对于中餐的开放性和可塑性，他说："与法餐或者意餐等西餐讲究固定的配比不同，中餐的灵活性非常大，我们可以根据客人的需要改变口味和食材，甜一点、酸一点、咸一点、淡一点都可以，改换肉类或者蔬菜都可以，

---

① 2021年10月19日，笔者通过网络对玛丽·帕森斯进行了访谈。
② 2021年10月19日，笔者通过网络对玛丽·帕森斯进行了访谈。
③ 2013年9月16日，笔者在圣约翰斯对熊华耀进行了访谈。

不存在任何一成不变的精准操作。"① 退休高中物理教师德里克·史密斯（Derek Smith）说："50多年前，我在圣约翰斯上大学，有个节日，很多地方的餐馆都满了，我们十几个人只好去了中餐馆。那是我第一次到中餐馆吃饭，我记得自己点的是鸡肉炒饭，但是我提出希望不要青豆，少点盐和酱油等好几个要求，随行的其他人也有各种各样的要求，中餐馆都一一满足了。我想他们真的非常认真地聆听了我们的需求，是可以信赖的。后来我和太太的约会也放在了中餐馆里。"② 后来，史密斯还将中餐推介给了自己的母亲——一位非常保守的纽芬兰妇人，后者在高龄时仍然经常食用中餐馆的馄饨汤。由此，在一定程度上而言，中餐馆逐渐从一个"危险"的空间转变成为了一个"安全"的场所，其根本原因在于中餐馆的从业者从未试图强行改变顾客的饮食习惯，而是旨在通过平等"对话"塑造后者新的就餐体验和口味选择。作为一个在中餐馆侍应的服务生，我发现中餐已成为许多非华裔纽芬兰人日常饮食活动的重要组成部分。例如，乔（Joe）和伊莎贝尔（Isabel）每周都会到苏记食家享用一份包括鸡肉炒饭、牛肉炒西兰花和炸蛋卷的套餐（combo）。他们每一次都会将原来套餐中的一份甜酸炸鸡球换成另一份牛肉炒西兰花，而且还会要求厨师额外配送一份牛肉炒西兰花的酱汁。很显然，享用中餐已经成为了纽芬兰公众广为接受且表现形态不一的生活方式。更有趣的是，这些顾客并不仅仅是给定菜单的被动接受者，而更是非常有创造性地调整适合自己的餐点、就餐方式和形式的能动主体，使自身积极参与纽芬兰本土中餐意义的建构进程中。

纽芬兰社会接受中餐的另一个重要因素，是华人专业人士与留学生的增加，扩大了华人社区与当地社会的接触范围，增进了双方之间的相互理解。在纽芬兰加入加拿大联邦以后，华人数量增加，家庭结构由原先以单身男子为主逐渐转为正常核心家庭架构，使得本地出生或者在本地长大的华人二代人口增长迅速。这些新生代华人通常都接受了正规的学校教育，而逐渐获得了传统华人职业领域之外的其他就业机会，如熊楚亮成为了肿瘤科医生，司徒育亭之子司徒比尔成为了加拿大海岸警卫

---

① 2013年7月10日，笔者在圣约翰斯对熊元衮进行了访谈。
② 2021年10月19日，笔者通过网络对德里克·史密斯进行了访谈。

队工程师，方慕式之孙方大卫（1949年之后出生的第一位华人）成为了工程师并开办了啤酒厂等。同时，自20世纪60年代开始，华人专业人士和留学生人数不断增加。依据加拿大1967年颁布的新移民法，许多满足条件的华人医生、工程师（包括正在就读和已经毕业的学生）等专业人士可以获得永久居留权。① 对于中餐馆而言，这些专业人士的到来产生了两个直接后果。

第一，华人专业人士数量的增加，引发了市场对于不同于美式中餐的正宗中国菜的需求。对于这一点，熊华耀回忆道：

> 我们的菜单里面并没有什么传统的中餐，只有一些像广东炒面和热汤面这样的，它们看起来更正宗一些。在热汤面里，如果是华人顾客，我们会加蟹肉、蔬菜和蛋白。这种面卖得很好。有时候，华人顾客也会点烤鸭，但是烤鸭并不是现成的，需要提前一两天和我们预订。在当时，纽芬兰有很多华人医生和来自台湾的留学生，他们经常会到餐馆来吃饭。但是他们很少直接从我们的菜单点餐，因为他们觉得那些菜肴太本地化了。我们往往就按照他们的要求来做菜。②

第二，华人专业人士与本地非华人群体在工作等各个方面接触频繁，逐渐改变了后者对于前者具有偏见的刻板印象并增强了相互之间的理解，一定程度上使得作为华人文化一部分的中餐更容易被非华人群体接受。加菲尔德·费扎德（Garfield Fizzard）原为纽芬兰纪念大学教育系教授，退休后任职圣约翰斯高华街联合教会（Gower Street United Church）档案馆馆员，他说："虞崇贞博士曾是我们教育学系的主任，和我们关系很好，在各种聚会或者年末聚餐时，她总是向我们强力推荐中餐馆，我是因为她才逐渐喜欢上中餐的。"③ 谢顺恩教授告诉笔者，在20世纪80年

---

① Yu, Miriam. 1986. "Ethnic Identity: The Chinese in Newfoundland". *Multiculturalism* 9, No. 3, p. 23.
② 2013年9月16日，笔者在圣约翰斯对熊华耀进行了访谈。
③ 2015年5月16日，笔者在圣约翰斯对加菲尔德·费扎德进行了访谈。

代末期,他来到纽芬兰纪念大学计算机系面试,在面试结束之后,当时的系主任以及系里的几位老师便邀请他到金门酒家就餐。① 此举一方面说明同事之间的相互尊重,另一方面则从旁说明普通纽芬兰人对中餐的熟悉程度。如今,华人仍然不断实践着基于工作以及朋友关系的饮食文化的跨文化传播活动。在笔者做服务生的五年时光中,几乎在每一个周五夜晚的九点左右,方大卫会带领自己的家人(其配偶为当地白人)、亲密友人和工作伙伴一行十余人,在苏记食家就餐。他每次都会点那些菜单上标注为正宗中餐的菜肴,如"脆皮烧鸭"等,与大家分享。在一次交谈中,方大卫对笔者说:"我就是喜欢吃中餐,这是小时候家里的味道,我也希望别人,特别是家人和朋友,能喜欢上中餐,了解我们的文化。"

  作为一个在中餐馆侍应的服务生,我发现吃中餐已成为许多非华裔纽芬兰人日常饮食活动的重要组成部分。例如,纽芬兰高等法院的大法官谢默斯(Seamus)和夫人詹妮特(Janet)会在诸如家庭聚会等特殊日子带着全家到苏记食家就餐。他们每次都会提前打电话预约,并与餐厅确认是否有广式点心供应,这些广式点心是几十年来他们与家人相聚时一定要共享的特别餐点。格伦(Glen)是一位钢铁工人,他来到苏记食家就餐的时间和场合都不固定,但是,一份包括鸡肉炒饭、甜酸炸鸡球、炸蛋卷和牛肉炒蔬菜杂碎的套餐,是其每次必点的佳肴。其中,牛肉炒蔬菜杂碎并不是套餐的选项之一,仅为其所作的特别供应。而即使是当地著名餐馆的主厨,如"水之蓝"(Blue on Water)餐厅的詹森(Jason)、"巴克劳纽芬兰创意菜"(Bacalao Nouvelle Newfoundland Cuisine)的迈克尔(Michael)和"巴所"(Basho Restaurant)餐厅的塔克(Tak,日本裔)都是苏记食家的常客。很显然,享用中餐已经成为了不同身份的纽芬兰公众广为接受且表现形态不一的生活方式。

  需要指出的是,许多新一代的中餐馆主将中餐(特别是正宗中餐)作为一种向非华人群体进行有效文化传播的手段。例如,莫丙章说:"有一天,如果我有了自己的餐馆,我绝对不会做美式中餐。我会选用中国的烹饪方式来表达自己对中餐和中餐馆的理解。我会将自己的餐馆用传统的中国元素来装饰,这样可以向顾客们介绍中华文化。另外,我还会

---

① 笔者于 2012 年 2 月 17 日,在圣约翰斯对谢顺恩教授进行了访谈。

在餐馆中和顾客们一起庆祝中国节日。最后，我会在餐桌上摆上筷子而不是刀叉。"① 莫丙章的想法在叶健明这里似乎已经实现了。来自台湾的福尔摩沙茶室的老板叶健铭对笔者说："你看，在我的餐馆里面，我不再放西式的餐具，桌上摆的都是筷子和东方的碗碟，整个餐馆都用传统的中国书画和佛像来装饰。我觉得我自己餐馆的使命不仅仅是做生意，它还要肩负文化传播的重任。我特别希望向当地人介绍我们具有五千多年的中华文明。"② 那么通过中餐进行传播的效果如何呢？

第四节 卡尔·威尔斯的"饮食"之旅

在所有纽芬兰中餐馆的食客中，圣约翰斯的食评家卡尔·威尔斯可谓最具影响力，因为他从 2006 年至 2018 年，在《电讯报》每周发行的"饮食"专栏上发表了大量有关中餐馆的食评文章。在其博客和个人网站的"关于"页面中，威尔斯自我介绍如下："卡尔·威尔斯是一位作家。他有关饮食和餐馆的写作，已经使他在加拿大烹饪联合会（Canadian Culinary Federation）与纽芬兰和拉布拉多省餐饮协会（Restaurant Association of Newfoundland and Labrador）声名显著。"③ 在此必须说明的是，《电讯报》"饮食"专栏的设立目的，是为了推动本地和外来人士一同发掘具有吸引力的本地饮食和餐厅。2012 年的一天，笔者和威尔斯在苏记食家有过简短的对话。威尔斯告诉笔者："我非常喜欢食物，我在全世界四处寻找美食。我希望告诉公众可以去哪里就餐以及食用什么。这就是我写作食评的主要目的。"在这个意义上，威尔斯并不是一位普通的游客，而是"美食旅游"意义上的导游。

总体而言，威尔斯的食评包括以下部分：自身的就餐经历、餐厅评分、餐饮价格、对于服务/氛围/嘈杂程度的评论、开餐时间/如何预订/付款方式/停车服务/饮品供应/无麸质餐饮的选项/是否有残疾人通道等信息，以及最重要的推荐菜肴。在苏珊·弗雷德伯格（Susanne Freid-

---

① 2013 年 7 月 8 日，笔者在圣约翰斯对莫丙章进行了访谈。
② 2013 年 7 月 8 日，笔者在圣约翰斯对叶健铭进行了访谈。
③ Wells, Karl. "About". http://www.karlwells.com/about/.

berg）看来，本地或者个人的食评文章通常是有关在某处就餐的故事，而这些故事实际上讲述的是更大的时空和群体的经验。① 从 2006 年开始，在威尔斯的食评文章中，有多篇是关于圣约翰斯或者附近地区的中餐馆，这些文章以一种非常细腻的笔触记录了威尔斯所造访的餐馆的不同侧面，为我们考察纽芬兰顾客在遭遇中餐和中餐馆时的态度和意图，提供了新的路径和方案。威尔斯的食评得到了公众的广泛认可和接受。例如，一位嫁给华裔专业厨师谭英德的当地小学教师艾米·史密斯（Amy Smith Tam，中文名：谭美美）评论说："卡尔·威尔斯看起来似乎特别钟爱中餐馆。他通常在专栏文章的开头描述餐馆的装饰和氛围，因此，当他描述的对象是中餐馆时，便会让人唤起一种'异国情调'且给人一种餐馆'在传统上做文章'的感觉。对于读者而言，在他对于灯笼和墙上的字画的描写中，中餐馆就像是遥远国度中充满异域风情的地方，而食物正是把作为顾客的西方人从日常的时空中带到了神秘的东方……虽然，实际上，中餐馆中提供的食物只是在形式上与真正的中国的食品有些许类似。但是，对于我们所有人而言，威尔斯的写作的确让食物变得非常诱人，而且使得我们在一家好的中餐馆就餐的经历变得非常令人兴奋和向往。"②

在米切尔·戴维斯（Mitchell Davis）看来，食评文章作为一种与报刊中其他品评文章（如剧评、书评、影评和艺评等）等量齐观的批评体裁，是 20 世纪 50 年代中期以后才出现的现象，其中的标志性事件是克雷格·克莱伯恩（Craig Claiborne）被任命为《纽约时报》（New York Times）的专职饮食编辑。③ 当时，克莱伯恩作为一位饮食编辑和食评家的角色，正在经历从具有无上权威的主导饮食生活的精神导师（culinary mentor）向充满游说意味的民间化/私人化的消费导购（consumer advocate）身份的转变。④ 因此，威尔斯的食评其实在很大程度上是一种个人观点，对读者

---

① Freidberg, Susanne. 2003. "Not All Sweetness and Light: New Cultural Geographies of Food". Social and Cultural Geography 4, No. 1, p. 3 – 4.

② 2019 年 8 月 8 日，笔者通过邮件方式对艾米·史密斯进行了访谈。

③ Davis, Mitchell. 2004. "Power Meal: Craig Claiborne's Last Supper for the New York Times". Gastronomica 4, No. 3, p. 64.

④ Davis, Mitchell. 2004. "Power Meal: Craig Claiborne's Last Supper for the New York Times". Gastronomica 4, No. 3, p. 60.

而言并无任何显性或者隐形的权威和压力。威尔斯的食评被放置于特定的历史和社会文化语境中进行考量，在这些语境中，与威尔斯的观点并存的，可能还有其他与之矛盾的声音。

在2006年的一个夏天，威尔斯来到了圣约翰斯的金门酒家，他首先发现了这里的斑驳外墙："这座有着尖塔式屋顶的砖结构建筑看起来似乎需要翻新了。屋檐下的破损非常明显，需要一些修缮和重新喷漆。在建筑的内部，除了四处多多少少有些褪色以外，金门酒家看起来和30年前没有什么不同。在餐馆大厅的玄关处，那座漂亮的、装饰着传统中国图案和文字的精心雕造的拱门，仍然让人感觉震撼。它使用的是诸如红色、金色、蓝色、绿色和橙色等非常明亮的颜色进行涂绘。拱门的一边雕刻的是一条张牙舞爪的巨龙，而另一边装饰的则是一只雍容华贵的禽鸟。"① 目前，在圣约翰斯所有正常营业的中餐馆中，金门酒家展现了纽芬兰中华美食行业的大部分历史。据熊华耀介绍，与其他早期华人经营餐馆如炸鱼和薯条店或者牛排屋供应西餐不同，在第二次翻修（1971年前后）以后，金门酒家决定主打中餐并利用中国传统风格的外观和内饰软装来表现华人饮食文化特色。② 在圣约翰斯，唯一一家与金门酒家一样拥有中国风格外观的餐馆是现已停业的台湾酒家（原为翠园酒家 Jade Garden Restaurant，1982年开张）。卡尔·威尔斯在2007年有关台湾酒家的食评中写道："在这座有着美丽门廊的轻砖平层建筑前，有两只把门的石狮子。"③ 据谭惠美及其母谢亚韫介绍，翠园的设计师是本地华人赵雄〔David Chiu，原中餐馆"红辣椒"（Red Pepper）的经营者〕，而且所有的装饰材料都是从台湾订购的。④ 就餐厅的内饰软装而言，在金门酒家之前，司徒育亭的7A餐厅已经开始用传统中国画和宫灯装饰餐馆，但是该餐厅经营情况不佳，很快就转让他人。而金门酒家的内部装潢则展现了它长期的经营历史。正如威尔斯所说："当我环视餐厅四周，想找个座位坐下时，看着那些印着红色、绿色和蓝色花卉的墙纸——以及那些与之相匹

---

① 《电讯报》2006年8月1日。
② 2013年9月16日，笔者在圣约翰斯对熊华耀进行了访谈。
③ 《电讯报》2007年1月30日。
④ 2014年9月1日，笔者对谭惠美和谢亚韫进行了访谈。

配的帷幔和桌布，我开始回想起20年前的景象，当时，这家餐厅里的60张绯红色的座椅都坐满了人。也许大部分的食客应该都会点一份金门酒家自制的波士顿奶油派作为甜点吧。"①

7A 餐厅（司徒比尔提供）

金门酒家的龙凤玄关（艾米·史密斯提供）

---

① 《电讯报》2006年8月1日。

司徒育亭与7A餐厅壁画（司徒比尔提供）

翠园酒家开张典礼［前排中部的白人为约翰·克罗斯比（John Crosbie），时为加拿大联邦驻纽芬兰和拉布拉多省总督，前加拿大财政部部长］（谭惠美提供）

金门酒家外观（艾米·史密斯提供）

翠园酒家的内部装饰（谭惠美提供）

金门酒家、7A 餐厅和台湾酒家的所有者都是 1949 年纽芬兰加入加拿大联邦之前移民此地的华人。金门酒家的所有者为熊氏家族,他们最早于 20 世纪初期（1910 年前后）从广东台山来到纽芬兰谋生。而关于台湾酒家,其所有者谭惠美的祖父谭锦潮（Tam Kim Chow）1911 年 7 月 11 日出生在中国广东开平,他是 1935 年 7 月 2 日从纽芬兰西南部的巴斯克港（Port-aux-Basques）进入当时还是英国自治领的纽芬兰定居的。① 和其他当时为了寻求更好的生活而离开中国出外谋生的华人移民一样,华人餐馆的早期经营者们并未受过专业的厨师培训。作为二代华人的厨师区纳维曾说:"老华人都是在各个地方做厨房帮工的过程中学会烹饪技能的,当他们存够了钱,就会开一家自己的餐馆。"②

在金门酒家和台湾酒家最辉煌的时期,很多纽芬兰人品尝过餐馆烹制的美式中餐和所谓的"正宗"中餐。谭燦洲回忆道:"从 20 世纪 70 年代到 90 年代,金门酒家当之无愧是纽芬兰最好的中餐馆,也是圣约翰斯最好的餐厅之一。每天晚上都座无虚席,在餐馆周围你根本不可能找到一个停车位。"③ 熊楚亮医生也回忆说:"当时如果你想订金门酒家的位子,你必须提前一两个月预约,真可谓是一位难求。"④

很多人在阐释这些餐馆拥有豪华外观的原因时,通常会强调所有者经济上的成功和财富上的充足,或者,如熊楚亮医生所言,是餐馆主人希望通过营造一种中国氛围来吸引顾客。⑤ 在纽芬兰省府圣约翰斯之外的小城镇,许多中餐馆,如科纳布鲁克（Corner Brook）市的谭氏餐厅（Jackie Tan Restaurant）、龙餐馆（Dragon Restaurant）和李氏餐厅（Jiwen Restaurant）,甘德市的东海餐厅（East Ocean Restaurant）和远东酒家（Highlight Restaurant）、格兰弗斯 - 温莎镇的台湾酒家,以及克莱伦维尔镇（Clarenville）的大同酒家（Tai Hong Restaurant）等,在内部装饰上都

---

① 2013 年 10 月 6 日,笔者在圣约翰斯对谭惠美进行了访谈。
② 2014 年 5 月 26 日,笔者对区纳维进行了在线访谈。
③ 2012 年 2 月 2 日,笔者在圣约翰斯对谭燦洲进行了访谈。
④ 2013 年,笔者在圣约翰斯对熊楚亮进行了访谈。
⑤ 2013 年,笔者在圣约翰斯对熊楚亮进行了访谈。

表现出非常明显的中华特色。① 但是，在这些表面因素之下，更深层次的原因或许是，老一辈华侨华人希望把这些巨型结构的、象征中国和中华文化的符号标记，放置于留存了自我移民记忆的特定文化地理空间中。在这些华人餐馆主的记忆中，华人在过去受到了压迫和歧视性的对待，而如今，他们希望通过这些标志自我商业成功的建筑彰显自身与其他族裔平等的文化和族裔身份。在这个意义上，建筑成为了一种铭记族群历史的方式。而中餐馆中的另一物件——菜单，也参与了历史的建构和书写，正如威尔斯所发现的："我点了一份木须肉配薄煎饼。很快，服务生便告诉我们，这道菜现在已经停售了，因为从前薄煎饼都是主厨的母亲亲手制作的，但是，自从老人去世以后，煎饼便无人继续制作了。这样的解释听起来似乎有点怪怪的。无论如何，我们还是希望新菜单能尽快做好，这样就能准确地知道餐馆到底供应什么菜肴了。"②

科纳布鲁克市的谭氏餐厅大堂

---

① Li, Mu. 2016. "Chinese Restaurants' Interior Decor as Ethnographic Objects in Newfoundland". *Western Folklore* 75, No.1, pp. 33 – 76.

② 《电讯报》2006 年 8 月 1 日。

科纳布鲁克市的谭氏餐厅收银处

科纳布鲁克市的谭氏餐厅龙凤门

从普通顾客的角度而言，威尔斯的抱怨情有可原，但是一份老菜单和每道菜肴背后的故事，与斑驳脱落的墙壁和残旧破败的家具一样，也承载着餐馆的"过去时光"，或者在更广泛的意义上，深刻着圣约翰斯华人社区的历史。说到金门酒家，威尔斯带着哀婉的情感回忆道："那个时候,如果你想外出吃顿中餐,金门酒家是不二选择!"① 在一定程度上说,老一代餐馆的衰落象征着老一辈华侨(华人)的离去,同时也意味着一种生活方式的退却。

赵莉莉(Lily Cho,音译)曾说:"中餐馆不仅仅标示着新旧移民之间的关联,它还是华人与非华人社区之间发生互动的场所。"② 图尔戎和帕斯蒂内利非常强调民族餐馆所具有的模糊性和多义性,他们以此将民族餐馆定义为萌发跨文化交流与挪用的"居中空间"(in-between spaces):"民族餐馆处在本民族与全社会互动的边界上,既是私密的,又面向所有人开放。"③ 即是说,民族餐馆的私密性表现在它往往是在一个自足的空间向本民族民众或者那些知晓并尊重该文化的族外人展现自身文化;同时,对于那些对民族文化语境缺乏了解的局外人而言,民族餐馆内部的种种装置构成了一次充满异域风情的公共展示事件。④

当卡尔·威尔斯迈入位于圣约翰斯市中心的香港餐厅(Hong Kong Restaurant)时,他第一眼并未发现这个空间存在任何特别之处。他将这个餐厅在空间上描绘为一个狭长的房间,里面的色调以绿色为主,整个空间都比较暗,摆放着一些圆桌和黑色的管状金属椅子。⑤ 但是,他很快注意到,餐馆的墙上都装饰着中国传统绘画和风景画。在笔者看来,中餐馆的经营者们往往会通过餐馆的内饰软装来展现华人的身份特征,并以此向顾客保证自身供应的食品的本真性。⑥ 这些中餐馆所展现的中国文化的诸多面向,均反映了中国文化中与商业成功相关的传统信仰。例如,威尔斯评论香港餐厅中摆放的鱼缸时说:"风水师应该会特别赞同将鱼缸放在靠近出入口北面的角落。很显然,一个养着金鱼的鱼缸会增加室内

---

① 《电讯报》2006 年 8 月 1 日。
② Cho, Lily. 2010. *Eating Chinese: Culture on the Menu in Small Town Canada*. Toronto: University of Toronto Press, 13.
③ Turgeon, Laurier, and Madeleine Pastinelli. 2002. "'Eat the World': Postcolonial Encounters in Quebec City's Ethnic Restaurants". *Journal of American Folklore* 115, No. 456, p. 251.
④ Turgeon, Laurier, and Madeleine Pastinelli. 2002. "'Eat the World': Postcolonial Encounters in Quebec City's Ethnic Restaurants". *Journal of American Folklore* 115, No. 456, pp. 250 - 251.
⑤ 《电讯报》2006 年 5 月 30 日。
⑥ Li, Mu. 2016. "Chinese Restaurants' Interior Decor as Ethnographic Objects in Newfoundland". *Western Folklore* 75, No. 1, pp. 33 - 76.

的活力。这也将为餐馆带来更多的顾客,并因此而增加收入。"① 为了实现吸引顾客、招财进宝的目的,许多中餐馆的经营者们会在收银台处放置一个招财猫。在圣约翰斯市中心的竹园餐厅(Bamboo Garden),甚至在餐馆中部靠墙处设置了一个神龛。在这些案例中,传统中国有关祈福请运的传统信仰被中餐馆的经营者们鲜活地传承下来,但是,在很多情况下,这些传统信仰都是内向性的,餐馆经营者们并未希望通过这种方式展现或者"出售"自身的文化传统。

在四年之后的2010年,当威尔斯再次光临香港餐厅,他惊讶地发现餐馆内饰并未发生任何改变:"它看起来与那些数以千计的开了很长时间的家庭式中餐馆并无二致。在这里,你会看到与别处相同的金鱼缸、中国画,用了很长时间的地毯、金属椅子,以及安装了玻璃转盘的大圆桌。"② 在这个意义上,香港餐厅等中餐馆由于装修风格的相似,本身也成为了一种中餐馆展现自我文化身份的传统。为了深入认识和理解这一传统,蒙特利尔出生的加拿大华裔艺术家谭凯伦(Karen Tam)启动了一项名为"金山餐馆"(Gold Mountain Restaurants)(2012—2017)的装置艺术项目,向观众展示传统北美(加拿大)中餐馆的内部空间摆设和软装。谭凯伦认为,每一个中餐馆都是"一个对于想象的中国的隐喻,这个中国是由西方想象的,同时又是华人在西方世界中重构出来的地方"。③ 在这些装置作品中,谭凯伦关注的重点并不在于"食物",而是中餐馆实在的物理空间布局和可触摸的实物,如家具和餐具等,所有的展品都来自展览地当地的华人社区。赵莉莉评论道:"金山餐馆"类似于她所研究的那些加拿大西部的中餐馆,"相较于21世纪忙碌繁荣的温哥华和多伦多的大都市唐人街,看起来是那么地老派和过时,它们根本跟不上由于新移民的到来所引起的巨大变革的步伐"。④

谭凯伦的装置艺术虽然通过呈现中餐馆的物理空间而唤起了一种将

---

① 《电讯报》2006年5月30日。

② 《电讯报》2010年4月24日。

③ Tam, Karen. 2006. Quoted from The Hillman Soo's Archive & Virtual Tour Series. http://www.hillmanweb.com/tam/ [accessed on 22 July 2015].

④ Cho, Lily. 2010. *Eating Chinese: Culture on the Menu in Small Town Canada*. Toronto: University of Toronto Press, 74.

中餐馆的建筑和空间布局视为一项传统的意识，但是，她同样为后来的艺术家留下了巨大的发展空间。例如，她并没有为我们展现菜单上的空间与布局。对此，赵莉莉认为，加拿大西部的中餐馆在菜单上"创造"了一种特殊的语言和修辞，使之成为了在加拿大文化内部流传广泛的一种特殊文本结构方式。① 赵氏如是说："看着这些在一定地理空间范围内存在着的菜单，你很容易发现它们之间是如此相似。它们使用相同的方式排版，它们在内容上包含着相同的食物分类方式（如头盘前菜、汤羹、炒杂碎、炒面、煎芙蓉蛋，等等）。它们完全是按照相似食客的餐饮预期而结构的。"② 在赵莉莉看来，对于非华人顾客而言，中餐馆菜单的标准化使得中餐甚至华人的民族特色，都是可以预期且因此而令人感到愉悦的。当我们以相似的眼光去细致地看待纽芬兰中餐馆的菜单时，可以发现，菜单上列出的菜肴的顺序，不仅表现出是为了安抚非华人顾客对于中餐的焦虑，而且，有意或者无意地，这一顺序似乎很明显地将当地人的需求优先考量。在这些菜单中，诸如馄饨汤、炸馄饨皮、炒饭和炒杂碎等美式中餐，无一例外地全被列在首页，随后才是那些更"正宗"的中式菜肴。这样的安排当然是出于经济效益和实际操作方便的考虑，但是，这样的形式实际上并不利于推广中华饮食文化。

在北美小城镇中，中餐馆的这种以非华人食客/美食旅游者为中心的特性，也表现在其菜肴缺乏发展变化这一特点上。安德鲁·克伊（Andrew Coe）说："在20世纪40年代初期，中餐馆的菜单便固定下来了，菜肴变化很少。它们的菜肴止步于那些平淡无奇的东西。……魔法和激情从中餐中消失了。"③ 这一描述与纽芬兰中餐的历史与现实大体是吻合的。有时，中餐馆的菜肴非但没有发展，反而退步了。威尔斯在老新月餐厅（New Moon Restaurant）④ 的经历正好表明了这一点："当我看到自

---

① Cho, Lily. 2010. *Eating Chinese: Culture on the Menu in Small Town Canada*. Toronto: University of Toronto Press, 67.

② Cho, Lily. 2010. *Eating Chinese: Culture on the Menu in Small Town Canada*. Toronto: University of Toronto Press, 67.

③ Coe, Andrew. 2009. *Chop Suey: A Cultural History of Chinese Food in the United States*. Oxford: Oxford University Press, 210.

④ 当然，新月餐厅在前老板和厨师汪洋及其后继者的创新下，已经变得以正宗中餐为主。

助餐台上真正的中餐菜肴的数量时,我稍微有点惊讶,它只有本地其他中餐馆自助餐台供应数量的一半。很多的中餐自助餐厅会提供馄饨汤,但是新月却没有,只有豌豆浓汤、薯条和炸鸡(我想,这些都是为小孩和不吃中餐的人准备的)。除了酱油以外,我没有看到其他任何特别的调料。"① 一些中餐爱好者如果看到像新月餐厅一样的餐台,可能会觉得困惑:这还是中餐吗?图尔戎和帕斯蒂内利所指出的,"与餐厅的经营者们不同,民族餐馆的顾客们就餐的目的是为了寻找与自己熟悉的日常菜式不同的正宗菜肴,是为了获得异国风情的经历,他们大体都是受过良好教育且经济地位优越的人士"。② 因此,克伊评论道:"除非是发生改变,不然中餐馆就会因为缺乏特色而面临生存的危机。"③ 按照他的说法,像新月餐厅一样的中餐馆只有改变自身,才有可能在未来取得成功。

然而,需要指出的是,中餐菜肴演进的停滞,极有可能是华人移民和北美当地主流社群在文化涵化过程中相互协商和博弈的结果。④ 可以想见,诸如馄饨汤和炒杂碎等流行的美式中餐菜肴,并不是早期华人移民研发出来的全部新菜,它们无疑在跨文化传播过程中经过了多次筛选和淘汰而剩下的精品。在这些成功保留下来的美式中餐菜肴中,一些菜肴会因为选用的食材和烹饪的方式而被认为更像中餐。例如,馄饨本来就是非常常见的中华传统美食,而且美式中餐中的馄饨汤中通常也会放葱末、酱油和叉烧等一些传统的中国配菜和调料。而牛肉炒西兰花从烹饪方式而言是将蔬菜和肉类混在一起翻炒,这是中餐烹饪的一大特色。但是,其他的一些菜肴则非常西化,如威尔斯所言:"在所有美式中餐的菜肴中,杏仁酥鸡(Almond Soo Guy,即前文所述笔者在新城餐厅所见菜肴)估计可算是最北美化的食物了。你看,它是炸鸡配酱汁。我想这是为那些觉得甜酸炸鸡球配滑腻的粉色甜酸酱太怪异的人而发明的。"⑤

---

① 《电讯报》2008 年 4 月 15 日。

② Turgeon, Laurier, and Madeleine Pastinelli. 2002. "'Eat the World': Postcolonial Encounters in Quebec City's Ethnic Restaurants". *Journal of American Folklore* 115, No. 456, p. 259.

③ Coe, Andrew. 2009. *Chop Suey: A Cultural History of Chinese Food in the United States*. Oxford: Oxford University Press, 210.

④ Li, Mu. 2014. "Wanderers between Cultural Boundaries: Exploring the Individual Expressions of Chineseness in Newfoundland". PhD diss., Memorial University of Newfoundland.

⑤ 《电讯报》2007 年 2 月 27 日。

威尔斯上述提到的杏仁酥鸡和甜酸炸鸡球,属于美式中餐的代表性菜肴,其特征是使用深度油炸方法烹制并配上浓汁。美式中餐中的菜肴,无论是那些因为选用了传统的中国食材或者烹饪方式而更像中餐的餐点,还是那些更受西方菜式影响的餐点,在北美的语境中,对于大多数的食客来说,都是中餐,而且通常可以在所有中餐馆的菜单上看到。与那些在传统的民族国家边界中被定义的传统佳肴不同,美式中餐超越了中国民族国家甚至中华文化圈的边界,它们是在跨文化交流的语境中被创造出来的一种海外的民族饮食文化符号。

除了族裔和地理空间的延展性,作为文化符号的美式中餐在代际和年龄上同样具有张力。一位名叫艾拉(Ella)的小女孩,陪同卡尔·威尔斯一同到中国楼餐厅点外卖,她评价说中国楼的甜酸炸鸡球是"最棒的",其中的亮点是秘制的甜酸酱,但是,正如威尔斯所言:"这里的甜酸酱,就是那种从圣约翰斯到英属哥伦比亚省的萨里(Surrey)的中餐馆都同样使用的玫瑰色的用玉米淀粉调制出来的浓汁。"① 非常有趣的是,在这一事件中,通过品鉴中餐,一位六岁的白人小姑娘也平等地参与了关于何谓华人性和何谓中餐的讨论。可见,与餐饮相关的诸如烹饪方式、上菜摆盘和就餐形式等活动,为华人与非华人之间在不同场合交流与协商离散华人及其文化的属性,提供了条件和场域。在这一过程中,中餐馆成为了哈贝马斯意义上的公共领域(public sphere)的具体场所,连接着私人领域(private sphere)和公共权力领域(sphere of public authority)。在公共领域中,人们联合在一起成为一个公众群体,共同对所关心的问题进行辨析、讨论甚至激烈地交锋。② 哈贝马斯认为,在"公共领域"中,"会产生一种公共意见。社会中的所有公民都可以进入这一场域参与公共意见的建构。公民之间的任何一次对话都可以生成这样的公共领域,在这一过程中,原先独立的个体联合起来组成了一个公众群体"。③

依据哈贝马斯的观点,中餐馆的区域也可以划分为三个紧密关联的

---

① 《电讯报》2011年6月25日。
② Habermas, Jürgen. 1989. *The Structural Transformation of the Public Sphere*: *An Inquiry into a Category of Bourgeois Society*. Cambridge, MA: MIT Press, 27.
③ Habermas, Jürgen. 1964. "The Public Sphere: An Encyclopedia Article". Translated by Sara Lennox and Frank Lennox. *New German Critique*, No. 3, p. 49.

领域：私人领域、公共领域和公共权力。首先，中餐馆为华人提供了一个私密的、仅属于本族群的空间，这对于小城镇的中餐馆而言尤其如此："小镇上的中餐馆除了是一块飞地以外，什么都不是。"① 如赵莉莉所言，"小镇上的中国餐馆并不是一个象征同化和融合的符号，而是一个反同化的标志"。② 在中餐馆的空间中，基于历史上形成的以白人为尊而华人相对处于低位的歧视性社会结构，顾客在一定意义上可被视为公共权力的拥有者。就饮食文化本身而言，白人的优越性也反映在主流文化对于"上等美食"（gourmet）和"民族餐点"（ethnic）的区分上。图尔戎和帕斯蒂内利发现，法国餐厅一般会被认为是上流餐厅，而不会被看作民族餐馆，即使它们同样符合民族餐馆强调自身民族饮食文化特色的特征。③ 他们同样发现，对于那些他们研究中的受访者（大部分为本土出生的魁北克白人）而言，"民族餐馆意味着便宜和平淡无奇。只有当它们的菜式变得复杂精致且价格昂贵时，它们才会进入美食的行列"。④ 至关重要的是，所谓"复杂精致且价格昂贵"的民族菜式或许只适用于那些白人民族的菜肴。

　　正因为加拿大等多元社会中存在的族裔间地位不平等现象，原来以白人中产阶级为中心的公共领域话语，一定程度上并不存在于不同民族和文化背景的个体相互接触和互动的情形中。一个多元社会中的公共领域，只有在来自不同民族文化背景的个体都能如其他公民一样平等地进行表达时，才有可能真正形成。因此，对于具有强势主流文化的多元文化社会（如纽芬兰）中的离散华人而言，由于他们仍然在为平等权利而奋斗，所谓的公共领域还在形成的过程之中。如要将中餐馆转变为一个公共领域，就需要将这些餐馆的经营模式从饮食消费导向（consumption-oriented）转变为美食家导向（connoisseur-oriented）。所谓饮食消费导向，

---

　　① Cho, Lily. 2010. *Eating Chinese: Culture on the Menu in Small Town Canada*. Toronto: University of Toronto Press, 50.

　　② Cho, Lily. 2010. *Eating Chinese: Culture on the Menu in Small Town Canada*. Toronto: University of Toronto Press, 52.

　　③ Turgeon, Laurier, and Madeleine Pastinelli. 2002. "'Eat the World': Postcolonial Encounters in Quebec City's Ethnic Restaurants". *Journal of American Folklore* 115, No. 456, p. 258.

　　④ Turgeon, Laurier, and Madeleine Pastinelli. 2002. "'Eat the World': Postcolonial Encounters in Quebec City's Ethnic Restaurants". *Journal of American Folklore* 115, No. 456, pp. 258–259.

"具有翻台率高、价格便宜和就餐场合非正式性"等特点,而美食家导向中,食客往往具有较高的经济地位和充分享用食物的时间。另外,他们往往还更多具有延展性的文化资本。① 就美食家导向的餐厅而言,"它们的食物在呈现的时候会让人觉得更具有艺术感或者更正宗……这些餐馆的菜单中会包含更多的类别,而且每一类下面的菜肴数量也会更多,为食客提供了更多的选择。除了那些非常受欢迎的菜肴以外,还会有'主厨秘制'或者'本店特色'类的餐点。一些工序非常复杂的菜肴也会在这些餐馆中供应"。② 卡尔·威尔斯在圣约翰斯及附近地区的中餐馆之旅中,对本地缺少正宗的中餐而感到有些遗憾:"我们这里连一个唐人街都没有,真的是太糟糕了,我们都没有地方可以真正吃到一些完全正宗的中餐。或许有一天,会有一位非常勇敢且富有开拓精神的老板在我们这里开设一家主打正宗中国菜的大馆子。"③ 为了回应市场对正宗中餐的需求,与北美其他地方一样,一些纽芬兰的中餐馆从 21 世纪初开始将一些正宗的中餐加入已有的菜单中。④ 当然,所谓的"正宗"也是一种"在地性建构的民间观念"。⑤ 虽然没有绝对意义上的真正的"正宗中国菜",无论厨师还是食客都会依据自身的知识和生命经验来定义何谓"正宗"。⑥ 今天,在圣约翰斯可能很少人还会将杏仁酥鸡或者甜酸炸鸡球等菜肴认定为正宗中餐,更多的人则可分辨出广式中餐和川菜之间的区别。现在,在圣约翰斯许多大大小小的中餐馆中,这些不同菜系的中餐常见于餐馆的菜单之中。竹园餐厅一类的小餐馆,如今也是笔者和自己的华人朋友时常聚会的场所。

---

① Lu, Shun, and Gary A. Fine. 1995. "The Presentation of Ethnic Authenticity: Chinese Food as a Social Accomplishment". *Sociological Quarterly* 36, No. 3, pp. 544–545.

② Lu, Shun, and Gary A. Fine. 1995. "The Presentation of Ethnic Authenticity: Chinese Food as a Social Accomplishment". *Sociological Quarterly* 36, No. 3, pp. 545–546.

③ 《电讯报》2007 年 2 月 27 日。

④ Li, Mu. 2014. "Wanderers between Cultural Boundaries: Exploring the Individual Expressions of Chineseness in Newfoundland". PhD diss., Memorial University of Newfoundland.

⑤ Lu, Shun, and Gary A. Fine. 1995. "The Presentation of Ethnic Authenticity: Chinese Food as a Social Accomplishment". *Sociological Quarterly* 36, No. 3, p. 538.

⑥ Li, Mu. 2014. "Wanderers between Cultural Boundaries: Exploring the Individual Expressions of Chineseness in Newfoundland". PhD diss., Memorial University of Newfoundland.

就现有资料而言，很难追溯正宗中餐进入纽芬兰的时间，但是，中国楼的前老板谭燦洲自称是纽芬兰做川菜（酸辣汤、宫保鸡丁、麻婆豆腐等）的第一人，而中国楼的川菜在当地广受欢迎。该餐厅的一位常客是纽芬兰前省长丹尼·威廉姆斯（Danny Williams）的父亲。谭燦洲回忆说："老威廉姆斯在去世之前是一位中国菜的大粉丝，他几乎每一天到我的餐厅吃饭。后来他的健康状况恶化，但是他只要一有机会，便会到中国楼就餐。有时候，他到医院接受治疗后，先直接到我这里吃饭后才回家。"[1] 与此相似，卡尔·威尔斯也记起当年圣约翰斯前市长安迪·威尔斯（Andy Wells）对于中餐的狂热之情。那是在20世纪70年代末期，安迪·威尔斯常到金门酒家就餐。每一次，一到餐厅，他便告诉服务生和同行的人："你们知道我要点什么，我要什锦（sub gum）炒面！试试，这是这里最好吃的菜！"[2] 由于顾客对正宗中餐的接纳和喜爱，很多更为复杂精致且充满异国情调的菜肴不断在纽芬兰出现。本章在此选取了三道卡尔·威尔斯在食评中品鉴过的菜肴作为代表进行描述：一是竹园餐厅烹制的有嚼劲、稍微有点硬的洋葱和青椒炒鸡杂[3]；二是上海滩餐厅的特色菜酱猪肘[4]；三是苏记食家的三吃广式北京烤鸭[5]。

具体而言，第一和第二道菜的异国情调和民族特色在于它们的食材——鸡杂和猪肘，这些都不是纽芬兰人餐桌上的家常菜。最后一道菜的特别之处不仅在于名称所提示的远方——广州、北京，更在于它的食用步骤和方式（即传统北京烤鸭的食用方法）。另外，这三道菜都是中国厨师运用传统的中式方法进行烹制的，间接起到了教导非华人顾客如何处理和食用食材的传统方式的作用。而且，尤其需要指出的是，无论是华人厨师还是一般顾客，都将这些菜肴视为正宗的中餐。例如，对于竹园餐厅，威尔斯说道："我的很多华人朋友已经向我多次推荐这家新开的竹园餐厅了，因为它主打的是正宗的中餐。"[6] 与竹园餐厅依靠口碑传布

---

[1] 2012年，笔者在圣约翰斯对谭燦洲进行了访谈。
[2] 《电讯报》2006年8月1日。
[3] 《电讯报》2010年12月24日。
[4] 《电讯报》2007年5月22日。
[5] 《电讯报》2009年10月31日。
[6] 《电讯报》2010年12月24日。

菜肴的传统性不同，上海滩餐厅非常直接地在广告中宣告了自身的"正宗性"，对此，威尔斯说："当我看到上海滩餐厅在电话黄页上发布的广告时，我感到稍许难为情。它读起来让人觉得是一个为嘉年华或者狂欢节写推销广告的人所写的东西。这段广告在开篇之处便写道：'大西洋地区最正宗的中餐和亚洲菜肴！'接着又说：'如果你要找的是最好吃的中餐，那么我们就是你追求的唯一！'更有甚者，餐厅电话号码的英文拼写是753 - BEST（2378）。"①

赵莉莉认为："离散群体（diaspora）并不仅仅只是在那里。他们并不是简单地由于共同的历史、相同的种族和宗教而连结在一起的人们的集合体，或者单个个体所组成的社区……他们其实是与权力关联在一起的。离散群体都是因为与权力之间的关联而出现的。"② 在本章的案例中，所谓的权力一部分是来自饮食文化本身无可置疑的中华文化根源，这使得华人移民可以有权鉴别和判断餐点的本真性。在这里，本真性变成了区分"自我"与"他人"的有效策略，从更深的意义上来说，对于中餐本真性的探讨本身也成为了一个华人的"自留地"，他们可以通过对于中餐本真性的评判来获取协商华人民族性的权力。

在纽芬兰东部市镇克莱伦维尔的大同酒家，卡尔·威尔士遭遇了一次意想不到的经历。威尔斯在大同酒家就餐时，发现餐馆老板辛迪（Cindy）和家人正在餐厅的一个安静的角落吃晚饭，于是他出于好奇，询问餐馆老板——他们正在享用的是什么菜肴。辛迪告诉他，那是正宗的中餐，是用一种根茎类的蔬菜炒肥牛肉，中国人都非常喜爱这道菜，但似乎并不符合当地客人的口味。③ 辛迪有关本真性的定义，代表了一种将华人与她的本地非华人顾客相分离的倾向。餐馆内安静角落的桌子就如同一个作为旅游目的地后台的族裔空间。这一空间并不欢迎甚至不允许局外人或者美食旅游者随意进入、触摸或者品味，但是可以同意他们从远距离观看，就如同隔着展柜或者展台的玻璃欣赏博物馆中珍贵的藏品一样。

---

① 《电讯报》2007年5月22日。
② Cho, Lily. 2010. *Eating Chinese: Culture on the Menu in Small Town Canada*. Toronto: University of Toronto Press, 15.
③ 《电讯报》2007年2月27日。

第五节　作为逆公共领域的中餐馆

　　大同酒家的餐馆主所落座的那个安静角落的桌子，让笔者想起了从前每一天用餐高峰结束之后自己与其他服务生（包括华人和非华人，但苏记食家的非华人服务生在饮食习惯方面已经非常类同于华人）一同坐在苏记食家大厅角落或者边上的餐桌旁用员工餐的场景。苏记食家的员工餐与威尔斯所描写的大同酒家的辛迪及其丈夫所食用的晚餐非常相似。在很多情况下，苏记食家的员工餐所用的也是那些"不是太好"、因此无法供应给顾客的食材。员工餐的餐桌上通常会摆放筷子、碗和白米饭，而不是一般摆放在顾客餐桌上的刀叉、盘子和炒饭。在苏记食家，员工餐桌与客人餐桌最大的区别在于，员工餐桌上并没有铺设桌布和摆放餐巾。这一区别使得员工餐桌在整个餐馆大厅中构成了一个非常明显的开放空间。一些顾客，特别是那些与餐馆主关系不错的常客，如餐馆主的音乐老师鲍勃（Bob）和餐馆主的代表律师汤姆（Tom），通常会对员工餐桌上的食物表现出极大的兴趣。很多时候，当他们看到员工餐时，会非常失望，因为餐桌上的食物并无特别之处，有时还不是"正宗"的中餐，而是与客人们所食用的食材相同的食品的"边角料"。然而，没有正宗的中餐，而且员工中还有为数不少的白人（甚至还有一位印度人），但无论餐馆的员工或者客人都将苏记食家中的这张桌子认作"中国桌子"，它被看成一个塑造和彰显华人身份的场域。

　　华人身份会在这样的场合中萌发出来，首先是因为民族餐馆的员工们在此处聚集而创造了一个华人空间。当员工们开始用餐时，餐馆中的表演形式和场景呈现方式，便由原先如博物馆般静止的展示，转变成为了现场剧场化的表演，而表演的内容便是华人的族裔身份。在此，表演的核心并不是表演的内容以及表演的具体形式，而是表演的主体以及表演进行的场域。当员工餐桌上摆放着与顾客相似或者从品质上而言"更差"的菜肴时，顾客们会很容易倾向于认为自己所食用的餐点是更为正宗的。在这个意义上，他们便可不再把自己视为仅仅接受美式中餐的思想保守和墨守成规的老派食客，而将自己看作在日常生活中尊重其他文化的思想开放和具有世界眼光的"城里人"。当非华人顾客看到自己所点的菜肴，如姜葱牛肉、火焰牛肉丝、星洲炒米和烤鸭等，同样也是华人食客所钟爱的菜肴时，他们的上述观点便会得到进一步强化。通过这种看和被看的互动过程，苏记食家的许多顾客认为自己在饮食习惯上更接近华人，而非自己本族人，因为后者更喜欢食用甜酸炸鸡球和杏仁酥鸡。笔者的朋友詹森·金（Jason King）是一位地道的英裔白人，出生于纽芬兰中部小镇，但是却十分喜爱正宗华人美食，他在食用中餐时往往会嘲笑其他白人"只会吃甜酸鸡球和塞满美式中餐的套餐"。而且，很多非华人食客也逐渐接受了使用筷子和碗等餐饮用具以及其他用餐习惯。例如，当笔者准备为一对苏记食家的常客——杰瑞（Jerry）和安娜（Anna）夫妇提供刀叉的时候，他们很快止住笔者说："请给我们拿筷子吧！"在苏记食家这样的美食家导向餐厅，华人身份并不是由白人的"霸权"和纯粹的利益驱动所盲目设定的，而是通过跨族裔协商和博弈建构的，更常见的情况是，协商的结果往往是来自当地主流社会和主导民族的顾客转而依照华人的饮食行为和口味行事。

　　白人顾客对于华人习性的"遵从"，有时会造成对于"华人"标签运用的排他性，即在将某些菜式定义为中餐的同时，又会将某些菜式排除在"中餐"的范畴之外。根据笔者的田野调查，许多华人顾客很不情愿尝试美式中餐，他们认为这些菜肴不可食用，至少也是食之无味的。究其原因，是因为食材并不是源于中国，而且，创造菜品的目的是为了迎合非华人食客的口味需求。在更深的程度上而言，华人对于美式中餐的拒绝，根源或许在于美式中餐从起源上来说是华人屈从于主流文化的产物。但是，当华人顾客在品尝了美式中餐以后，他们通常惊讶地发现其口味与"正宗"中餐十分相似。例如，2012年8月21日，笔者的朋友张嘉杰（Jacky Zhang）与他的两位华人朋友和一位白人朋友到苏记食家就餐。那位白人朋友是他们的客人，提议选择"四人套餐"（dinner for 4）——苏记食家的"四人套餐"中所包括的菜肴几乎全为美式中餐：馄饨汤、炸蛋卷、鸡肉炒饭、杏仁鸡肉蔬菜丁、蒜香蜜汁排骨、甜酸炸鸡球、牛肉炒西兰花以及幸运签语饼等。为了不扫客人之兴，同桌的华人们都同意点此四人套餐，但是，他们其中的一个人小声用中文问笔者："这些都能吃吗？"在他们用餐期间，笔者到桌旁询问就餐情况，包括华人在内的所有人都对美式中餐菜肴的口味称赞有加，觉得与他们所熟悉的"正宗"中国菜肴并无二致:"这就是中国菜!"中餐馆的厨师如谭燦洲和熊元衮等都认为,将一些中餐类型定义为"美式"是非常具有误导性的,因为"这些菜肴是按照中国传统的烹饪方式制作的,而且它们非常美味"。因此,要评判某一特定的菜肴是否属于正宗的中餐,并不是依据口味或者烹饪方式,而是基于一些预先设定的与本真性和权力结构相关联的概念。这些概念是在不同文化群体为了争夺定义本真性的权力的互动过程中被建构的。

根据《纽约时报》华裔专栏作家詹妮弗·李(Jennifer 8. Lee)的说法,最好的和最正宗的中餐馆都应是仅以华人食客的口味和需求为导向的,在这一类型的餐馆中,非华人顾客的预期通常是被忽略的。[1] 在这种情况下,非华人顾客不得不接受传统中国的食材处理方式和用餐规矩,致使一个本应作为公共空间的餐馆,一定程度上变成了逆公共空间。[2] 这表明,在此进行的有关中餐的本真性以及其他有关华人身份等议题的讨论中,华人的声音远远超过了其他族群的意见。这似乎预示着许多华人餐馆"已经开启了一种新的发展趋势,并开始进入中餐发展历史的新篇章"。[3] 于是,"正宗"的中餐正逐渐成为许多标榜本真性的中餐馆菜单中的主打菜式。

这种对华人及其文化进行赋权(empowerment)的方式,一定程度上扭转了常见的东方对于西方的妥协和服从,中餐馆及其所标榜的华人文化的成功得益于北美,特别是加拿大所奉行的多元文化政策,这一政策至少从制度上确保了文化平等的基本态度。当然,多元文化政策是主导民族对于其他民族的让步,目的是缓和自身内部的种族冲突与文化对抗。因此,在这个意义上,文化赋权本身也来自主流社会的应许。理查德·威尔克(Richard R. Wilk)在研究中发现,"正宗的伯利兹美食"的出现

---

[1] Lee, Jennifer 8. 2008. *Fortune Cookie Chronicles: Adventures in the World of Chinese Food*. New York: Twelve, 212–213.

[2] Cho, Lily. 2010. *Eating Chinese: Culture on the Menu in Small Town Canada*. Toronto: University of Toronto Press, 214.

[3] Liu, Haiming, and Lianlian Lin. 2009. "Food, Culinary Identity, and Transnational Culture: Chinese Restaurant Business in Southern California". *Journal of Asian American Studies* 12, No. 2, p. 143.

是为了迎合西方旅游者刻意追求本地特产的需求，而对于伯利兹的居民而言，他们日常生活中的饮食大体是从西方进口的食品。[①] 与之相类，在多元文化的权力话语中，对于华人群体的文化赋权，很大程度上仍然根植于依旧十分稳定的、以白人为中心的权力结构，即是说华人餐馆可以售卖正宗中餐的现象，很大程度上可以被理解为美食旅游对于正宗中餐存在极大需求的直接后果，当然，与此同时，在迎合和满足美食旅游的过程中，无论是华人还是非华人都有机会重新定义和阐释华人性以及华人身份。赵莉莉的论述很清晰地表明了这一点："这些餐馆并没有给予华人民族性一个固定的和官方的定义，而是将自身呈现为非常适宜的逆公共空间。它们并没有构筑一个整合差异性的集合体，而是创造了一个不确定的且一直不断进行着博弈的差异性状态……它们提供了一个批判性的中介空间，在这一空间之中，通常是将问题呈现出来，并寻找解决的方法和思路。"[②]

本章小结

本章至此已经探讨了华人性是如何通过对华人饮食文化的表演、协商和阐释而建构和呈现的。在北美多元文化的语境中，由于不同族裔之间构成的权力结构一直处于不断变动的过程之中，个体关于华人民族性的理解从来都不是固定或者同一的。纽芬兰华人饮食文化的案例具有历史和社会的独特性，但是，地方性的问题只有放在更为宏大的地区、民族国家或者国际视域下，才能被更为充分和深刻地理解。在加拿大偏远和乡村地区发生的故事和获取的经验，实际上与华人移民的全球流动及民族文化的跨境和跨文化传播紧密相关。

在许多具有非华人背景的中餐馆食客看来，大多数的中国厨师通常都是隐藏在厨房中且不愿向外界透露姓名的，但是食物与他们具有实体

---

① Wilk, Richard R. 1999. "'Real Belizean Food': Building Local Identity in the Transnational Caribbean". *American Anthropologist* 101, No. 2, pp. 244 – 255.

② Cho, Lily. 2010. *Eating Chinese: Culture on the Menu in Small Town Canada*. Toronto: University of Toronto Press, 129.

存在性的餐馆建筑，往往作为文化使者跨越了族裔和文化边界，使得包括饮食文化在内的中华文化得以被认知和欣赏。正如文中运用的"美食旅游"视角所提示的，华人性以及华人身份认同首先是通过饮食文化来建构的，饮食文化通常也是非华人个体或群体认识、理解和尊重中国文化和中国人民的切入点。事实上，作为一项具有吸引力的旅游"名胜"，中餐并不单是传递那些预先设定的固定的文化内涵，而同样承载着非华人顾客群体对于在跨境和跨文化语境中，华人饮食文化的本真性、华人身份认同等问题的理解和阐释。基于华人与非华人在纽芬兰地区所共享的饮食经验，一种特殊的饮食文化记忆将被塑造和凝练成为构建双方之间更强有力的纽带和归属感的基础。在这个意义上，华人与非华人不再分别属于原先相互分离的群体，而是结合成为一个以地方性经验为基础的新社群，并具有相同的、糅合了中国经验和北美经验的文化身份。本章最末引用詹妮特·马歇尔的一段话作结语，并以之思考将中华饮食文化作为创造一个超越族裔边界的跨文化社区的共享性文化基础："在我们的商店中，我们遇到了很多很有趣的华人，他们是店中的常客，随着时间的推移，多年以后，我们都成为了彼此的朋友。"①

---

① 2016年5月5日，笔者通过邮件形式对詹妮特·马歇尔进行了访谈。

第 三 章

作为文化表演的中华传统舞蹈跨文化传播与传承

在众多的艺术门类中,作为中华文化重要组成部分和具象表征的中华传统舞蹈,长期以来便是文化中国与外部世界联结与交互的媒介和桥梁。总体而言,已有的舞蹈跨文化传播研究的主流,大抵是从历史学(舞蹈史)和舞蹈形态学的角度,探讨外来舞蹈元素对于中华传统舞蹈发生和发展的影响,以揭示文明内部经由文化交流所赋予的异域特质[1]。此类研究通常将舞蹈看作他者的文化遗存,是一种固定不变的存在,极少深入关注这些经过本土化改造和吸纳的文化本体在跨文化语境和跨语际实践中的变化、作用和影响。目前,少数学者开始立足中外文化交流的现实语境,开始思考中华传统舞蹈的跨境传播问题,试图构建理论与方法论的实践框架,拓展研究视域和路径。[2] 然而,这些研究所提出的构想尚处于草创阶段,并不细致成熟和具有可操作性。另外,以上研究的经

---

[1] 比如常任侠《丝绸之路与西域文化艺术》(上海文艺出版社1981年版),陆家桂《民族文化交流中的奇葩——乐舞诗中的唐代乐舞》(《中央民族学院学报》1988年第3期),史敏《敦煌壁画伎乐天舞蹈形象呈现研究——动静中的三十六姿》(《北京舞蹈学院学报》2007年第4期),陈自明《印度音乐舞蹈在中国的传播和影响》(《南亚研究》2010年第4期),孙泓《5—14世纪西域音乐舞蹈在朝鲜半岛的传播和影响》(《朝鲜·韩国历史研究》2011年),刘凤学《唐宫廷䜩乐舞研究》(《北京舞蹈学院学报》2014年第1期),赵婉莹、武秋卉《敦煌莫高窟壁画中的唐代舞蹈研究》(《戏剧之家》2014年第4期)。

[2] 例如,王安妮《中国民族舞蹈跨文化传播研究》,博士学位论文,中央民族大学,2014年;《关于建立孔子学院中国民族舞蹈特色课堂之可行性研究》,《北京舞蹈学院学报》2016年第3期;王光辉《中国民族舞蹈文化的传播之旅——华文民族舞蹈教育》,《北京舞蹈学院学报》2009年第4期。

验起点均为官方或半官方性质的海外教育机构，如孔子学院或华文学校等，往往忽略了基于民族文化认同的主体，自发通过民间形式进行的非官方及非商业性质的传播实践。

在民俗学和民族音乐学领域，学界对于舞蹈的关注，并不限于舞态、音乐以及服饰等具象化的表演语言，而是更多地探讨诸如权力关系和身份认同等超越视听官能的象征性因素[1]。在全球化及大规模移民潮涌现的现实语境中，许多研究者通过研究移民社区的舞蹈形态，呈现移民与母国之间绵延不断的文化与情感交流，试图理解和把握作为个人和民众群体身份标记的舞蹈，是如何在权力关系交错的文化网络中被传播和传承的[2]。这些研究表明，与民族和社区文化紧密相连的舞蹈，在移民迁徙的过程中，经历了文化语境和社会权力结构的重置（recontextualization and reconstruction）。在这一过程中，移民群体或个人，或将舞蹈实践作为保持自我文化身份的有效途径，或将其作为融入新社会的策略选择，或试图通过身体律动勾连母国传统与移居地的文化。然而，在跨境和跨文化的场域中，作为文化符号的舞蹈语言无可避免地面临着传播过程中的"翻译"问题。文化译介背后所反映的即是各传播主体之间相互博弈、众

---

[1] Borland, Katherine and Shella Bock. 2011. "Exotic Identities: Dance, Difference, and Self-Fashioning." *Journal of Folklore Research* 48, No. 1, pp. 1 – 36; Browning, Barbara. 1995. *Samba: Resistance in Motion*. Bloomington: Indiana University Press; Cowan, Jane. 1990. *Dance and the Body Politic in Northern Greece*. Princeton, NJ: Princeton University Press; Daniel, Yvonne. 2005. *Dancing Wisdom: Embodied Knowledge in Haitian Vodou, Cuban Yoruba, and Brazilian Candomblé*. Urbana: University of Illinois Press; Ness, Sally Ann. 1992. *Body, Movement, and Culture: Kinesthetic and Visual Symbolism in a Philippine Community*. Philadelphia: University of Pennsylvania Press; Mendoza, Zoila. 2000. *Shaping Society through Dance: Mestizo Ritual Performance in the Peruvian Andes*. Chicago: University of Chicago Press; Savigliano, Marta. 1995. 995. *Tango and the Political Economy of Passion*. Boulder, CO: Westview Press; Sklar, Deidre. 2001. *Dancing with the Virgin: Body and Faith in the Fiesta of Tortuga, New Mexico*. Berkeley: University of California Press.

[2] Borland, Katherine, ed. 2009. *Latin American Dance in Transnational Contexts. Journal of American Folklore* 122, No. 486; Buckland, Theresa Jill. 2001. "Dance, Authenticity, and Cultural Memory: The Politics of Embodiment." *Yearbook for Traditional Music* 33: 1 – 16; McMahon, Felicia Faye. 2005. "Repeat Performance: Dancing DiDinga with the Lost Boys of Southern Sudan." *Journal of American Folklore* 118, No. 469, pp. 354 – 379; Nahachewsky, Andrly. 2002. "New Ethnicity and Ukrainian Canadian Social Dances." *Journal of American Folklore* 115, No. 456, pp. 175 – 190; Ramírez, Olga Nájera. 1989. "Social and Political Dimensions of Folklorico Dance: The Binational Dialectic of Residual and Emergent Culture." *Western Folklore* 48, No. 1, pp. 15 – 32.

声喧哗的复杂图景。民俗学舞蹈民族志的书写,将展现跨文化传播过程中异常丰富的实践片段,并描述和反思能动主体在感知自我与他者的过程中所形成的本体论范式和认识论策略。中华传统舞蹈在北美,特别是如加拿大东部纽芬兰地区等偏远地方的传播历史和现状,勾勒了社会文化空间样态的流动性和丰富性,展现了文化交流过程中,各方权力和知识体系相互竞争与妥协的复杂性。

第一节　失语:中华传统舞蹈在纽芬兰的早期传播

自1895年华人移居纽芬兰起,至20世纪70年代,是中华传统舞蹈在纽芬兰传播的早期阶段。如此分期的原因,是基于对传播主体所属群体身份的考量。在前面章节中已经提到,在加拿大新移民政策实施之前的历史阶段(1967年以前),纽芬兰华人移民的主体是来自广东珠三角四邑地区的乡民,即文化上被称为"广府人"的群体。他们与后来的华人移民群体存在巨大的社会经济和文化方面的差异。然而,这一阶段的年代下限并未划在1967年的原因,是前述提到的1971年加拿大开始遵奉的"多元文化政策"更具有时间节点的重要性和辨识度,也更与后续的历史发展进程相符。

目前关于这个时期中华传统舞蹈在纽芬兰传播的材料极少,仅见一则,而且在内容上是与本地经验无关的。1925年1月3日,纽芬兰最重要的本地媒体《晚间电讯报》登载了一篇名为《公主找到了工作》(*Princess Obtains a Job*)的报道,讲述了一位逃亡美国的俄国末代皇室公主(Princess Ketto Mikeladze)与纽约百老汇街区的大型剧场(John Cort)签约的事件。① 据称,公主将要排演的是轻舞剧《中国玫瑰》(*China Rose*)。在剧中,她将表演少时在宫廷中学习的中华传统舞蹈。虽然此篇报道的内容与纽芬兰现实无关,但它将"中华舞蹈"作为一个确切的文化概念,放置于整个北美跨文化体验的大背景之中,间接介绍给了纽芬兰的普通读者,完成了中华传统舞蹈信息在当地的首次传递。从表面上看,中华传统舞蹈在纽芬兰传播材料的缺乏,乃是缘于两地之间舞蹈文化交流的不

---

① 《晚间电讯报》1925年1月3日。

足。但经过深入分析可知，此现象有其深刻的社会政治文化根源。

如前所述，关于纽芬兰的文化历史简况如下：自1583年纽芬兰成为英国的领地开始，直至1949年经由全民公投加入加拿大联邦期间，特别是在17和18世纪，纽芬兰丰富的渔业资源吸引了许多英国及爱尔兰①渔民来此谋生。但由于纽芬兰自然环境及气候较为恶劣，大部分渔民在劳作结束后便选择回到家乡，仅有少数人在此定居（据称仅有1200多人）。在较长的历史时期内，当地外来移民数量极少。当代纽芬兰人口中的绝大多数便是这些留居当地的少数人的后裔。他们所实践的许多传统，如节庆［如圣诞节期间的化妆/换装表演（mummering）］和饮食（如牛腰馅饼、牛肝炒洋葱和油炸鳕鱼）等，仍保持着较为鲜明的17世纪和18世纪英国遗风（当时爱尔兰还未从大英帝国独立出来）。他们所说的英语被称为"纽芬兰英语"，是一种与现代英语在语法、词汇及口音上存在明显差别的晦涩方言。在宗教上，大多数纽芬兰人持有相对保守的英国国教或天主教信仰。因此，纽芬兰文化具有明显的同质性和保守性，对异文化常持有怀疑甚至抵触的态度。

作为孔飞力所言"大移民时代"的一部分②，在华人迁居纽芬兰之后，华人移民与当地社区之间多有摩擦，华人多次成为抢劫、人身伤害等各类暴力事件的受害人③。由于双方之间的冲突、当地政客的反华游说、华人对于低工资的接受、不同于当地习惯的生活习性、非基督教信仰等社会、政治、经济、文化和宗教原因，如前所述，纽芬兰政府于1906年4月通过了歧视性的"排华法案"④。在排华时期，华人在日常生

---

① 当时，爱尔兰是英国的属地，直至1922年才获得自治。

② ［美］孔飞力：《他者眼中的华人——中国近现代移民史》，李明欢译，江苏人民出版社2016年版。

③ 参见当地报纸的相关报道。在排华法案通过以前，如《晚间电讯报》1904年5月18日、1904年7月16日、1904年8月19日、1904年12月11日、1904年12月21日、1905年2月14日、1905年8月2日、1905年8月23日、1906年1月22日、1906年1月27日、1906年1月29日和1906年2月24日，以及刊登在纽芬兰其他重要媒体，如《晨报》和《先驱晚报》的相关信息。

④ Hong, Robert. 1987. "'To Take Action without Delay': Newfoundland's Chinese Immigration Act to 1906." unpublished BA Honors essay, Department of History, Memorial University of Newfoundland; Li, Krista Chatman. 2010. "'Knights of the Flatiron': Gender, Morality, and the Chinese in St. John's, Newfoundland, 1895–1906." PhD Dissertation, Department of History, University of New Brunswick; Li, Mu. 2014. Wanders between Cultural Boundaries: Exploring the Individual Expressions of Chineseness in Newfoundland. Ph. D dissertation, Department of Folklore, Memorial University of Newfoundland.

活的各个方面均受到不同程度的压制。当地社会对于文化传播主体的拒斥，深刻影响了受众对于传播内容的接受。前文提到，据《晚间电讯报》1906年7月25日的报道，一家名为金隆的华人洗衣店购买了留声机和中国唱片，但是在当地人听来，是扰民和令人不安的印第安人的丧歌。在此，金隆洗衣店的经营者（或者员工）可被视为中国文化的直接传播者，其所传播的中国音乐并未获得当地受众的认可和接纳。然而，前述关于中国舞蹈的报道，似乎并未受到当地社会的质疑。二者的区别在于，关于中国舞蹈的描述，是间接传播，而此处关于中国音乐的报道，则属于直接传播。

直接传播和间接传播，是跨文化传播在路径选择上的两种主要方式。直接传播，是指文化事项由该文化的传承人直接传送给特定的接收对象。而间接传播，是指源文化在经由该文化的直接传承人传送到特定的接收者的过程中，有其他传播主体的介入，并在传播过程中起较为关键的作用。笔者认为，判断传播效果，或者评判接收方对于异文化所持开放或保守态度的标准之一，便是在直接传播和间接传播两种路径共存的情况下，接受主体自发的路径选择。

在历史上，纽芬兰人，特别是纽芬兰的上层社会和知识阶层，对于中国文化的认知并非来自这些早期的华人移民，而源于当时早已在西方世界流行的"中国风"（chinoiserie）。所谓"中国风"，是一种兴起于17世纪中后期（其实，在更早的时期，如从丝绸之路开始，中国传统文化就逐渐为西方世界所熟识），流行于18世纪，且对后世影响深远的西方艺术风潮。[①] 它的流行或缘起于大航海时代后中国与西方日益频繁的经贸往来（当然，更早的根源亦可追溯到促进中西方开始密切接触的丝绸之路以及后来的所谓"海上丝绸之路"）。在当时，大量作为商品的中国工艺品，如陶瓷、漆器、家具等，从东方传入西方。伴随着当时洛可可艺术的发展，同样注重精致、细腻和繁复装饰的中国艺术品，深为西欧贵

---

① Geczy, Adam, ed. 2013. *Fashion and Orientalism: Dress, Textiles and Culture from the 17th to the 21st Century*. London: Bloomsbury Academic; Impey, Oliver R. 1977. *Chinoiserie: The Impact of Oriental Styles on Western Art and Decoration*. London: Oxford University Press; Witchard, Anne Veronica, ed. 2015. *British Modernism and Chinoiserie*. Edinburgh: Edinburgh University Press.

第三章　作为文化表演的中华传统舞蹈跨文化传播与传承　/　125

族阶层和新兴市民阶层所喜爱。在西欧诸国中，"中国风"在英国与法国尤为盛行。因此，与英国政治、经济、文化联系紧密的纽芬兰社会，很可能也受到了这一风潮的影响。在1879年10月2日，《晚间电讯报》登载了一则关于当地禁酒协会庆祝活动的通知。其中提到此次活动最引人瞩目的地方，便是场馆内用作装饰和照明的各式中国灯笼。随后的许多报道表明，在华人来到纽芬兰之前，中国灯笼已在纽芬兰多有销售，是该地极为常见的家居装饰物，并为当地人在日常和节庆生活（如用于圣诞节的装饰）中广泛使用。[①] 例如，在一篇刊载于《晚间电讯报》1893年1月14日、题为《在覆冰的山岗上》（"At the Ice-Hills"）的文章中，作者提到在行走于湿滑覆冰的山路上时，中国灯笼是不可或缺的必备用品。在随后华人遭受社会、政治和经济压制的时期，中国文化在纽芬兰的传播继续以间接传播的方式为主，传播主体、传播内容和受众均不与源文化的传承人发生直接的接触。然而，与器物性商品不同，中华传统舞蹈所依托的传播方式多为直接传播。因此，纽芬兰早期的政治文化语境，并不利于中华传统舞蹈的有效传播。

然而，在这一时期，纽芬兰社会对于华人移民所进行的直接文化传播，并非一味拒绝。除了第一章中提到的《晚间电讯报》于1909年7月7日所作的关于高华新街锦利洗衣店中一名甄姓工人演奏某类中国乐器的报道外，1921年8月6日，该报又登载了一篇名为《极具天资的艺术家：本地华人画肖像画》（"Clever Artist: Local Chinaman Paints Portraits"）的报道，描述了一位华人服务生方德臻（Davey Fong）的水墨肖像画受到当地人，甚至社会名流的热烈推崇。此两处所见纽芬兰当地社会对华人文化直接传播的接受，是排华时期并不多见的现象。它们的发生有其较为特殊的社会原因。在第一篇报道中，跨文化传播的场所为区荣照先生所经营的锦利洗衣店。由于区荣照作为当地华人的领袖，也是当地政府与华人之间沟通的桥梁[②]，在1928年集美社成立以前，锦利洗衣店一直是

[①] 参见《晚间电讯报》1893年1月14日（"At the Ice-Hills"）和1894年1月13日的报道（"Holiday Events at Scilly Cove"）。

[②] Li, Mu. 2014. Wanders between Cultural Boundaries: Exploring the Individual Expressions of Chineseness in Newfoundland. Ph. D dissertation, Department of Folklore, Memorial University of Newfoundland.

当地华人聚会的中心。许多纽芬兰人将锦利洗衣店视为超越单一商业场所功能的华人文化地标。在这里,华人与他们的文化,同当地人之间形成了一种看与被看的关系。另外,在锦利洗衣店,文化是"可译"的:区荣照先生或可扮演文化阐释者的角色,记者或是根据他的介绍撰写了报道。如果此推测合理,那么文化阐释者在跨文化直接传播中的重要性应非比寻常。事实上,区荣照先生作为华人代表的政治、社会与文化地位在纽芬兰公众看来是不容忽视的。笔者注意到,纽芬兰的重要媒体对其的报道非常多,其中不乏篇幅较长的专门报道,如《晚间电讯报》1906年9月24日的《区荣照其人》("About Kim Lee"),而且,还有涉及非常私人话题的书写,如《晚间时报》1908年2月25日写道:"在上周六,区荣照先生收到其母从广东发来的一封电报,电报中告知其父病重且无康复希望。区先生看完电报后便沉浸于悲伤之中。"① 由此,其重要性可见一斑。

在第二例中,方德臻所工作的帝王餐厅是其父方慕式于1918年所开办的当地第一家由华人经营的餐厅。该餐厅所提供的饮食为西式餐点。据方德臻之孙方大卫回忆,其祖父移居纽芬兰的时间虽不长,但很快拥有很强的英语交流能力,还加入了当地青少年广泛参加的团体——救世军(Salvation Army)并得到赏识;正是由于其良好的语言能力,因此,他常在餐厅中与顾客谈笑风生②。方德臻是继区荣照(1904年入籍)之后第二位获得纽芬兰公民权的华人(其入籍时间大概为1935年)。在纽芬兰加入加拿大联邦之前,仅有这两位华人入籍。由此可见,在源文化受到压制的社会空间中,直接传播的效果取决于传播主体是否具备较强的文化阐释能力和跨文化沟通能力。在以上两例中,文化传播均发生在不同文化的连接之所。特别是在第二例中,华人餐厅实际上是一处展示与当地文化极其类似的华人新文化的舞台(详见第二章中的相关论述)。无论从饮食风格或艺术作品的呈现方式看,方德臻都在试图用中华文化

---

① 《晚间时报》1911年9月2日还报道了区荣照先生在回中国17个月并赴英伦7月后回到纽芬兰的事件。其中着重描述了区先生的行程细节(如在中国与其母和两位姐姐同住)和心情(返回纽芬兰后心情愉悦)等。

② 笔者在纽芬兰期间(2008—2015),曾多次与方先生进行交谈。

的某些元素（如水墨材料等），创造其目标受众能够享用或欣赏的对象。在当时特定的社会历史语境下，作为中华文化的传播者，方德臻已经开始自觉地进行文化选择和重塑。他试图通过融合更多的当地资源，确保自我文化身份在跨文化传播过程中被受众所认可和接受。因此，在不同的社会历史语境中，主体应策略性地融合族群的文化记忆与地方性知识，以促进跨文化传播实践。

可见，中国与纽芬兰在舞蹈交流上的不足，是中华文化在纽芬兰早期传播受阻的一个缩影。在当时的社会政治语境下，以"中国风"为代表的间接传播是中国与纽芬兰之间跨文化交流的主要方式。一些较为成功的直接传播案例表明，传播主体自身的文化阐释能力、跨文化交流能力以及资源整合能力，是促成有效传播的关键因素。

第二节 复归：中国民族民间舞在纽芬兰的兴起

中华传统舞蹈在纽芬兰的兴起始于20世纪70年代中期，其社会文化基础源于20世纪40年代末当地政治空间的逐渐开放。1949年3月31日，经全民公投后，纽芬兰加入加拿大联邦。基于地方法律服从联邦法律的原则，自1906年起施行的纽芬兰排华法案自动失效，从此结束了该地的"排华时期"。纽芬兰社会政治环境的改变，首先使得华人的社会地位得到提升，不再受到制度性的压制，其社会活动空间因此得到较大释放，为日后文化交流与传播奠定了政治和制度性基础；其次，排华法案的废止，放宽了对华人移民的限制，有利于增加华人人口。在排华时期，每位进入纽芬兰的华人需交纳300元的人头税。这一税费使得许多华人无力资助自己的配偶及子女随行。而排华法案的废除，使得许多华人获得纽芬兰公民权，并因此有权申请与他们的妻儿团聚。[①] 华人家庭生活的正常化带来了本地华人人口的大量增加，为中国文化在纽芬兰的传播和传承积蓄了必要的人口体量。

然而，根据现有资料及田野调查数据，在排华法案废除之后的早期（1950—1967），包括传统舞蹈在内的中华文化形式并未在纽芬兰出现和

---

① 《晨报》1950年3月18日。

传播。造成这一现象的重要因素有二：经济压力和人才匮乏。据熊楚亮①、区经佐②等介绍，长期以来，纽芬兰华人主要从事洗衣和餐饮行业。由于生计，这些服务性行业的从业者，极少有闲暇时光从事文化艺术活动。另外，除司徒育亭在中国曾任小学教师外，早期华人均为来自广东沿海地区的乡民，受教育程度较低，对中国传统艺术形式缺乏深入了解，未能成为跨文化传播的输出主体。而且，熊楚亮称，在一些由当地社区和教会组织的活动中，华人往往极力改变自身的行为习惯，趋同于主流社会的行动模式和当地文化习俗，成为了跨文化交流中的单向受众。

华人单向接受当地文化现象的改变，始于20世纪60年代加拿大移民政策的重大调整。如前文所述，1966年加拿大政府在关于移民问题的白皮书中提到——过去以种族为移民筛选标准的制度将于1967年废除，取而代之的将是以移民自身素质和加拿大社会发展需要为评判基础的评分制。③ 自此，许多受过良好教育、拥有专业技能的华人从世界各地申请并最后定居在纽芬兰。与早期华人移民不同，这些新移民往往具有较强的英语交流能力，身处较高的社会经济地位，因此，他们往往拥有更大的社会空间及更多跨文化交流的机会。在20世纪50年代熊楚亮初到纽芬兰时，本地几乎没有华人专业人士，本地华人极少在社会中发声；而后随着华人社会经济地位的提升，他们的诉求逐渐得到当地社会的尊重。另外，熊楚亮认为，拥有较为充裕的空闲时间（周末或夜晚），是专业人士不同于服务业从业人员的特性，也是文化传播的重要条件。1976年年底，肿瘤科医生的熊楚亮在华人社区的支持下，组建了以服务当地华人和传播与传承中国文化为宗旨的纽芬兰华协会。从1977年开始，庆祝华人春节便成为了该协会每年的重要工作之一。而中华传统舞蹈自然是华人新年庆祝活动的重要组成部分。自此开启了中华传统舞蹈在纽芬兰传播的第二阶段（20世纪70至90年代中期）。

---

① 笔者于2009年7月9日，在圣约翰斯对熊楚亮先生进行了访谈。
② 笔者于2014年5月5日，在斯蒂芬维尔对区经佐先生进行了访谈。
③ Canada, Manpower and Immigration. 1966. *White Paper on Immigration*. Ottawa: Queen's Printer.

第三章　作为文化表演的中华传统舞蹈跨文化传播与传承　/　129

　　在 1977 年举行的华人新年庆祝中，中华传统舞蹈有双人舞《花好月圆》，以及多人出演的扇子舞《再相会》。表演者均为非专业的当地华人青少年，指导老师为印尼华人曾永志医生的太太莉莎（Lisa Tjan）。莉莎来自印尼客家人社区，从小便在当地学习中华传统舞蹈①。自 1966 年定居纽芬兰后，莉莎便在业余时间教授孩子们跳舞，这些参加表演的孩子都是莉莎的学生。在之后的华人新年庆祝中，舞蹈节目更为丰富，包括丝带舞、采茶舞、狮子舞②、羽扇舞、花伞舞、剑舞等。从当地华人工程师王国贤所提供的录像资料看，1982 年 1 月 22 日、23 日，为庆祝华人新年而应邀来到纽芬兰的蒙特利尔的中国舞蹈研究社，引起了众多当地观众的极大兴趣，整个剧场全程气氛热烈。2011 年，其中的重要舞者刘威廉再次应邀在纽芬兰纪念大学举行的国际传统音乐理事会 2011 年世界大会（The. 2011 World Conference for the International Council of Traditional Music）表演（这次他表演的是京剧），他仍然对 1982 年的演出记忆犹新，认为那是一次非常成功的中华优秀传统文化的对外推介，③ 是中华传统舞蹈在纽芬兰的首次也是唯一一次大型演出。但是，在之后的历史发展中，中华传统舞蹈在纽芬兰的传播并不顺利。许多舞蹈的表演者人数很少且十分固定，当其中的表演者离开纽芬兰或因各种原因不再出演后，由于缺乏有效且稳定的传承机制，其舞蹈节目便会淡出观众的视野，使得跨文化传播停止。另外，外来传播主体，如蒙特利尔中国舞蹈研究社，所进行的是暂时性的传播实践，其传播效果缺乏长效性。可见，在直接传播中，传播主体的体量及传播内容在当地社区的流行程度，深刻影响了传播效果。即是说，在异文化语境中进行跨文化传播时，传播过程可分为两个层面，传承和传播，而传播主体社区内部的文化传承是跨文化交流长效进行的前提和基础。

　　需要注意的是，在异文化语境中，传承和传播的内涵与外延，在一定程度上可以互换。因由 1949 年后施行的家庭团聚政策（family reunion），特别是 1967 年后加拿大开放的移民条例，本地出生和成长的华人

---

① 笔者曾于 2012 年 5 月 5 日，在圣约翰斯对曾永志医生进行了访谈。
② 即舞狮，此处所谓"狮子舞"是沿用当地华人在宣传册上的用语。
③ 笔者于 2011 年作为志愿者参加了这次世界大会，并与刘先生多次进行交流。

后代逐渐兴起。与前辈华人以及同时期的新移民不同，他们将中华传统与纽芬兰经验视为同等重要的文化资源，并会依据不同的语境，策略性地表达自己的身份和情感认同，因此，他们被称为"新裔代"①。在纽芬兰，中华传统舞蹈的教授与传承，完全是通过私人联系或华人社区内部的交流网络。例如，2006年4月7日，纽芬兰华协会告知所有会员，来自中国内地的刘红（Hong Liu）女士将于6月的每个周日下午两点到四点教授四到十岁的儿童中华传统舞蹈②。在教学中，舞蹈教师如莉莎、来自香港的赵安妮女士（Annie Chiu）以及刘红均发现，由于采取的是完全自愿的参与模式，感兴趣的家庭和孩子数量不多。究其原因，熊楚亮、王国贤以及王力力③等认为，华人后代在日常生活中主要接触当地文化，他们对于祖先文化的情感归属并不强烈，因此，仅将之作为众多文化资源中的一个选择。基于华人新裔代对于中华传统舞蹈为代表的中国文化的情感陌生化，舞蹈教学便从族裔内部的文化传承转变为"异文化"群体之间的跨文化传播。在源文化处于边缘地位的文化结构中，自我文化的"他者化"使得作为默认传承人的新裔代更易摆脱原有的情感束缚，以更为开放的态度重新审视传统，进而将之重塑以融入主流话语的讨论和互动，最终完成超越文化边界的传播实践。

第三节　再造："新裔代"引领下中华传统舞蹈在纽芬兰的传播现状

中华传统舞蹈在纽芬兰的传播者大体可以分为两类：一类是以莉莎、赵女士以及刘红为代表的第一代舞者；另一类是以徐子浩（Tzu-Hao Hsu）为代表的新裔代舞者，她的实践开启了中华传统舞蹈在纽芬兰传播的第三阶段（20世纪90年代中期至今）。两类舞者的区别在于，第一代中华传统舞蹈的传承人，往往将实践局限于本族群舞蹈或其熟悉的表演领域，

---

① Nahachewsky, Andrly. 2002. "New Ethnicity and Ukrainian Canadian Social Dances." *Journal of American Folklore* 115, No. 456, pp. 175–190.

② *The Chinese Association of Newfoundland and Labrador Newsletter* Vol. 30, No. 2.

③ 笔者于2012年1月25日，在圣约翰斯对王力力女士进行了访谈。

第三章 作为文化表演的中华传统舞蹈跨文化传播与传承 / 131

缺少与当地文化的交流和接触，极少突破和创新。而新裔代舞者不仅继承了本族群的传统文化，还积极吸纳本地知识以及外来舞蹈资源，以丰富和发展自身的文化传统，逐渐形成了基于自我独特生命体验和舞蹈实践的新的文化与身份认同。

1994年，11岁的徐子浩从台北随家人移民圣约翰斯。[①] 在来到纽芬兰之前，她一直跟从中国台湾舞蹈学院的老师学习中华传统舞蹈。出于对舞蹈的热爱，在定居纽芬兰后，徐子浩并未放弃中华传统舞蹈的学习，网络成为了她最重要的资料库。其中，来自北京舞蹈学院的视频是其观摩学习的重要资源。自20世纪90年代中后期开始，徐子浩便开始在纽芬兰华人社区的各项活动中表演各类中华传统舞蹈，如彩带舞、花伞舞、采茶舞等。作为中国文化在纽芬兰的重要标记，徐子浩也曾多次受邀在纽芬兰的各类舞台上表演，如每年在纽芬兰多元文化和民间艺术委员会

徐子浩的扇舞表演

---

① 笔者曾于2012年1月29日，在圣约翰斯对徐子浩进行了访谈。

主办的晚会上演出。除参与公共文化表演外，徐子浩还积极教授中华传统舞蹈。自 2006 年始，徐子浩与刘红一道开设舞蹈工作坊。在之后的数年，由于刘红年龄逐渐增大，工作坊事宜便全部托付于徐子浩。据徐子浩介绍，舞蹈工作坊的参与者主要是华人女孩，特别是纽芬兰家庭收养的华人少女。徐子浩认为，这些女孩参加中华传统舞蹈工作坊的初衷，是基于女孩喜爱跳舞的天性；另外，父母的鼓励也是其中重要的因素。她回忆道："2008 年，收养了中国女孩的纽芬兰父母恳请华协会开设舞蹈学习班。我从扇子舞教起，舞蹈班结束时排演了大型的舞蹈节目。父母和孩子们都很满意。因此，一年后，我又开设了为期三周的彩带舞工作坊。后来，我们这个工作坊受到市政府的邀请，在加拿大国庆活动上进行表演"。[①] 在这些收养中国孩子的纽芬兰父母看来，个人的祖先文化和情感认同不应被遗忘，完全沉浸于纽芬兰文化的华人后辈更应珍视自我的中华文化身份。在这个意义上，徐子浩开设的工作坊所传输的，不仅是中华传统舞蹈的技巧，更是将中国传统文化精神传承给拥有与其相同民族血统的后辈。然而，在近年的教学活动中，徐子浩发现，如果父母完全出于文化寻根的目的而敦促孩子学习中华传统舞蹈，那么学习效果并不尽如人意。由于中国文化在日常生活语境中的缺失，这些孩子不可能对远方的中华传统表现出强烈的情感认同和依附。对于她们而言，中华传统舞蹈是一种被定义为"熟悉"、却无法真正把握和全面理解的异文化。在此，舞蹈教学本身便不可视为本民族内部的文化传承，而成为了跨文化传播实践。在跨文化传播的理想状态中，传播主体与受众应处于平等的交流地位，从而确保后者自主选择与接受的权力。或许有人认为，上述情形出现的原因，是由于纽芬兰华人人口体量太小，而在华人人数较多的大中城市，很大程度上并不会出现以上情况。

但是，据笔者的朋友、安德烈·纳哈楚斯基的博士、北京舞蹈学院本硕毕业的游嘉颖介绍，据其在自己开办和进行教学的加拿大埃德蒙顿 Yoyo 舞蹈学校中所见，即使是在阿尔伯塔省首府这样一个拥有数量不小的华人群体的北美城市，许多华人青少年学习舞蹈的意愿，往往也并非出于自身文化寻根或者文化认同的目的，而更多的是将这些舞蹈看作一

---

① 笔者曾于 2016 年 9 月 25 日，对徐子浩进行了网络访谈。

第三章　作为文化表演的中华传统舞蹈跨文化传播与传承　/　133

种审美意义上的艺术活动或者体育锻炼。① 笔者一位喜爱舞蹈的朋友凯瑟琳（Catherine Shek）即是来自埃德蒙顿的第三代华人（姓石）。在其看来，自己最初选择学习中华传统舞蹈的初衷乃是为了身体塑形，而其父母则鼓励她通过民族舞蹈达成身体塑形的目的。② 正因为如此，对于许多在北美教授二代华人中华传统舞蹈的表演者而言，他们所面临的重要挑战便是"激发和鼓励那些缺乏或者毫无学习中华文化欲望的学生们的学习积极性，虽然他们中的很多人来此练习舞蹈的原因是父母为了让他们打发圣诞节假期的无聊时光"，而对于这些孩子而言，他们似乎更愿意将这些时间用于玩各类电子游戏。③ 因此，在异文化空间中，舞蹈教学应从传承祖先传统的情感束缚中解脱出来，转变为卸下文化负担的跨文化传播模式，使文化传统真正成为自由交流和情感表达的媒介和资源。即是说，跨文化传播的最终目的，应是建立开放的资源共享体系和有效的支持系统。

纽芬兰华协会的舞狮表演者谢加瑞（Jerry Xie）的母亲韩飞宇（纽芬兰纪念大学教授）告诉笔者："加瑞出生在国外，但我们是想让他明白他是中国人的后代。要学习中国文化，传承中国传统。我们让他学中文，积极参加华人协会的活动，也包括舞狮表演。"④ 但是，她与先生谢亚刚（同为纽芬兰纪念大学教授）并不是强制儿子进行选择，而是给予了其自由探索的空间，让其感受到文化内部的积极力量："在华人协会，Jerry 第一次看到舞狮就很兴奋，当时他还小，舞狮的都是大哥哥或叔叔们。参加舞狮队以后，加瑞很喜欢舞狮，他表演过狮头、狮尾、逗狮者，等等。华人协会的舞狮队还应邀到省、市的重大活动，以及学校、医院，养老院去义务演出。这提高了华人协会的知名度，加瑞在他同学面前也感到很荣耀。我不敢保证他记住多少中国文化，但他肯定有舞狮时快乐的记

---

① 笔者曾于 2019 年 9 月 13 日，对游嘉颖进行了网络访谈。
② 笔者曾于 2016 年 10 月 8 日，对凯瑟琳进行了网络访谈。
③ Chan, Mei-Hsiu. 2001. "Transdisciplinary Multicultural Dance Education: Teaching Chinese American Students Chinese Culture through Lion Dancing." Ph. D Dissertation, Department of Performing Arts, Texas Woman's University (Denton, Texas), p. 139.
④ 笔者曾于 2021 年 8 月 6 日，对韩飞宇进行了网络访谈。

忆。"① 而且，韩飞宇对于孩子学习舞狮的支持是全方位的："我的第一个房子有一个约 1000 平方尺的大房间 [位于圣约翰斯的杰尔维斯社区 (Jervis place)]，它几乎成了华人协会舞狮队的排练厅。原来的一对小狮子就放在我家里，又小又破，我用透明胶带一点点补起来，直到华协会买了一对大狮子。"②

在徐子浩的舞蹈工作坊中，除了具有中国血统的女孩外，许多学员来自当地的白人家庭。在这些非华裔学员看来，中华文化是充满异国风情的文化他者，是远离她们日常生活的外部存在。因此，与具有一定族群记忆的华人女孩不同，她们将中华传统舞蹈视为可被"挪用"③的文化资源。波克（Sheila Bock）和柏兰德（Katherine Borland）在关于美国中产阶级白人女性中流行的肚皮舞（belly dance）和萨尔萨舞（salsa，一种非常流行的古巴舞蹈）的研究中指出，主流社会的妇女对于这些外来舞蹈的接受并非出于她们对于土耳其或者古巴文化的热爱，而是将这些异文化元素作为她们表达自我情感与社会意识的媒介和工具。④ 其实，当代艺术人类学者如施耐德（Arnd Schneider）、马库斯和迈尔斯（Fred Myers）等，并非固守后殖民的传统理论，将不同民族之间的文化交流与挪用视为纯然文化霸权的具体实践形式，而是以更为开发的批判性眼光，更多地将当代的"文化挪用"看作不同文化之间的相互借鉴和平等互动。⑤ 从跨文化传播的实质和终极目的来看，传播主体的动机并不是将自我的文化意识和情感认同强加于接受主体，而是希望通过文化互动，使文化资源成为在不同的社会文化环境中自由流动的共同财富。在 2010 年的纽芬兰华人新年晚会上，徐子浩邀请其舞蹈伙伴莱恩姐妹（Renee and Taylor Ryan）一同表演彩带舞和采茶舞。对于徐子浩而言，她的舞蹈表现

---

① 笔者曾于 2021 年 8 月 6 日，对韩飞宇进行了网络访谈。
② 笔者曾于 2021 年 8 月 6 日，对韩飞宇进行了网络访谈。
③ Young, James O. 2008. *Cultural Appropriation and the Arts*. Malden, M. A.: Wiley-Blackwell.
④ Bock, Sheila and Katherine Borland. 2011. "Exotic Identities: Dance, Difference, and Self-Fashioning." *Journal of Folklore Research* 48, No. 1, pp. 1 – 36.
⑤ Schneider, Arnd. 2003. "On 'Appropriation': A Critical Reappraisal of the Concept and Its Application in Global Art Practices." *Social Anthropology* 11, no 2: 215 – 229; 2006. *Appropriation as Practice: Art and Identity in Argentina*. Palgrave Macmillan; Marcus, George and Fred Myers, eds. 1995. *The Traffic in Culture: Refiguring Art and Anthropology*. University of California Press.

是自我的民族认同和节日情感。而对于莱恩姐妹，她们的目的是感受异文化的节日氛围并增进与徐子浩的友情。在许多跨文化传播的接受主体看来，与源文化之间的情感联系并不重要，无涉最终的传播效果。另外，从观者的角度，徐子浩也认识到，虽然她的舞蹈在纽芬兰的许多场合深受公众喜爱，但是，除舞姿外，极少有观众追问表演背后的文化内蕴，就如同很少人会考究芭蕾舞蹈的传统意义一样[1]。

作为新裔代的舞者，徐子浩对于自身的文化传统始终保持极大的尊重，但是，她并未将身份认同和情感归属作为舞蹈传播实践的负担，而是以开放的心态面对接受主体在文化认同上的差异，努力寻求有效的交流路径和沟通方式。出于对舞蹈的喜爱，徐子浩在移居纽芬兰后便逐渐加入当地各类舞蹈团体。这些舞蹈团体大部分的成员是当地白人女性。近年来，由于一些印度舞者的加入，舞蹈团内部逐渐呈现多元化的趋势，但她往往是其中唯一的华人。在这些舞蹈团中，所排演和训练的大多是具有异域风情的舞蹈，如肚皮舞和印度传统舞蹈等。这些起源于中亚或南亚的舞蹈十分重视身体的摆动和强烈的节奏感，与欧洲传统相类，因此很快在纽芬兰流行起来。作为舞蹈团的一员，徐子浩的身份是跨文化传播的接受者，需要学习和适应其他民族的舞蹈形式，配合其他团员，共同完成演出任务和训练目标。

但是，作为中华传统舞蹈的传承人，徐子浩并不希望充当被动的接受者，而试图成为主动的传播者，将本民族的优秀文化与其他文明进行交流，实现跨文化传播的双向良性互动。在 2010 年的一次以多元文化为主题的演出中，她提议将中国传统彩带舞中所用的红绸带引入印度和中亚风格的舞蹈中，以弥补西方舞蹈因为强调节奏感而缺失的和缓韵味。徐子浩的提议获得了其他舞者的认同，而经过跨文化交流与融合所创造出的新形式，亦得到了观众的肯定。可见，在传播内容处于非主导性地位的社会文化空间中，传播主体可将源文化元素进行合理的拆解和重构，通过部分而非整体传播的方式进行跨文化交流。在徐子浩将中国舞蹈元素引入"宝莱坞舞者"（Bollywood Dancers）等舞蹈团后，其他成员逐渐对中华传统舞蹈产生了兴趣，并开始向徐子浩求教或通过其他方式进行

---

[1] 笔者曾于 2016 年 9 月 25 日，对徐子浩进行了网络访谈。

学习，使得被忽略的文化传统得以复兴，重启文化之间的交流实践。目前，文化交流实践激发了舞者的创作动力，新的舞蹈形式逐渐显现。对此，徐子浩说："我们现在常常尝试将中印舞蹈的各种元素进行融合。我们发现，两种舞蹈在舞步和舞台效果的搭配上十分和谐，这是一种现代的新型舞蹈。"①

徐子浩将彩带舞融入"宝莱坞"舞蹈团的表演

需要承认的是，由于传播主体的缺乏，中华传统舞蹈在纽芬兰的传播一直面临较大的困难。除徐子浩外，自觉且有效的传播者极少。然而，跨文化传播的目的，不应是一种文化取代另一种文化，形成文化强权，剥夺其他文化存在和发展的空间，而是如何在两种或更多文化体系的相互角力与争鸣中，寻找更为合理的文明存在方式。中华传统舞蹈在纽芬兰的传播现状表明，通过民间自发进行的跨文化交流实践，中华文化作

---

① 笔者曾于 2016 年 9 月 25 日，对徐子浩进行了网络访谈。

为一种异文化资源的重要地位正逐渐被认可和接受。它不仅是社区内部文化身份和情感认同的重要基础，更作为不同群体之间表达自我意识的全新媒介，而不断塑造和建构基于地方性经验的新的文化范式。

本章小结

近代，由于中国在政治、经济、文化等方面的失语，中华传统舞蹈作为中西文化交流的重要媒介，在对外传播过程中效果不佳。第二次世界大战后，西方社会政治文化控制逐渐松动。多元文化政策的施行，不论在中心城市，抑或偏远地区，都蕴育了跨文化传播新的可能。可见，在不同的社会政治和文化语境中，传播路径（直接传播和间接传播）、传播对象（社区内传承和跨文化传播）、传播方式（整体传播和部分传播）等问题，均会依据时势的变化，展现出丰富的面向。这要求跨文化传播的实践者细致观察和分析传播内容和传播对象所身处的社会文化空间，适时做出策略性的调整和回应。

众多研究者注意到，移民在移居地所经历的文化适应过程，即可视为不同文明之间的文化传播实践[①]。在这一过程中，因由社会政治语境的改变，移民从母国带来的文化，在多元的北美社会中会经历自发的"选择"和"再造"过程。个人或群体会依据其身处的社会文化空间，在跨文化的传播与碰撞中，不断地将自我原有的文化形态进行整合和创新。而经过调试的文化内核，将兼具传播主体固有的文化特质和新语境所凝聚的地方性知识，成为可被跨文化传播中的各个主体所认识、感知和接受的新文化[②]。在此意义上，跨文化传播并不仅仅是民族传统在地理空间

[①] 如 Nahachewsky, Andriy. 2002. "New Ethnicity and Ukrainian Canadian Social Dance." *Journal of American Folklore* 115, No. 456, pp. 175 – 190; Stern, Stephen and John Allan Cicala. Eds. 1991. *Creative Ethnicity: Symbols and Strategies of Contemporary Ethnic Life*, Logan, Utah: Utah State University Press.

[②] Baron, Robert and Ana C. Cara, eds. 2003. *Creolization. Journal of American Folklore* 116, No. 459; Kapchan, Deborah A. and Pauline Turner Strong, eds. 1999. *Theorizing the Hybrid. Journal of American Folklore* 112, No. 443; Zhang, Juwen. 2015. "Chinese American Culture in the Making: Perspectives and Reflections on Diasporic Folklore and Identity." *Journal of American Folklore* 128, No. 510, pp. 449 – 475.

中的物理位移，而是能动主体调配和重塑象征资源的创造性实践。反之，作为传播者的能动主体自身也会在跨文化实践中，不断重新认识自我，并重建自我与源文化之间的情感认同，形成新的文化身份，从而进一步发展原有的传播范式，实现主体对于现实经验的策略性反思。下章将以舞狮为例，深入分析和讨论中华传统舞蹈（或者说，更为广义的文化表演）的跨文化传播问题。

第 四 章

中华舞狮的跨文化漂流：异文化语境下文化主体自我意识的建构

舞狮是中国的一种传统民俗表演形式，通常是指由舞者穿着形制类同狮子的演出服装，在特定乐器的伴奏下，根据音乐旋律，采用传统舞步进行表演的舞台艺术。舞狮在中国的历史最迟可以追溯到白居易创作《西凉伎》的唐代中期："西凉伎，假面胡人假狮子。"[①] 虽然舞狮可能源自异域，但如今已经成为中华文化的一个象征，并在中华各地发展出了不同的艺术表现形式。具体说来，由于表演地域、狮子造型、表演形式以及舞台动作等方面的差异，舞狮艺术在风格上大致可分为以广东地区为代表的南狮和分布于长江以北地区，如河北（双狮）及安徽（青狮）等省的北狮。在关于纽芬兰华人社区历史及文化传统的田野调查中，笔者注意到，舞狮是纽芬兰华人社区仪式及节庆生活中最为凸显的文化符号，是当地非华人群体认知中国文化及华人在个人和群体层面上构建自我文化身份的重要凭借。在上一章有关中华传统舞蹈跨文化传播的讨论的基础之上，本章将通过对纽芬兰华人舞狮传统的历史、表演过程、表演者及观众等方面的考察，探讨在跨文化语境下，文化主体自我意识的建构过程。需要说明的是，由于纽芬兰的华人移民多来自广东，本章对于舞狮艺术的探讨仅限于南狮表演。在进入具体个案以前，笔者希望首先介绍海外学界对于中华舞狮（特别是南狮）的研究。

较早关于舞狮的记录和讨论出现在 1948 年威廉·霍伊（William

[①] 《元白诗选》，古典文学出版社1957年版，第206页。

Hoy)所撰写的关于美国加州华人传统节日的文章中[1]。该文中,舞狮被看作华人欢庆新年不可或缺的一部分,并被认为是美国加利福尼亚州地区华人身份认同的重要表征。然而,正是由于其与以春节为代表的中国传统节日直接且密切的关系,舞狮作为海外中华传统中极为重要的文化载体,在早期往往被置于海外学界关于华人传统节日的探讨中,并未被视作一个独立的研究对象。直到20世纪80年代以后,舞狮作为独立的研究客体,才慢慢进入海外学人的研究视野。这些研究中,部分学者关注中华舞狮的起源及其发展历史。例如,刘婉玉(音译,Wan-Yu Liu)认为舞狮源自汉朝,是在中亚商人通过丝绸之路给汉武帝进献狮子之后,逐渐由宫廷发展起来,并最后传到民间的一种艺术形式。[2] 希莲娜·费尔森(Heleanor Feltham)也认为舞狮源自中亚。她通过对丝绸之路沿途各类"狮"造型的考察,将舞狮艺术的发源地确认为古代萨珊王朝(公元224—651年)统治下的波斯。[3] 而帕特里夏·马杜斯基(Patricia Matusky)和陈瑞民(Tan Sooi Beng)虽赞同舞狮源自波斯的说法,但将舞狮的起源向后推至唐代。[4] 除研究舞狮的历史外,有的学者也关注舞狮在具体的造型、技巧以及文化方面的特征。如刘婉玉[5]和胡威廉(William C. Hu)[6] 讨论了南狮和北狮在服饰、舞步以及技巧等方面的差异。费尔

---

[1] Hoy, William. 1948. "Native Festivals of the California Chinese." *Western Folklore* 7, No. 3, pp. 240–250.

[2] Liu, Wan-Yu. 1981. "The Chinese Lion Dance." M. A. Thesis, Graduate Program of Fine Arts, York University (Toronto, Ontario).

[3] Feltham, Heleanor B. 2007. "Here be Lions: An Investigation into the Origin, Distribution, Meaning and Transformation of Lion Imagery." Ph. D Dissertation, Institute for International Studies, University of Technology, Sydney; 2009. "Kung-fu Fighting: The Lion Dance and Chinese National Identity in the 19th and 20th Centuries." In *Asian Material Culture*, edited by Marianne Hulsbosch, Elizabeth Bedford and Martia Chaiklin. Amsterdam: Amsterdam University Press; 2010. "Lions, Silks and Silver: The Influence of Ssanian Persia." Sino-Platonic Papers 206 (August 2010), 51 pages. http://sinoplatonic.org/complete/spp206_sasanian_persia.pdf.

[4] Matusky, Patricia and Tan Sooi Beng. 2004. *The Music of Malaysia: The Classical, Folk, and Syncretic Tradition*. Hampshire, UK: Ashgate Publishing.

[5] Liu, Wan-Yu. 1981. "The Chinese Lion Dance." M. A. Thesis, Graduate Program of Fine Arts, York University (Toronto, Ontario).

[6] Hu, William C. 1995. *Chinese Lion Dance Explained*. Ann Arbor and San Francisco: Ars Ceramica Ltd. and Chinese Performing Arts Foundation.

森则在将舞狮看作物象的基础上,积极探讨其背后包括神话传说在内的社会性及文化性结构和价值。① 而更多的学者,则立足于他们所生活和工作的社区,关注该社区的华人移民是如何通过舞狮表演来塑造其特有的文化身份和表达其文化认同的。② 关于舞狮在海外华人社区中的重要性,费尔森评论道:"伴随着中国南方移民(主要指广东移民——笔者注)迁徙到他们新的异域家园,如澳大利亚、美国、加拿大和东南亚,舞狮已然成为这些移民对于家国最为厚重的文化记忆,并随着海外华人社区的发展,成为了社区生活中最为重要的文化符号。"③

---

① Feltham, Heleanor B. 2009. "Kung-fu Fighting: The Lion Dance and Chinese National Identity in the 19th and 20th Centuries." In *Asian Material Culture*, edited by Marianne Hulsbosch, Elizabeth Bedford and Martia Chaiklin. Amsterdam: Amsterdam University Press.

② 参见 Chan, Margret Rose Wai Wah. 2001. "Chinese-Canadian Festivals: Where Memory and Imagination Converge for Diasporic Chinese Communities in Toronto." PhD Dissertation, Graduate Programme in Music, York University; Chan, Mei-Hsiu. 2001. "Transdisciplinary Multicultural Dance Education: Teaching Chinese American Students Chinese Culture through Lion Dancing." Ph. D Dissertation, Department of Performing Arts, Texas Woman's University (Denton, Texas). Feltham, Heleanor B. 2007. Here be Lions: An Investigation into the Origin, Distribution, Meaning and Transformation of Lion Imagery". Ph. D Dissertation, Institute for International Studies, University of Technology, Sydney; 2009. "Kung-fu Fighting: The Lion Dance and Chinese National Identity in the 19th and 20th Centuries." In *Asian Material Culture*, edited by Marianne Hulsbosch, Elizabeth Bedford and Martia Chaiklin. Amsterdam: Amsterdam University Press; Hoe, Ban Seng. 1981. "A Chinese New Year's Tradition in St. John's." *Troubadour* 5, No. 1, p. 17; Johnson, Henry. 2005. "Dancing with Lions: (Per) forming Chinese Cultural Identity at a New Zealand Secondary School." *New Zealand Journal of Asian Studies* 7: 171 – 186; Liu, Wan-Yu. 1981. "The Chinese Lion Dance." M. A. Thesis, Graduate Program of Fine Arts, York University (Toronto, Ontario); Matusky, Patricia and Tan Sooi Beng. 2004. *The Music of Malaysia: The Classical, Folk, and Syncretic Tradition*. Hampshire, UK: Ashgate Publishing; Raulin, Anne. 1991. "The Aesthetic and Sacred Dimension of Urban Ecology: Paris' Little Asia." *Archives de sciences socials des religions* 36, No. 73, pp. 35 – 49; Slovenze [– Low], Madeline. 1987. "'The Year is a Wild Animal:' Lion Dancing in Chinatown." *The Drama Review: TDR* 31: 74 – 102; 1991. "On the Tail of the Lion: Approaches to Cross-Cultural Fieldwork with Chinese Americans in New York." In *Creative Ethnicity: Symbols and Strategies of Contemporary Ethnic Life*, ed. Stephen Stern and John Allan Cicala, 55 – 71. Logan: Utah State University Press; 1994. "Lions in the Streets: A Performance Ethnography of Cantonese Lion Dancing in New York City's Chinatown." PhD dissertation, Department of Performance Studies, New York University; Tan, Sooi Beng. 2007. "The Lion Dances to the Fore: Articulating Chinese Identities in Penang and Medan." *Senri Ethnological Reports* 65: 63 – 78.

③ Feltham, Heleanor B. 2009. "Kung-fu Fighting: The Lion Dance and Chinese National Identity in the 19th and 20th Centuries." In *Asian Material Culture*, edited by Marianne Hulsbosch, Elizabeth Bedford and Martia Chaiklin. Amsterdam: Amsterdam University Press. p. 131.

虽然学界对于舞狮在华人移民文化中的重要性达成了共识，但对舞狮艺术在异文化中的变异性则存在认知上的分歧。在刘婉玉[1]和何万成（Ban Seng Hoe）[2]等学者看来，舞狮从中国到海外（特别是传到海外华人聚居的社区如唐人街等）的流传过程是直接的文化移植，其中并未产生明显的文化变异。而研究者如玛德琳·安妮塔·斯洛文斯（Madeline Anita Slovenz-Low）则对此持有不同的观点。在其对纽约唐人街舞狮文化的调查中，斯洛文斯认为，由于表演者身份各异，特别是其中的许多人并非第一代移民，舞狮表演本身富含着表演者多重的甚至相异的生命体验，并往往带有许多美国社会独有的文化特征，因此并不能将北美的舞狮艺术看作是单纯的中华传统在异域的再生。[3] 马来西亚研究者陈瑞民也注意到海外华人社区中，舞狮艺术的地方性和表演者依据不同情境进行编舞而表现出的无尽创造力。[4] 在许多学者看来，舞狮文化于海外华人社区中的变异性主要体现在从第一代华人移民向后代土生华人传承的过程中。例如，亨利·约翰逊（Henry Johnson）在其关于新西兰奥克兰地区土生华人舞狮表演的研究中注意到，在传统舞狮中加入本地色彩，已成为新西兰年轻一代华人塑造和建构自己在新西兰文化中独特族群身份的重要方式。[5] 学者们还发现，在当地文化的影响下，土生华人对于传统的舞狮文化往往缺乏父辈所表现出来的浓厚兴趣；[6] 即使有兴趣，后辈华人

---

[1] Liu, Wan-Yu. 1981. "The Chinese Lion Dance." M. A. Thesis, Graduate Program of Fine Arts, York University (Toronto, Ontario).

[2] Hoe, Ban Seng. 1981. "A Chinese New Year's Tradition in St. John's." *Troubadour* 5, No. 1, p. 17.

[3] Slovenze (-Low), Madeline. 1991. "On the Tail of the Lion: Approaches to Cross-Cultural Fieldwork with Chinese Americans in New York." In *Creative Ethnicity: Symbols and Strategies of Contemporary Ethnic Life*, ed. Stephen Stern and John Allan Cicala, 55 – 71. Logan: Utah State University Press; 1994. "Lions in the Streets: A Performance Ethnography of Cantonese Lion Dancing in New York City's Chinatown." PhD dissertation, Department of Performance Studies, New York University.

[4] Tan, Sooi Beng. 2007. "The Lion Dances to the Fore: Articulating Chinese Identities in Penang and Medan." *Senri Ethnological Reports* 65: 63 – 78.

[5] Johnson, Henry. 2005. "Dancing with Lions: (Per) forming Chinese Cultural Identity at a New Zealand Secondary School." *New Zealand Journal of Asian Studies* 7: 171 – 186.

[6] Chan, Mei-Hsiu. 2001. "Transdisciplinary Multicultural Dance Education: Teaching Chinese American Students Chinese Culture through Lion Dancing." Ph. D Dissertation, Department of Performing Arts, Texas Woman's University (Denton, Texas).

往往仅将舞狮看作一项体育或娱乐活动,而非关注其背后的文化含义。①

总体而言,海外学界的研究已涉及华人舞狮活动的诸多方面,并提出了不少洞见,但仍缺乏对其文化代际传递的经验描述,并鲜有将表演者、表演过程及观众并置同一空间进行讨论分析的研究。下文将针对这些问题,通过呈现加拿大纽芬兰地区的中华舞狮表演,考察作为中国文化传统存在的舞狮,是如何在异文化的彼在空间中传播及发展的,并探讨该民俗是如何发挥其文化载体的功能,并在表演者和观众的互动中不断被创作和表演的。

第一节 从珠三角到纽芬兰:舞狮艺术的传入及早期表演者

中国广东沿海的珠江三角洲地区,在很长的历史时期内,一直是中国海外移民的重要来源地。据笔者考察,从1895年华人到达纽芬兰开始到20世纪80年代中后期,来自珠三角地区包括香港在内的移民占纽芬兰华人总数的85%以上。②除向海外提供了为数众多的移民,珠三角地区还蕴育和发展了浓厚的南方舞狮文化。来自广东台山乡村的熊楚亮医生回忆道,在1950年他离开中国以前,"舞狮文化在广东的乡村十分繁盛。几乎每一个村落都有不少教人舞狮和打功夫的师傅。"③而舞狮的传统在广东并非只是遥远时代的记忆,据2007年来到纽芬兰的莫丙章介绍,舞狮表演如今仍然活跃在当地人的日常生活中。④1971年从香港移民到纽芬兰的谭燦洲告诉笔者,在与广东毗邻的香港,由于二者文化同源,舞狮在香港也十分流行。⑤但由于1949年以前,华人在纽芬兰(以及在北美其他地方)遭受来自政治、经济、文化等方面的歧视和限制(如人头

---

① Johnson, Henry. 2005. "Dancing with Lions: (Per) forming Chinese Cultural Identity at a New Zealand Secondary School." *New Zealand Journal of Asian Studies* 7: 171–186.

② Li, Mu. 2014. Wanders between Cultural Boundaries: Exploring the Individual Expressions of Chineseness in Newfoundland. Ph. D dissertation, Department of Folklore, Memorial University of Newfoundland.

③ 笔者于2011年4月18日,在圣约翰斯对熊楚亮医生进行了访谈。

④ 笔者于2013年7月8日,在圣约翰斯对莫丙章先生进行了访谈。

⑤ 笔者于2012年2月26日,在圣约翰斯对谭燦洲先生进行了访谈。

税），社会地位十分低下。① 当地社会并未提供给这些广东华人一个展示其独特文化的舞台。

舞狮传统被引入纽芬兰得益于1949年纽芬兰加入加拿大联邦后，移民政策的宽松所带来的华人人口激增，以及1971年以后加拿大多元文化政策的施行。1977年，在加拿大国务院专项基金的资助下，应纽芬兰华人社区广大成员（多为粤语区移民）的要求，1976年年底成立的纽芬兰华协会在成立之初便从香港购买了一套舞狮演出道具，包括"狮子"（狮头以及与之缝制在一起的狮身）、大头佛面具，以及伴奏乐器鼓、锣和钹。② 1977年纽芬兰华协会所购买的"狮子"属于彩狮，即狮头和狮身的设计和绘制并非采用单一色彩或以某一色彩为主，而是大致均等地运用包括红、绿、蓝、黑、白及粉等多种颜色。许多研究者倾向于用三国故事对应和解释南狮服饰的象征系统。③ 例如，帕特里夏·马杜斯基和陈瑞民认为，南狮的狮头设计对应着三国故事中的四个人物，黄黑狮头配白色胡子代表刘备，象征仁慈与慷慨；红黑狮头配黑色胡子代表关公，象征忠诚；黑白狮头配黑色胡子代表张飞，象征勇敢；而彩色狮头配白色胡子则代表赵子龙，象征聪慧。④ 从这一点上看，纽芬兰华协会的彩狮应是代表赵子龙的造型。除颜色外，狮头的底架传统上是由竹子编制而成（因为过重，现已用新型材料替代），而在表面则使用了棉布、绸以及硬纸板等材料。从狮头的形状上看，狮头大体呈圆形，并配有一张大嘴

---

① Li, Mu. 2014. Wanders between Cultural Boundaries: Exploring the Individual Expressions of Chineseness in Newfoundland. Ph. D dissertation, Department of Folklore, Memorial University of Newfoundland.

② 笔者于2011年4月18日，在圣约翰斯对熊楚亮先生进行了访谈。

③ Chan, Mei-Hsiu. 2001. "Transdisciplinary Multicultural Dance Education: Teaching Chinese American Students Chinese Culture through Lion Dancing." Ph. D Dissertation, Department of Performing Arts, Texas Woman's University (Denton, Texas); Hoe, Ban Seng. 1981. "A Chinese New Year's Tradition in St. John's." *Troubadour* 5, No. 1, p. 17; Matusky, Patricia and Tan Sooi Beng. 2004. *The Music of Malaysia: The Classical, Folk, and Syncretic Tradition*. Hampshire, UK: Ashgate Publishing; Slovenze [‐Low], Madeline. 1994. "On the Tail of the Lion: Approaches to Cross-Cultural Fieldwork with Chinese Americans in New York." In *Creative Ethnicity: Symbols and Strategies of Contemporary Ethnic Life*, ed. Stephen Stern and John Allan Cicala, 55‐71. Logan: Utah State University Press.

④ Matusky, Patricia and Tan Sooi Beng. 2004. *The Music of Malaysia: The Classical, Folk, and Syncretic Tradition*. Hampshire, UK: Ashgate Publishing, pp. 152‐153.

和两只大眼。在传统上，南狮狮头的形制大体有两种：佛山式和鹤山式。佛山式的狮头特征为：圆形状狮头，大嘴、大眼以及尖角；而鹤山式狮头则是：椭圆形狮头、小嘴、长眼以及扁平圆状角。纽芬兰华协会1977年所购置的狮头属于佛山式。而狮身则是呈披风状的一块与狮头相连的绸布，在色彩使用上与狮头一致，用五彩绘制。除"狮子"外，此次一并购入的还有一个大头佛面具。此面具是大号的，大致呈圆状的，为纸糊的套头面具。从面具的正面看，面具呈笑脸，面部肥胖慈祥，似弥勒佛，大鼻子、大眼睛和蓝头发。大头佛在舞狮中是一个嬉者，其作用是引导和逗弄狮子。

1977年纽芬兰华协会购入的彩狮（熊楚亮先生提供）

从1978年纽芬兰华人新年庆祝晚会上的第一次表演开始，舞狮艺术便成为了纽芬兰华人文化的重要组成部分。依据米尔顿·辛格（Milton Singer）关于演员和观众在"文化表演"中所处的重要地位的论述，[①] 下文将主要从演员和观众两个方面讨论舞狮艺术。

在20世纪70年代，纽芬兰舞狮的表演者均为以广东话为母语的华人

---

① Singer, Milton. 1959. *Traditional India: Structure and Change*. Philadelphia: American Folklore Society, p. xiii.

图彩狮和大头佛（熊楚亮先生提供）

移民。在这些表演者中，除王国贤和马涤邦（Jim Mah）以外，大部分表演者如林颂良（Chung Lem）都在当地从事餐饮行业。他们中的一些人曾经受过较为专业的武术及舞狮训练。例如，王国贤是香港白鹤拳派拳师邝本夫的弟子，林颂良曾在香港的武馆中打拳和舞狮。这些受过较为专业且系统的舞狮及功夫训练的表演者，大都深谙南狮文化。在他们看来，舞狮体现了广东社会中人与人之间基本的交往原则。莫丙章先生认为："在广东，舞狮其实要表达的中心意思是对本乡本土的依恋、对周围人的尊重以及对才学的渴慕。同时，舞狮也告诉人们要尊重社会规范，提升自己，并学会沟通。"[①] 对此，莫先生解释道：

> 在舞狮中有不同类型的狮子，每种狮子都有特定的舞法，特别是黑狮。黑狮是打架狮，是狮中之王，不是每个人都有资格来舞黑狮的，只有文武双全的人才能舞黑狮。其它的狮子在见到黑狮的时候都要向黑狮鞠躬。而其它的狮子，有些是专门做娱乐用的，每个人都可以玩。关于黑狮的这些传统其实是要鼓励大家努力去做一个

---

① 笔者于 2013 年 7 月 8 日，在圣约翰斯对莫丙章先生进行了访谈。

有才德的人，做一个受人尊重的人，同时也要尊重别人。另外，在舞狮过程中，如果一个村子的狮子要经过另外一个村子，它必须完成人家设置的"文斗"（如对对联——笔者注）或者"武斗"（如两狮比武或者采青——笔者注）的任务。完不成就不让通过。这些就是我家乡的舞狮文化。①

在形式上，舞狮表演是一种故事的讲述方式，每一个舞台动作都是精心设计的。王国贤先生介绍说："整个舞狮表演说的是狮子一天的生活。从舞蹈的开始到结束，每一个动作都有其特定的意思"，② 具体而言：

> 首先，是狮子在早上从睡梦中醒来。和人一样，正常情况下，我们不可能是一下子跳起来的。狮子也一样，它会慢慢地睁开眼睛，打着呵欠，揉揉眼睛，摸摸头发和耳朵。在舞狮表演中，我们把这些叫做"平地起狮"。表演的人需要模拟所有这些细节，这些细节也是舞狮中最值得欣赏的部分。起来以后，肚子饿了，狮子就要出外找东西吃。但是它是非常小心的，会在洞门口不断地试探和张望，看有没有陷阱或者其它危险。当它感觉安全的时候，便开始进行较长距离的行动了。它会过桥或者经过一些较为危险的地方。它需要思考解决危险的办法。当它看到食物以后，同样的，它也会十分小心地查看附近是否有危险。当它觉得一切都没问题以后，便开始享用食物。吃完后，它也会摸摸肚子，打几个饱嗝。然后，它会回到洞中，继续睡觉。有时候，舞蹈中会加入一个大头佛的角色。关于大头佛的角色是这样的，大头佛拿着一个食物去一个地方，但是走到半路特别困，就睡觉了。这时来了一头狮子，把食物偷了。大头佛醒来后发现食物没有了，并看到有个狮子在附近，知道肯定是这个狮子拿了食物，便去追赶狮子，要把食物夺回来。后来他发现狮子把食物吃完了，特别生气，便不断地逗弄狮子，并把狮子引向各种危险作为报复。你看，这是一个多么精彩的故事啊！如果不懂得

---

① 笔者于2013年7月8日，在圣约翰斯对莫丙章先生进行访谈。
② 笔者于2013年8月29日，在圣约翰斯对王国贤先生进行了访谈。

这个故事,如何去欣赏和评价舞狮表演呢?①

因此,"舞狮是一门精致的艺术,而非机械的或随机的动作组合。人们要想理解和欣赏舞狮,就必须了解其背后的文化以及每个动作所代表的意义"。②

除了由故事内容所设定的舞台动作外,整个表演过程都依托于乐器的伴奏以及音乐的舞台指引。在舞狮表演中,主要使用的乐器是三种中国传统的打击乐器,即前文所提到的鼓、锣和钹。这些乐器主要是通过音高和节奏快慢的改变来对舞者进行指引,以提醒他们改变舞步和上肢动作。王国贤先生认为"鼓"是舞狮的灵魂,"如果想把舞狮表演好,就必须懂得听鼓声"。③ 在访谈中,王先生以桌为鼓,向笔者展示了一些鼓法,并一边解释道:

> 与西方的架子鼓不同,我们舞狮表演中只有一个鼓,所有的声音和节奏变化都是通过这一个鼓来完成的。因此,这个鼓的所有部位在表演中都会用上,包括鼓面、鼓边以及鼓槌。在传统舞狮中,我们通常使用三种鼓点,即三星鼓、五星鼓和七星鼓。三星鼓就是一节分两拍,第一拍平分打两下,在第二拍的时候打一下,就是哒哒,哒;五星鼓是一节分三拍,前两拍平分打四下,最后一拍打一下,就是哒哒,哒哒,哒;七星鼓呢,就是一节一共分四拍,前三拍均分为六小拍,就是哒哒,哒哒,哒哒,哒。④

在介绍了鼓法以后,王先生接着说:

> 与这三种鼓点相对应的,是舞狮的三个基本舞步,三星步、五星步和七星步。三星步一般是狮子在它站着的地方进行活动时所使

---

① 笔者于2013年8月29日,在圣约翰斯对王国贤先生进行了访谈。
② 笔者于2013年8月29日,在圣约翰斯对王国贤先生进行了访谈。
③ 笔者于2013年8月29日,在圣约翰斯对王国贤先生进行了访谈。
④ 笔者于2013年8月29日,在圣约翰斯对王国贤先生进行了访谈。

用的，比如说试探的时候，醒来的时候，等等。七星步呢，是狮子在走长距离路的时候使用的舞步。而五星步是使用范围最广的，除了之前所说的几种情况外，都可以用五星步。当然，除了这三种基本舞步外，还有许多其他更为复杂的变化，但是所有复杂的变化都是这几种基本舞步的叠加或融合。①

参加陆镜荣舞狮工作坊的部分成员合影（谭燦洲先生提供）

王先生认为，如果缺乏舞狮艺术的基本常识，表演者不可能将该艺术正确且完整地呈现，而观众也不可能真正欣赏到其中的美和理解表演背后的文化含义。② 但除了少数人以外，纽芬兰早期的许多舞狮表演者都缺乏关于舞狮的专业知识。关于这一点，谭燦洲先生回忆说："在开始的时候，我们会的东西很少。最多就是把狮头举起又放下，举起又放下。"③

为了提高舞狮表演者的表演水平，以及增进他们对于"正宗"广东舞狮文化的理解，1984 年 2 月，通过私人关系（王先生的白鹤派师叔陆智夫与陆镜荣是亲兄弟），王国贤先生邀请了当时在加拿大多伦多定居的

---

① 笔者于 2013 年 8 月 29 日，在圣约翰斯对王国贤先生进行了访谈。
② 笔者于 2013 年 8 月 29 日，在圣约翰斯对王国贤先生进行了访谈。
③ 笔者于 2012 年 2 月 26 日，在圣约翰斯对谭燦洲先生进行了访谈。

黄飞鸿第三代传人陆镜荣到纽芬兰教授舞狮，并同时购入了新的"狮子"。陆师傅的舞狮工作坊为期两周，参加人数为 40 人左右，全为以粤语为母语的 30—40 岁上下的纽芬兰华人，其中大多从事餐饮行业。在教授中，陆师傅从舞狮的武术基本功谈起，逐步演示和分析舞狮的每个动作及其背后的故事性含义，并试图在有限的时间里介绍有关表演背后的文化传统。另外，在教学法上，陆师傅还采取因材施教的方式，根据不同个体的天资和兴趣，分别教授不同的内容。① 在工作坊结束后，许多参加者都对工作坊作出了很高的评价。例如，谭燦洲先生评论道："陆师傅纠正了我以前对于舞狮的许多误解和技法上的偏差。他给我演示了正确的方法。我觉得特别有收获。"②

在这里，谭先生所谓的"正确的方法"其实仅是黄飞鸿一派的"舞法"。而在南部中国的广东，黄飞鸿的宗派大概只是众多舞狮及武术流派中的一个派别。斯洛文斯提到，在她所研究的纽约唐人街，共有超过 30 个具有不同祖师爷的功夫流派。③ 在中国的武术传统中，师承关系以及宗派是十分重要的，是构建武术及舞狮传人自我文化身份的基础；如果缺乏明晰的师承关系，个体便很难在"武林"中立足。在纽芬兰，由于没有正式的师傅和明确的师承源流，很多人并不承认早期纽芬兰舞狮表演者的"合法性"及其表演的"正统性"。例如，熊元衮认为："早期纽芬兰的舞狮根本不能算是舞狮，他们连个师傅都没有。不正宗。"④ 在这个意义上，陆师傅在纽芬兰开堂授徒的意义不仅仅在于提升了舞狮表演者的技术水平，更为重要的是，他的到来使得纽芬兰的舞狮表演者能够有资格宣称他们原本并不明晰的宗派和师承关系，获得了舞狮表演的"合法性"。再者，在个人身份的建构上，通过陆师傅所教授的"传统"舞狮表演形式，许多纽芬兰华人重新建立了与故土文化传统的联系，他们对于乡土的记忆也因为舞狮表演而重新被唤回和加深。通过陆师傅的工作坊，舞狮的传统表演形式不再只是这些广东文化抚育下身处异乡的

---

① 笔者于 2013 年 8 月 29 日，在圣约翰斯对王国贤先生进行了访谈。
② 笔者于 2012 年 2 月 26 日，在圣约翰斯对谭燦洲先生进行了访谈。
③ Slovenze [-Low], Madeline. 1987. "'The Year is a Wild Animal:' Lion Dancing in Chinatown." *The Drama Review*: *TDR* 31: 74 – 102. 第 77 页。
④ 笔者于 2013 年 7 月 10 日，在圣约翰斯对熊元衮先生及夫人进行了访谈。

游子记忆深处的乡愁，而是重新成为了他们日常及节庆生活中的活态体验。①

另外，陆师傅的工作坊意在通过对于所有表演细节的传统表现方式的"还原"，和对艺术表演背后文化含义的重述，使得纽芬兰的舞狮表演回归到中国南狮的表演传统。这反映了老一辈华人对于传统文化及其背后的"历史本真性"（historical authenticity）的追求。与西方古典音乐复古运动（Early Music Revival movement）中强调对早期艺术家（如巴赫）的演出环境、乐器等方面进行复原，以便更好地演奏古典曲目的追求相类似，陆师傅的工作坊也表现出强烈的复原黄飞鸿舞狮表演风格的尝试，而这一追求，得到了几乎所有参与者的认同和支持。正如王国贤先生所说的："如果要表演，那么就应该采用传统的，正确的表演形式。"② 在陆师傅的工作坊结束后，纽芬兰的舞狮表演水平有了很大的提高，并组建了一支较为常规的表演队伍。但到了20世纪90年代末和21世纪初，这支20世纪80年代中后期建立起来的舞狮队伍因为各种原因开始慢慢淡出了舞狮表演。因此，要维持舞狮表演的正常进行，需要有更多更为年轻的表演者。虽然随后时有新人加入，但在许多人看来，由于缺乏专业的舞狮指导，新一代表演者的表现差强人意，急需专业人士进行指导。③ 纽芬兰华人的这一诉求在2006年变成了现实。

第二节 追求"自我"的新一代表演者

得益于加拿大政府专项基金的资助，在纽芬兰华协会成立30周年之际，时任会长的梁群章（Betty Wong）女士邀请了加拿大著名的舞狮表演者、越南华侨叶浪先生（Lat Yip）来到纽芬兰教授舞狮，并且重新购入了两个"狮子"。这两个新的"狮子"即是近年来纽芬兰舞狮队较为常用的两个"狮子"。它们的色彩都十分鲜艳，其中一个为火红色，另一个为

---

① 笔者于2013年8月29日，在圣约翰斯对王国贤先生进行了访谈。
② 笔者于2013年8月29日，在圣约翰斯对王国贤先生进行了访谈。
③ 笔者于2011年4月18日，在圣约翰斯对熊楚亮先生进行了访谈。
  笔者于2013年8月29日，在圣约翰斯对王国贤先生进行了访谈。

金黄色。与之前所提到的彩狮在形制上差别很大。首先,从材料上看,新的狮子使用的是更为轻便的材料,虽然在框架上,仍然使用竹篾,但是更细更薄,狮头表面也多用布,而少用纸,使得狮头重量大为减轻。其次,与传统南狮的狮身只是一件披风形制的绸布不同,新狮服饰配件中还包括了狮腿裤。而拥有与狮身设计一致的狮腿在传统上属于北狮的造型特征,南狮表演者为突出其功夫性的特点,一般穿着功夫服(后改为运动装)进行表演。因此,叶浪师傅称之为"南狮北腿"。① 从新的狮服上看,舞狮逐渐脱离了中国南狮的功夫传统,而更具与北狮类似的表演性。

2006 年纽芬兰华协会购入的两只狮子(崔叶澄提供)

叶浪师傅的舞狮工作坊为期一周,每天的训练时间大致为两小时左右,共有 9 人参加了此次工作坊。由于时间有限,叶师傅在教授内容上除了侧重于表演者之间的配合以及如何完成跳跃动作外,② 更着重指导学

---

① 笔者于 2011 年 2 月 19 日,在多伦多对叶浪先生进行了访谈。
② 笔者于 2011 年 4 月 7 日,在圣约翰斯对黄彼得(Peter Wong)先生进行了访谈。

第四章　中华舞狮的跨文化漂流：异文化语境下文化主体自我意识的建构　／　153

员演奏舞狮音乐。① 在叶师傅工作坊参与者的基础上，以苏正衡（Justin So）为队长，新一代的纽芬兰舞狮队逐渐成形。

叶师傅舞狮工作坊部分参加者合影（叶浪提供）

在该舞狮队组建初期，其成员多为在校大学生或中学生，除黄彼得以外，年龄均在30岁以下。与早期表演者均为以粤语为母语的第一代移民不同，新一代舞狮队的成员在家庭背景上呈现出一种多元性，在日常交流中仅使用英语。当然，大部分成员包括黄彼得、特丽莎·黄（Teresa Wong）、约书亚·刘（Joshua Lau）、加百利·刘（Gabriel Lau）、苏正衡、马修·苏（Matthew So）、约书亚·王（Joshua Wong）和凯瑟琳·石（Catherine Shek），仍是来自说粤语的家庭。其中约书亚·王生长在香港，而凯瑟琳·石则生长在加拿大西部阿尔伯塔省的卡尔加里市，二人均是到纽芬兰求学。与上述成长于粤语家庭的二代移民不同，谢加瑞的父母来自中国的北方（河北及河南）；爱玛·科尔（Emma Cole）出生于中国，但被纽芬兰科尔氏家庭收养，自幼便成长于圣约翰斯；徐子浩生在中国台湾，并在那里度过童年的大部分时间；而安德鲁·梁（Andrew Leung）、

---

① 笔者于2014年2月3日，在圣约翰斯对苏正衡先生进行了访谈。

司徒蔚林（William Ping Jr.）和克里斯·王（Cerith Wong）则生长于由华人父亲与白人母亲所组建的家庭。虽然存在家庭背景和幼年期成长环境的差异，但这些新一代的表演者都已经完全融入了纽芬兰当地的社会与文化。即使许多表演者生长于以粤语为母语的家庭，他们对于广东文化和语言仍然十分陌生。他们对于自我都有一个较为清晰的身份意识，即自认为"华裔"。基于文化选择困境中个人倾向的不同，在纽芬兰舞狮表演的个案中，表演者往往在参与舞狮活动的动机上存在差异，并且对此文化事件本身也有着不同的个人见解和预期。

在舞狮队中，苏正衡从八岁起便接触舞狮，并为舞狮艺术所深深吸引。作为新一代舞狮队的队长，他肩负起了搜索和制备舞狮学习资料、鼓励和促进队员之间相互交流，以及组织和安排常规训练及彩排的责任。如今已进入职场的苏正衡，他并不认为舞狮是其工作生活的负担，而认为自己"有义务向人们介绍自己的文化"。[1] 除了提高自身关于舞狮文化的知识以外，苏正衡还积极将自己所了解的资料和相关信息与队员们分享。例如，黄彼得提到："苏正衡会经常告诉我们一些关于舞狮的文化，比如，为什么在表演中狮子喜欢吃生菜？为什么舞狮会给人们带来好运？我所知道的除了技术以外的所有关于舞狮的知识都是从苏正衡那里听来的。"[2]

但除了苏正衡以外，其他队员大多缺乏对舞狮文化和历史的兴趣。这一点可从队员们加入舞狮队的原因中得知。例如，约书亚·刘的父母均来自舞狮文化较为盛行的香港，虽然他将舞狮视为自身传统的重要部分，但是，其进行舞狮训练的初衷是为了加强体育锻炼。[3] 谢加瑞的父母来自中国北方地区，因此，他的家庭对于舞狮这一广东文化的代表并无强烈的文化归属感。谢加瑞告诉笔者，他加入舞狮队主要是因为舞狮表演本身的精彩以及他认为舞狮是"一件很好玩的事情"[4]。而黄彼得加入舞狮队则是由于纽芬兰华协会执委会的不断劝说。[5] 与谢加瑞和黄彼得不

---

[1] 笔者于2014年2月3日，在圣约翰斯对苏正衡先生进行了访谈。
[2] 笔者于2011年4月7日，在圣约翰斯对黄彼得先生进行了访谈。
[3] 笔者于2018年11月27日，对约书亚·刘先生进行了网络访谈。
[4] 笔者于2012年9月7日，对谢加瑞先生进行了网上访谈。
[5] 笔者于2011年4月7日，在圣约翰斯对黄彼得先生进行了访谈。

同，只有四分之一华人血统的司徒蔚林加入舞狮队的主要原因是其父母希望他能多了解一些中国的传统文化。① 或许是由于队员们普遍缺乏对于舞狮表演背后的文化传统的兴趣，平时训练和彩排的重点只在于提高表演水平和技术的熟练程度。约书亚·刘告诉笔者："除非有人问起，否则我们很少会在训练时谈到文化方面的东西。"② 即使在苏正衡看来，在多数情况下，舞狮是一项"任何人都可以来表演的"、不依赖文化理解的娱乐活动③。新裔代表演者关于背景文化在舞狮表演中的地位和价值的观点表现了他们与前辈重视舞狮文化的表演者之间存在的显著差异。在这一点上，呼应第三章中有关传播与传承的讨论，可以说，中华舞狮传统在新裔代华人中的"传承"实际上可被视为一种"跨文化传播"的类型。

通常只有在一种情况下，文化方面的内容才会被提及。黄彼得说："当我们尝试新的技巧时，如果我们不能理解或者很难做到时，苏正衡会讲一些动作背后的故事以帮助我们去理解和进行实践，这种方法通常十分奏效。"④ 黄彼得的话表明，文化在舞狮表演中并非无足轻重。对于舞狮文化认知的缺乏，往往会阻碍表演者水平的提高。为了克服新裔代表演者普遍存在的文化"缺失"，舞狮队中较有经验的队员往往会寻求一些辅助手段帮助其他队员更好地完成表演。例如，在2012年8月，纽芬兰舞狮队应邀到纽芬兰纪念大学图书馆进行表演。为保证演出的顺利进行，苏正衡专门将表演过程事先写好并分发给表演者背记。以下分别是此次表演的鼓法（见表1）（鼓法的名称大多是队员们自己拟定的）和动作安排（见表2）。

---

① 笔者于2011年4月16日，在圣约翰斯对司徒蔚林及其母亲（Violet Ryan-Ping）进行了访谈。
② 笔者于2012年10月6日，对约书亚·刘先生进行了网上访谈。
③ 笔者于2014年2月3日，在圣约翰斯对苏正衡先生进行了访谈。
④ 笔者于2011年4月7日，在圣约翰斯对黄彼得先生进行了访谈。

表 1 **2012 年 8 月舞狮表演鼓法**

Beat（鼓点）
No drumming（无鼓）
Sleeping/snoring Beat（0：00 - 0：15）（睡眠/打呼噜鼓）
Bowing drum beats（x3）（0：15 - 0：41）（鞠躬鼓）
Hai Ci drum beats（0：41 - 0：56）（举狮头鼓）
Bowing drum beats（x3）（0：56 - 1：19）（鞠躬鼓）
Walking beats（1：19 - 1：49）（行走鼓）
Waiting beat（1：49 - 2：05）（等待鼓）
Side jump beat（x3）（2：05 - 2：10）（侧边跳跃鼓）
Leading beat and ending beat（2：10 - 2：13）（带领鼓和结束鼓）
Walking beat and bowing beat（2：13 - 3：47）（行走鼓和鞠躬鼓）
High drum to walking beat（3：47 - 4：05）（高鼓变行走鼓）
Hai Ci drum beat（4：06 - 4：22）（举狮头鼓）
Bowing drum beats（x3）（4：23 - 4：50）（鞠躬鼓）
High drum and ending beat（4：50 - 5：00）（高鼓和结束鼓）

（苏正衡提供）

表 2 **2012 年 8 月舞狮表演动作造型**

Figure（动作造型）
Introduction（开场）
－ Bow, get into lion（鞠躬并套上狮头）
Sleeping Lion, waking up（醒狮）
－ Scratch ear, eye,（挠耳朵、眼睛）
－ Third time get up and lick leg（挣扎三次起身，舔腿）
Hai Ci with jump（高举狮头并跳跃）
Three bows（三鞠躬）
Walk around in a circle. End in center（转圈并停在舞台中心）
Look left, look right, look center（看左，看右，看中间）
－ Look down and up in direction（上下看）
－ Use eyes, ears, mouth（动眼睛、耳朵及嘴）
Raise head and step to side with toe flick（高举狮头，用脚趾点地向旁边踱步）
Leg lick, turn and sit（舔腿、转身、坐下）

第四章　中华舞狮的跨文化漂流：异文化语境下文化主体自我意识的建构 ／ 157

续表

Figure（动作造型）
Walk and greetings（x3）（行走并作揖） 　— Rub（挠） 　— Lick（舔） 　— Eyes and ears（动眼睛和耳朵）
Back tocentre. Cross and face crowd（回到中心，面对观众）
Hai Ci with pose（高举狮头并定格姿势）
Three Bows（三鞠躬）
Ending（谢幕）

（苏正衡提供）

再如，应纽芬兰华协会2013年新年庆祝晚会的需要，苏正衡又将鼓点与动作造型分解如下（见表3）。

表3　　纽芬兰华协会2013年新年庆祝晚会舞狮鼓点及动作分解

Figure（动作造型）		Beat（鼓点）
Silver Lion 1（银狮）	Red/Gold Lion 2（红/金狮）	
Eye dotting（点睛）	Waiting side room（旁边房间等待）	No drumming（无鼓）
Sleeping lion, waking up（睡狮，醒狮） 　— Flop down, snoring（躺卧，打呼噜） 　— Scratch ear, flop down（挠耳，继续躺卧） 　— Scratch eye, fall to side, kicking（揉眼睛，躺到一侧，伸踢腿） 　— Lick leg and get up（舔腿，起身）	Waiting side room（旁边房间等待）	Rapid rim shots（快速打边鼓） 　— Scratches/licks (follow lion)（跟随狮子的挠、舔动作进行敲打）
Hai ci（高举狮头）	Enter Room（进场） 　— Run in with *Hai ci* finish（跑步进入并以高举狮头动作停住）	*Hai ci* beat（举狮头鼓）

续表

Figure（动作造型）		Beat（鼓点）
Silver Lion 1（银狮）	Red/Gold Lion 2（红/金狮）	
Running bow（跑步鞠躬）	Running bow（跑步鞠躬）	Running bow beat（x3）（跑步鞠躬鼓）（drum roll, drumstick beat, finishing beat on last bow）（滚鼓槌，鼓槌敲击，最后一次鞠躬时停止敲鼓）
Stationary cross steps（静止交叉步）	Stalking walks to centre（阔步行进至中央）	Waiting beat（等待鼓）
Notice other lion（觉察到另外一只狮子） - Side hops with crouch（在另一只狮子旁边跳跃和蹲伏）	Standing side to stage area（立于舞台一侧）	Rapid gong beat（快速鸣锣）
Greeting lions walk (half)（会狮步，走一半）	Greeting lions walk (half)（会狮步，走一半）	Greeting beat（致敬鼓）
Jump forward（跳跃前进）	Raise head and step to side with toe flick（抬头，垫脚行进到一侧）	Skin-rim drum roll to crash（在鼓皮边缘摩擦出响声）
Circle other lion（绕狮） - Quick turn to stance（快速停住不动）	Circle other lion（绕狮） - Quick turn to stance（快速停住不动）	Skin-rim drum roll to crash（在鼓皮边缘摩擦出响声）
Roll or skip to side（翻滚或者跳跃至旁边） - End in low stance（停住时伏下身子）	Head up, large jump on the spot（将狮头举起，原地用力跳跃）	Skin-rim drum roll to crash（在鼓皮边缘摩擦出响声）
Greeting lions（会狮）	Greeting lions（会狮）	Greeting beat（致敬鼓）
Circle other lion, walk to crowd（绕狮，走向观众）	Circle other lion, walk to crowd（绕狮，走向观众）	High drum to walk（行走时使用高鼓）

续表

Figure（动作造型）		Beat（鼓点）
Silver Lion 1（银狮）	Red/Gold Lion 2（红/金狮）	
Walk and greetings（x3）（行走并作揖） — Rub（挠） — Lick（舔） — Eyes and ears（动眼睛和耳朵）	Walk and greetings（x3）（行走并作揖） — Rub（挠） — Lick（舔） — Eyes and ears（动眼睛和耳朵）	Walking beat and bowing beat（行走鼓和鞠躬鼓）
Smelling greens（嗅蔬菜）	Smelling greens（嗅蔬菜）	Rim shot to cymbals（x2）（打钹边） Waiting/searching combo（等待或者寻找蔬菜时）
Searching for greens（x3）（找蔬菜）	Searching for greens（x3）（找蔬菜）	Searching for greens beat（找蔬菜鼓）
Spitting greens（x3）（撕蔬菜）	Spitting greens（x3）（撕蔬菜）	Drum roll to crashing beat（从滚鼓槌到敲击）
Hai ci（高举狮头）	Hai ci（高举狮头）	Hai ci beat（举狮头鼓）
Running bows（跑步鞠躬）	Running bows（跑步鞠躬）	Running bow beat（x3）（跑步鞠躬）
Ending（谢幕）	Ending（谢幕）	High drum and ending beat（高鼓和结束鼓）

（苏正衡提供）

可以看到，首先，鼓乐的部分被分成了多个小单元，这一方面使得鼓手（通常由司徒蔚林担当）比较容易掌握和记忆；但是，在另一方面，由于这样片段式的记忆以及演练，不仅使得原本艺术性的音乐流变成了机械式的片段组合，而且使得音乐往往在旋律上出现不连贯，有时甚至在表演中会出现短暂的鼓声中断现象（当然，一部分原因也是因为排练时间不够所致不熟练造成的）；再者，在传统的舞狮表演中，如前所述，音乐，特别是鼓声，在表演中是用于引导舞狮动作的，而音乐的碎片化使得在实际的舞狮过程中，鼓声往往变成了动作的依附。笔者观察到，在纽芬兰的舞狮表演中，鼓手有时是通过观察狮子动作的变化而相应改变鼓声的。表2中关于狮子的动作造型，很大程度上是为了给鼓手在演奏音乐时提供直观对应的形象，以避免出现鼓声中断，或者鼓声和动作在衔接和配合上出现不应有的失误。在这个意义上，舞狮表演从一种表演者自身的文化认同和情感宣泄的表现形式，变成了较为程式化的动作模仿。对于传统的舞狮表演者而言，如一位在美国得克萨斯州达拉斯市教授舞狮的陈女士所言："中华传统舞蹈所植根的是不容随意打破的传统信仰和自然崇拜，动作在很大程度上都有确切的历史依据，因此，许多舞步都是固定不变的，留给舞者进行个人创造的空间很小。"[1]

但是，在另一方面，从跨文化传播创新性的角度而言，正是由于新裔代表演者对于舞狮文化的"陌生"，使得他们敢于突破原有的传统舞狮文化的限制，接受和创作新的表演动作，使之成为他们独特的情感和文化表达方式。例如，黄彼得所描述的个例："在传统南狮中，狮子的性别并不明确。为了甄玛丽（Mary Gin）的婚礼，我们自己编排了一些动作，加入了性别的成分。我们通过一些看似女性化的动作把红色的那只狮子作为母狮，而黄色的狮子则扮演雄狮。我们希望通过这些改变来配合婚礼的氛围。"[2] 这样的例子很多：在2013年纽芬兰纪念大学举办的春节庆祝晚会上，谢加瑞创造性地将舞狮与当时流行的一首韩国歌曲《江南风格（Gangnam Style）》相结合进行舞台表现，完全颠覆了观众对于舞狮表演的预期。而在2014年纽芬兰纪念大学的新年庆祝中，原来的大头佛形像为中华国宝大熊猫的形象所取代。在著述此书时，徐子浩告诉笔者，在运用传统舞狮的基本鼓点和舞步的基础上，纽芬兰舞狮队正在通过观摩和学习互联网上流传的各种被称为"新时代舞狮"的表演，逐渐尝试

---

[1] Chan, Mei-Hsiu. 2001. "Transdisciplinary Multicultural Dance Education: Teaching Chinese American Students Chinese Culture through Lion Dancing." Ph. D Dissertation, Department of Performing Arts, Texas Woman's University (Denton, Texas), p. 62.

[2] 笔者于2011年4月7日，在圣约翰斯对黄彼得先生进行了访谈。

创作属于他们自己的、反映新裔代独特的纽芬兰经验的舞狮表演。① 值得一提的是，与中国传统舞狮活动仅允许男性参加不同的是，纽芬兰新裔代舞狮团队中一直存在女性表演者，如在20世纪末到21世纪初的陈姓姐妹、徐子浩和凯瑟琳等，表明了纽芬兰华人舞狮活动非常明显的具有地方性特征，并反映了华人舞狮活动的当代变化趋势。

甄玛丽婚礼上的双狮舞表演（崔叶澄提供）

2014年纽芬兰纪念大学的新年庆祝中的舞狮表演（张云帆提供）

---

① 笔者于2021年8月5日，对徐子浩进行了网络访谈。

可以看到，纽芬兰新裔代的舞狮表演者表现出了维克多·特纳（Victor Turner）所提出的对于"文化表演"的反思性以及由此产生的创造力。[1] 他们并不拘泥于前辈表演者所设定的传统，特别是由陆镜荣师傅带来的"正宗"黄飞鸿流派的舞狮文化。他们并不热衷于追求所谓的"历史本真性"，也不认为纽芬兰的舞狮表演是单纯的中华文化，特别是广东文化的历史遗留。相反，他们在中华文化传统与纽芬兰生活经验的碰撞中发展出了一套属于他们自己的文化和情感表达方式。司徒蔚林说："和舞狮队的许多队员不同，我其实不能算是一个纯粹的华人，我也并不了解舞狮的历史以及它在中国文化中的价值和功能。对于我而言，舞狮是我和我的爷爷[2]血脉相连的一种方式。我积极参加舞狮是想通过这种方式纪念我已经去世的爷爷。"[3] 在笔者看来，纽芬兰华人舞狮的地方性和个人性表达并非是对于艺术本真性的背离，而是通过对自我的反思和再认识，进而强调"历史本真性"之外的、或许在艺术表达上更为宝贵的"个体本真性"（personal authenticity）。所谓"个体本真性"，是指基于个体独特生命体验的、表达个体真实情感的个人独一无二的艺术风格和艺术原创性。[4] 在这一意义上，通过舞狮表演中对于个体本真性的追求和呈现，纽芬兰的新裔代舞狮表演者表达了他们与老一辈表演者不同的、对于舞狮文化及其背后的中国文化（特别是广东文化）的独特理解，以及对于自身文化身份的重新定位。可以看到，他们的文化身份并不是由单一的"获得的"中华文化或其成长环境中的纽芬兰经验所决定的，而是在两种文化的不断碰撞和平衡中逐渐被塑造和定义的，是一种变动的文化意识。因此，斯洛文斯评论道："我从不把北美的舞狮表演看作具有异国情调的传统中国的文化遗存，而是将之视为当代北美华人具体真实的文化表达，是由移民和已经完全融入北美社会的土生华人所身体力行的

---

[1] Turner, Victor. 1981. "Social Dramas and Stories about Them." In *On Narrative*, ed. W. J. T. Mitchell, 137–164. Chicago: University of Chicago Press; 1988. *The Anthropology of Performance*. New York: PAJ.

[2] 即司徒育亭。

[3] 笔者于2011年4月16日，在圣约翰斯对司徒蔚林及其母（Violet Ryan-Ping）进行了访谈。

[4] Kivy, Peter. 1995. *Authenticities: Philosophical Reflections on Musical Performance*. Ithaca: Cornell University Press.

表演活动。"①

第三节　众声喧哗：舞狮表演的观众

　　舞狮从 1978 年在纽芬兰的首次公开表演开始，它便成为了当地最为重要的中华文化符号，频繁出现在华人组织的各类文化活动中（如新年庆祝和扫墓）。由于纽芬兰华人人口构成中使用粤语的人群所占的绝对人口优势，以及纽芬兰华协会的推动，舞狮由一种中国地方性的文化形态转变为整个中华文化在纽芬兰的代表。曾任纽芬兰华协会会长（2003—2004）的王力力女士告诉笔者："我们②每年的新年庆祝会上都有舞狮，因此，对于纽芬兰当地人③而言，舞狮就成为了他们心目中对于中国文化的想象，被认为是中国最传统的东西。"④

　　纽芬兰当地媒体对于舞狮活动的具体介绍，最早见于《晚间电讯报》1979 年 1 月 30 日对于当时由纽芬兰华协会和纽芬兰纪念大学中国学生会联合举办的华人春节庆祝的报道："舞狮是庆祝中国新年的一项传统表演活动。我们今天所看到的表演是中国的南狮表演。'狮子'伴随着震耳欲聋的有节奏感的鼓声、钹声和锣声在地上变换着姿态和步伐。它的舞动是由一个拿着扇子、画着笑脸的大头佛引导的，好像是在进行着觅食的活动。在狮舞的最后，狮子跳上了一张桌子，象征着它登上了一座建筑物的顶端，拿到了高悬的红包或者食物。舞狮的表演者们身着中国传统的黑色练功服。"从那时候起，关于舞狮的报道便频繁出现在纽芬兰的主流媒体中，不断进行着对非华人公众的文化推介。而后者对于此项来自异文化的传统欣然接纳。因此，在 21 世纪初，许多参加华人文化活动的纽芬兰人会为由于缺乏舞者而停演的舞狮惋惜，并希望华协会能尽快恢复。纽芬兰华协会的核心成员之一崔叶澄告诉笔者："我们曾经有两三年

---

① Slovenze［-Low］, Madeline. 1994. "Lions in the Streets: A Performance Ethnography of Cantonese Lion Dancing in New York City's Chinatown." PhD dissertation, Department of Performance Studies, New York University, p. xiii.

② 指纽芬兰华协会——笔者注。

③ 指非华人——笔者注。

④ 笔者于 2012 年 1 月 25 日，在圣约翰斯对王力力女士进行了访谈。

没有表演舞狮,许多纽芬兰人便向我们询问舞狮表演停止的原因。他们非常希望重新看到舞狮表演。作为我们华协会自己,我们也觉得,如果没有舞狮表演,我们便失去了一个很好的向外人展示我们文化的媒介。"[1]在很多华人看来,舞狮表演不仅满足了非华人群体对于中华文化的兴趣,还是向对中华文化了解和接触十分有限的华人后代介绍其祖先文化的、"形象生动的"重要工具。[2]有时候,当新年庆祝中的舞狮活动由于某些原因暂停时,华人协会甚至还需要特别通过各种媒体告知公众。例如,2003年2月1日,纽芬兰华协会在《电讯报》发表了一个公告称:"今年的春节活动将不会包含传统的舞狮"(This year's party won't include the traditional lion dance)。可以说,舞狮表演在纽芬兰拥有许多不同类型的观众,除了华人以外,更多的是当地缺乏中国文化知识的非华人群体。观众的多元性决定了阐释舞狮意义的丰富性和复杂性。正如理查德·鲍曼的表演理论所揭示的——"文化表演"的意义不仅仅是由表演者塑造的。[3]其意义是在演员与观众互动的过程中生成,而不同的观众会对同一表演有不同的期待和阐释。

值得注意的是,舞狮表演的跨文化传播,与日常生活重要组成部分的饮食不同,很多时候并不是在现场表演的情境中进行的,而是在表演之后的间接报道中完成的(当然,前述卡尔·威尔斯的食评文章也发挥着相似的功能)。笔者在查阅纽芬兰主要媒体有关舞狮的报道文章时发现,当地主流媒体在舞狮跨文化传播中的作用非常巨大,它们在报道中向公众介绍的内容大体包括狮舞的基本情况(服装、乐器、演员等)以及文化意涵等。例如:《电讯报》在1984年2月6日的报道中告诉读者"狮舞的演出服装是彩色的";而该报在2007年2月25日的报道中更为详细地描绘了狮舞所用的服装扮相"非常的巨大且漂亮,覆盖着一层鲜亮耀眼的金黄色"。而在1985年2月25日的文章中,《电讯报》的记者则记录了表演的全过程:"伴随着锣鼓的节奏,表演者们身着演出服装在

---

[1] 笔者于2012年1月20日,在圣约翰斯对崔叶澄先生进行了访谈。
[2] 笔者于2014年2月3日,在圣约翰斯对苏正衡先生进行了访谈。
[3] Bauman, Richard. 1977. *Verbal Art as Performance*. Rowley, Mass.: Newbury House Publishers; 1986. "Performance and Honor in 13th – Century Iceland." *Journal of American Folklore* 99: 131 – 150.

第四章　中华舞狮的跨文化漂流：异文化语境下文化主体自我意识的建构　／　165

舞台上尽情演绎，他们的狮子扮相非常鲜艳美丽而且活灵活现、栩栩如生。舞蹈在一阵响亮的鞭炮声中结束。"可以说，在很大程度上，报纸和电视等主流媒体对中华舞狮的报道，实际上非常有效地实现了更大范围的传播，让那些无缘现场参与的普通纽芬兰人通过阅读"看到"了这一中华优秀传统文化。重要的还在于，主流媒体的报道并非仅仅提供了表面上有关视觉意象的描绘，它们还向读者和观众传递了舞蹈蕴藏的深刻文化内涵。例如，《电讯报》1984年2月6日报道了当时华人新年晚会的主持人区如柏先生向观众介绍舞狮服装道具源自香港的来历，并着重指出："狮子象征着好运，并能驱逐厄运和不详。"[①] 又如，《电讯报》1999年2月16日的报道中涉及了有关舞狮起源的传说："在新年钟声敲响时，鞭炮和热烈的舞狮是用来吓跑'年'这个神秘诡异的怪兽的。"舞狮能带来好运和驱散邪魔的作用，在2006年7月10日《电讯报》的报道中又再次被提及。这些持续和反复出现的解释和说明，使得舞狮表演不再仅仅是一种单纯的娱乐活动，它还成为了对外进行文化教育的手段。

相较于许多其他类型的中国艺术形式，人们对于舞狮的喜爱主要是因为舞狮是一门视觉和听觉相结合的、无须特别中国语文知识的表演艺术。在其关于旧金山华人新年庆祝的研究中，叶秋玲（音译，Chiou-Ling Yeh）将海外的中国艺术形式分为三类：第一类是充满异域风情并能吸引许多非华人观众的；第二类是民族特点十分突出且华人民众较为热衷，但很少能引起除媒体外的当地非华人群体普遍兴趣的；而第三类则是需要较为深厚的中国语言及文化功底才能理解、而几乎不可能被当地人所接受的。[②] 叶秋玲将舞龙舞狮等归于第一类，京剧、民族舞蹈以及武术被归为第二类，而中文歌曲、相声等语言类的表演形式则被归为第三类。可以想见，第一类表演形式旨在面向包括中国观众在内的所有观众，第二类所吸引的可能是较为特定的观众群体，而第三类基本上会将非华人观众完全排除在外。叶秋玲的归类标准主要是依据非华人群体及个人在缺乏中华文化知识的情况下，对于中国文化的艺术感知。在她看来，中

[①] 有关报道内容，笔者已向区如柏先生证实。
[②] Yeh, Chiou-Ling. 2008. *Making an American Festival：Chinese New Year in San Francisco's Chinatown*. Berkeley：University of California Press. p. 51.

华文化活动的组织者往往会根据普通观众，特别是非华人观众的兴趣选择文化表演的形式，以实现该文化活动所预先设定的政治、经济及文化目标。在此，笔者特别希望强调舞狮作为一种非语言类而主要依靠视觉和听觉感知获得审美经验的文化传统的特征。正是由于舞狮的非语言性表达的媒介特性，使得它更易于向缺乏特定文化基础的公众传播，更为重要的是，它还可以因此而避免由于语言而带来的政治性问题。肖恩·梅茨赫尔（Sean Metzger）提到，在加拿大蒙特利尔，舞狮因为不诉诸语言而不至陷入英语民族和法语民族长期以来相互争执的文化泥沼。① 在北美的大城市中，如纽约，"在唐人街之外，舞狮者在许多全市范围内的节庆仪式和游行活动中被用来代表纽约的华人居民"，甚至有时候还会被用于（与民族文化无关的）舞厅和夜场表演中。② 在纽芬兰，由于华人的人口规模小（如前所述，占当地人口总数不到0.5%，约1200人），华人文化表演的目标观众主要为当地非华人群体，因此，叶氏分类中的第二及第三类艺术形式在纽芬兰并不流行。关于这一点，崔叶澄回忆道：在1990年代，纽芬兰一位华侨为了祝寿，曾打算邀请多伦多的粤剧班到圣约翰斯进行表演，但考虑到观众数量太少，最后并未付诸实施。③

在纽芬兰，舞狮除了在华人组织的文化活动中进行表演，还被广泛邀请到当地各类经济、教育、多元文化及社区活动中。徐子浩提到："舞狮就是我们华人在纽芬兰的'文化大使'。在华协会组织的活动中，我们必定会有舞狮表演。近年来，我们还在社区的几场婚礼上进行表演，也积极参加了当地各种文化协会及学校组织的促进多元文化发展的文娱活动。最近，我们更是扩大了活动参与的范围，使中国文化进入了当地人的日常生活中。"④ 例如，2013年12月，纽芬兰舞狮队还应邀参加了圣约翰斯的圣诞节游行，这一活动是当地全年中最大型的公共文化活动之一。

---

① Metzger, Sean. 2011. "Le Rugissement Du Lion: Mapping and Memory in Montreal's Chinese/Canadian Street Theatre." In *Asian Canadian Theatre*, edited by Nina Lee Aquino and Ric Knowles, 86 - 97. Toronto: Playwrights Canada Press, p. 95.

② Slovenze [- Low], Madeline. 1994. "Lions in the Streets: A Performance Ethnography of Cantonese Lion Dancing in New York City's Chinatown." PhD dissertation, Department of Performance Studies, New York University, p. 3.

③ 笔者于2012年1月20日，在圣约翰斯对崔叶澄先生进行了访谈。

④ 笔者于2012年1月29日，在圣约翰斯对徐子浩女士进行了访谈。

第四章　中华舞狮的跨文化漂流:异文化语境下文化主体自我意识的建构　/　167

因此,正如斯洛文斯所言,舞狮是北美华人(当然,她指的是唐人街,但是同样适用于其他地区)仪式和节庆生活的重要组成部分,是社会面相与表演面相的整合,在这个意义上,理解舞狮,并且理解舞狮作为一种民族生活方式融入社区生活并将之通过纯粹民间路径进行有效延续的复杂性和多义性,是理解跨族裔和跨文化间性的重要通途。① 在舞狮为当地社区,特别是非华人群体所广为接受时,一些当地华人却对此表演活动持有不同的见解。在一些老一辈的华人看来,现代纽芬兰的舞狮表演并不能代表中国文化,因为他们认为,这些舞狮表演并不是"真正的舞狮"。例如,从中国台湾移民纽芬兰的黄信嘉先生将纽芬兰的舞狮表演看作外行的"玩闹":"开始到现在,许多人根本不会舞狮,因为他们根本就没有功夫的基础。很多时候,很多人只是在进行动作模仿和随意地打着鼓。我记得自己有一次对他们说,'你们这样随便玩玩可以,但是千万

2013 年 12 月圣约翰斯圣诞节游行中的舞狮表演,图中人物为约书亚·刘(左)

---

① Slovenze [-Low], Madeline. 1994. "Lions in the Streets: A Performance Ethnography of Cantonese Lion Dancing in New York City's Chinatown." PhD dissertation, Department of Performance Studies, New York University, pp. xii – xiii.

不要讲你们在舞狮。"① 与黄先生的观点相似，莫丙章先生也认为纽芬兰的舞狮"并不正宗，没有精气神，没有文化气息"②。除了这些深谙舞狮传统的华人对于舞狮的批评以外，有些来自中国北方的新移民，如来自中国山西的王力力女士和来自大连的赵育明先生，也不完全认同将舞狮作为他们所认知的中华文化的代表，而是认为舞狮仅代表了"老一辈广东移民脑海中关于中国新年的古老印象"。王女士如是说：

> 在纽芬兰，我们几乎年年都有舞狮表演，所以，在许多当地人看来，舞狮就是中国文化，特别是中国新年不可分割的一部分。但是，在我看来，舞狮最多只是代表了老一辈广东移民脑海中关于中国新年的古老印象。虽然舞狮在我们这里每年都有，而且看起来表演都差不多，但是老华人看得津津有味。在我的经验中，新年里是从来没有舞狮活动的。我对于舞狮的认识全部来自于电影和书籍。我觉得舞狮是一种非常非常古老的东西。这些广东移民和我们太不一样了。可能在他们离开中国的时候，新年的确就是那样的。舞狮可能提供了舒解他们乡愁的一种方式吧。不过，我的印象中，中国新年是很现代的，大家就是休息一下，串串门什么的。我所理解的我生活的中国文化中，没有舞狮这个东西。③

除了文化的角度外，部分第一代华人移民还从个人喜好的角度否认舞狮作为其文化身份的表征。来自中国台湾的黄张古美女士（Katherine Huang）说："我觉得那个'狮子'的面目特别可怕，所以我从小就不喜欢舞狮。"④ 而前述担任华人春节晚会主持并向公众解释舞狮意义的广东移民区如柏则认为舞狮表演"动作重复，缺乏新意"。⑤

与上述批评相异，对于许多华裔而言，有关舞狮的记忆和感受是他们理解中华文化以及构成他们文化身份的重要基础。在许多人，特别是

---

① 笔者于 2012 年 3 月 29 日，在圣约翰斯对黄信嘉、林清香夫妇进行了访谈。
② 笔者于 2013 年 7 月 8 日，在圣约翰斯对莫丙章先生进行了访谈。
③ 笔者于 2012 年 1 月 25 日，在圣约翰斯对王力力女士进行了访谈。
④ 笔者于 2012 年 2 月 22 日，在圣约翰斯对黄张古美女士进行了访谈。
⑤ 笔者于 2014 年 4 月 8 日，在圣约翰斯对区如柏先生进行了访谈。

第四章　中华舞狮的跨文化漂流：异文化语境下文化主体自我意识的建构　/　169

在老一辈华人看来，如果没有舞狮，纽芬兰华裔便失去了与中华传统文化相连的切实纽带。苏正衡的父亲苏英平（Peter So）曾说："正是由于舞狮等文化活动的存在，在这里出生的华人孩子才有机会认识和接触一些中国的传统文化。没有了这些文化纽带，他们很可能就会丧失自己的文化身份。"① 在这个意义上，舞狮不仅代表了老一辈的文化乡愁，而且还是对下一代的一种文化教育。因为从小受到纽芬兰舞狮文化的影响，许多华人后裔往往会在人生的重要时刻引入舞狮表演来表达他们的文化情感和彰显他们作为华人的文化身份。来自马来西亚的华人医生陈进才告诉笔者："我儿子在多伦多一家特别有名的、英国女皇曾经入住的酒店举办婚礼。在婚礼上，我们邀请了多伦多著名的舞狮队来表演，很多当地人都觉得表演非常震撼。在人生的重要时刻能表现我们的文化，我们感到特别的自豪。"② 在谈到前述甄玛丽的婚礼时，谭燦洲评论道："在玛丽第一次结婚时，婚礼上没有舞狮，这是因为当时的新郎是华人。而第二次婚礼的新郎是白人，为了表明她自己的华人身份，所以她坚持要在婚礼上表演舞狮。"③ 正因为舞狮是纽芬兰（甚至在整个北美的范围内）华人文化身份最重要的表征，司徒比尔及其家人为不能在女儿的婚礼上引入舞狮表演而感到特别的遗憾。④ 同为跨族裔婚姻，徐子浩在其2015年举行的婚礼上也邀请了舞狮表演，但是，与上述提到的婚礼不同，对于徐子浩而言，舞狮并不仅仅是其族裔身份的外在文化表征，而是基于其作为舞狮表演者自身经验基础的具体记忆和行动惯例。

虽然包括本土生长的华裔在内的所有纽芬兰华人都不否认舞狮是纽芬兰最重要的华人文化标志，但是，这并不意味着当地华人对这一艺术表演形式有深入的了解。正如克里斯汀·瓦伦丁（Kristin Valentine）所说，他们所感知和接受的或许只是一个单纯的而且十分模糊的经验性的

---

① 此段内容来自加拿大文明博物馆（现为加拿大历史博物馆Canadian Museum of History）研究员何万成先生于2009年3月28日，在圣约翰斯对苏英平先生的访谈录音（现存于加拿大历史博物馆，笔者于2010年7月从该博物馆拷贝而来）。
② 笔者于2012年4月29日，在圣约翰斯对陈进才医生进行了访谈。
③ 笔者于2012年2月26日，在圣约翰斯对谭燦洲先生进行了访谈。
④ 笔者于2012年4月25日，在圣约翰斯对司徒比尔进行了访谈。

文化概念。① 正如熊楚亮先生所说："我只是听说舞狮是给人带来好运并且能够驱邪的，但是，至于它为什么会有这样的功能，我并不是很清楚。对于我而言，它是中国的一种传统文化形式并且很富有娱乐性。"② 而在纽芬兰出生的第二代华人谭惠美的观点则代表了许多土生华人对于舞狮的认识："我只是从父母及祖父母那里听说舞狮是中国的传统文化，但除了知道它能带来好运外，我真的对它一无所知。"③ 从纽芬兰华人移民及其后裔的言论中可以得知，他们普遍缺乏对于舞狮背后的（广东）文化传统的系统而准确的认知，但是这似乎并不影响他们对于舞狮表演的直观感受。这些华人移民后代与许多对中华文化所知甚少的当地人一样，都是跨文化传播的接受者，对于舞狮表演的认知和理解主要是基于自己独特的生命体验以及现实的表演感受，这使得他们对于舞狮的认知大体是本地化的，往往凝聚着许多个人的情感。

近年来，某些团队成员因为工作、升学、家庭或者搬迁等原因离开纽芬兰，如谢加瑞赴蒙特利尔念大学，约书亚·刘则移居新斯科舍省的哈利法克斯生活，纽芬兰华协会的舞狮团队正在经历再一次的人员变动。虽然一些新人，如生长于加拿大安大略省（Ontario）的温迪（Wendy Koh）（目前定居在纽芬兰），不断加入舞狮团队，但仍然面临着人手不足等诸多困难和挑战。自21世纪初开始，华人舞狮文化的传承问题便一直存在于纽芬兰，如黄彼得所说："文化本身都是一代代自愿传承和发展的，但是，现在并没有很多人对舞狮感兴趣。我们非常希望能有更多年轻人和青少年加入舞狮队伍中，不过，我们把人都问遍了，积极回应的人少得可怜。"④ 当然，招募新成员的不顺处境原因很多，如时间安排、个人性格和身体素质要求等，然而，其根本原因或许在于纽芬兰华人人口结构的变化。除却由于纽芬兰当地工作机会较少而造成的年轻人外流外，首先，自20世纪70年代以后，熟悉舞狮文化的广东移民人数锐减，而新移民（特别是近20年移居当地的新移民）主要来自非广东省的中国

---

① Valentine, Kristin. 2002. "Yagui Easter Ceremonies and the Ethics of Intense Spectatorship." *Text and Performance Quarterly* 22, No. 4, pp. 280 – 296.
② 笔者于2011年4月18日，在圣约翰斯对熊楚亮先生进行了访谈。
③ 笔者于2013年10月6日，在圣约翰斯对谭惠美进行了访谈。
④ 笔者于2011年4月7日，在圣约翰斯对黄彼得进行了访谈。

内地。其次，许多本地出生的二代华人在很大程度上并不认同老一辈华人对于传统文化的理解，他们并不将舞狮看作需要尽力传承和维系的文化传统。在跨文化传播的意义上，华人的退却为对舞狮文化感兴趣的其他族裔的参与创造了空间。据徐子浩介绍，目前纽芬兰华协会舞狮团队已经开始计划招募非华人加入。① 在此，原本属于华人族裔内部的文化传统正逐渐向更多的公众开放，成为了超越种族边界的共享性资源。

本章小结

从以上对于纽芬兰历史文化语境之下，中华舞狮的表演者及观众的分析中可以看到，某一民族或者族群的文化传统，在从源文化向异文化流传的过程中，会根据异文化的语境和文化特点发生一些变化。在纽芬兰舞狮个案中，这些变化表现为代际之间对待舞狮表演本真性问题的态度差异，以及在新的文化环境中表演者与观众普遍存在的文化"缺失"现象。这些传统文化在流传过程中产生的差异为表演者和观众，特别是华人观众自身的文化认知和文化身份的重构提供了空间和可能。因此，本地经验往往会进入表演和观看的文本叙述中，影响表演过程和观众的文化解读，促使表演者和观众重新审视自己与源文化之间的关系，并基于群体意识以及个人的生命体验，对自我的文化身份进行反思，最终实现自我文化主体性的重构。当然，主体的文化重构并不局限于文化所有者群体内部。在跨文化和跨族裔交际的语境中，某一族群的文化传统在经历自然的发展变化过程中，必定与该族群之外的世界发生关联，并因此而作用于或者影响后者的文化经验和生命历程。在作为交流路径的文化表演的展示过程中，具有不同社会和文化背景的个体或亚群体，在共同参与（包括阅读媒体上的新闻报道）的具身活动中逐渐重塑了对于自我和他者的文化想象和身份认同，在一定程度上以共享性文化为基础建构了（虽然是具有明显暂时性）同一性的社群身份和文化共同体意识。

---

① 笔者于2021年8月5日，对徐子浩进行了网络访谈。

第 五 章

族群记忆与地方性知识的交互与融合：
华人节日遗产在北美的传播与传承

春节，即中国新年，是全世界华人所共庆的最重要的传统节日，是维系中华民族命运共同体和传承华人身份最独特的文化符号与情感纽带，亦是中华民族的"时间元点"和"空间元点"。[1] "它集中华民族的价值观念、伦理道德、思维模式、行为规范、审美情趣于一身，是中华民族文化的重要载体。"[2] 随着华人向世界各地的不断迁徙，传统的春节庆祝也被带到了异域他乡。除了海外华人较为集中的东南亚地区，欧美各国的华人移民也同样重视并积极延续着年俗传统[3]。民俗学者陈连山有言："中华民族分布如此广泛，却能保持强烈的民族认同感，在相当大的程度上得益于春节民俗的存在。"[4]

然而，与身处杜维明所谓"文化中国"中心的华人群体不同，作为"万里未归人"的海外华人关于传统节日等世代延续的族群记忆，往往不可避免地需要与现居地的文化生态（地方性知识）进行对话，形成交流、产生碰撞甚至冲突。例如，王霄冰、禤颖在关于欧洲华人春节庆祝的研究中提到，欧洲春节中既有贴春联、剪窗花、吃年夜饭及舞龙舞狮等传

---

[1] 陈建宪：《春节：中华民族的时间元点与空间元点》，《民俗研究》2010年第2期。
[2] 何星亮：《春节文化的特点与功能》，《中南民族大学学报》（人文社会科学版）2013年第2期，第1页。
[3] 例如，约瑟芬·李（Josephine Tsui Yueh Lee）便用影像呈现了美国纽约华人新年庆祝的盛况，参见 Lee, Josephine Tsui Yueh. 2007. "Celebration of the Chinese New Year." In *New York City's Chinese Community*, 33–48. Chicago, IL: Arcadia Publishing.
[4] 陈连山：《春节民俗的社会功能、文化意义与当前文化政策》，《民间文化论坛》2004年第5期，第11页。

统习俗和传统元素,也有当地人参与并为适应当地社会而兴起的新民素和新元素,如嘉年华游行及源自德式姜饼(lebkuchen)但印写汉字祝语的糕点。[1] 伊丽莎白·普列克(Elizabeth Halkin Pleck)指出:春节庆祝,特别是与之相连的饮食文化作为华人思乡之情(nostalgia)的物质寄托,表现了跨境移民为维系以家庭为中心的传统价值观而作出的努力;同时,这一经过重构的文化展示也是移民试图应对消费主义为主导的移居地文化及融入当地社会的策略性选择。[2] 叶秋伶关于美国旧金山华人春节庆祝的研究表明,华人新年庆祝的样态是由多重力量所不断塑造与重塑的,这些力量中既包括中国的年俗传统与当下的政治导向和国际关系,也有美国社会曾经以及正在经历的政治、经济及文化运动(如民权运动、女权运动和同性恋维权活动)。[3] 叶秋伶还注意到,由于华人内部的多元性,特别是不同代际移民之间的差异性,不同个人或亚群体建构了自我对于民族传统的独特认知和差异化的文化身份。[4]

如何理解族群记忆和地方性知识的相互关系,是民俗学族裔研究的关键问题。前文提到在1959年,理查德·多尔森提出要将美国民俗学的研究视角从"在美国的民俗"(Folklore in America)转向"美国的民俗"(American Folklore)[5],鼓励了研究者如罗伯特·乔治斯(Robert Georges)[6]和芭芭拉·科森布莱特·金布莱特(Barbara Kirshenblatt-Gimblett)[7]等关

---

[1] 如王霄冰、禤颖《中国春节在欧洲(上)》,《节日研究》第八辑·海外春节专辑,泰山出版社2013年版,第165—168页。

[2] Pleck, Elizabeth Hafkin. 2000. *Celebrating the Family: Ethnicity, Consumer Culture, and Family Rituals*. Harvard University Press, pp. 117 – 140.

[3] Yeh, Chiou-Ling. 2008. *Making an American Festival: Chinese New Year in San Francisco's Chinatown*. Berkeley: University of California Press.

[4] Yeh, Chiou-Ling. 2002. "Contesting Identities: Youth Rebellion in San Francisco's Chinese New Year Festivals, 1953 – 1969." In *The Chinese in America: A History from Gold Mountain to the New Millennium*, edited by Susie Lan Cassel, 329 – 350. Walnut Creek, CA: Altamira Press.

[5] Dorson, Richard M. 1977. *American Folklore: With Revised Bibliographical Notes*. Chicago: University of Chicago Press. .

[6] Georges, Robert A. 1964. "Greek-American Folk Beliefs and Narratives: Survivals and Living Tradition." Ph. D Dissertation, Department of Folklore, Indiana University.

[7] Kirshemblett-Gimblett, Barbara. 1972. "Traditional Storytelling in the Toronto Jewish Community: A Study in Performance and Creativity in an Immigrant Culture." Ph. D. Dissertation, Bloomington: Indiana University.

注移民从母国带来的文化在北美社会的"再造"。随着美国民权运动的发展和联合国对于文化权利作为人的一项基本权利的确认,少数族裔逐渐不再受制于旧的同化压力,开始在更广的社会空间中,结合自我的生命体验,思考当下的文化情境,判断并最终扬弃自身的文化传统或创造新的文化样式。在理查德·鲍曼提出表演理论以后[1],学界更加关注在不同语境中,群体或个人理解其文化身份的差异性和变动性,并积极探讨异文化碰撞过程中的文化融合与创新[2]。在《美国民俗学刊》1999 年的《关于融合的理论(Theorizing the Hybrid)》[3] 和 2003 年的《克里奥化(Creolization)》[4] 两期特刊中,研究者们指出,在多元文化交互的过程中,源文化与地方性知识相互渗透与融合,新的文化形态逐渐形成,并被移民群体或个人传播和传承。

在关于海外华人,特别是北美华人的研究中,除少数学者倾向于认为移居国的华人民俗是中华传统的直接移植,在本质上并未产生大的改变外[5],大多数学者在承认文化承继的同时,更认识到中华文化传统和北美华人民俗之间的文化断裂与创新。[6] 这些研究揭示了在异文化碰撞过程

---

[1] Bauman, Richard. 1977. *Verbal Art as Performance*. Rowley, Mass.: Newbury House Publishers.

[2] 参见 Nahachewsky, Andriy. 2002. "New Ethnicity and Ukrainian Canadian Social Dance." *Journal of American Folklore* 115, No. 456, pp. 175–190; Stern, Stephen and John Allan Cicala. Eds. 1991. *Creative Ethnicity: Symbols and Strategies of Contemporary Ethnic Life*, Logan, Utah: Utah State University Press.

[3] Kapchan, Deborah A. and Pauline Turner Strong, eds. 1999. *Theorizing the Hybrid*. *Journal of American Folklore* 112, No. 443.

[4] Baron, Robert and Ana C. Cara, eds. 2003. *Creolization*. *Journal of American Folklore* 116, No. 459.

[5] 例如 Wong, Lily Tso. 1992. "A Study of Contemporary Chinese Healing Practices as Observed in the San Francisco Bay Area and Compared with Relevant Research Literature." PhD Dissertation, Saybrook Institute, California State University.

[6] 参见[美]张举文著《美国华裔散居民民俗的研究现状与思考》,《文化遗产》2009 年第 3 期; Chan, Margret Rose Wai Wah. 2001. "Chinese-Canadian Festivals: Where Memory and Imagination Converge for Diasporic Chinese Communities in Toronto." PhD Dissertation, Graduate Programme in Music, York University; Cho, Lily. 2010. *Eating Chinese: Culture on the Menu in Small Town Canada*. Toronto: University of Toronto Press; Chung, Sue Fawn and Priscilla Wegars. 2005. *Chinese American Death Rituals: Respecting the Ancestors*. Lanham, MD: AltaMira Press; Crowder, Linda Sun. 2000. "Chinese Funerals in San Francisco Chinatown: American Chinese Expressions in Mortuary(接下页)

中，处于优势地位的地方性知识，即北美文化的主导性及其对移民日常文化实践的影响，并理性地分析处于非主导地位的文化所保有的能动空间。可见，作为北美社会文化权力斗争中的弱者，华人的族群身份认同及其文化策略，会依据所处社区的开放程度和国家政策的变更而不断调整。总的说来，过往研究为本研究提供了可资借鉴的丰富案例，但较少从理论上将之视为一种新的文化形态。2015年年底，张举文首次明确提出，北美华人民俗是有别于中国或美国传统，由华人民众在日常实践中不断塑造着的新文化，即"第三种文化"（The Third Culture）。①但在介绍概念及方法外，张举文未进行更为深入的个案研究或理论探讨，这为本研究提供了新的视域与研究空间。

依据口述史及文献记载，从1895年华人向加拿大东部纽芬兰移民伊始，春节庆祝便已成为当地华人文化和社会生活的重要组成部分，并作为华人民族性的重要表征，为当地社区所关注。本章旨在通过重建春节庆祝的历史和社会语境，探讨在私人及公共空间中，不同地域和文化背景、不同代际的华人如何理解自身的文化传统，并以此构建自我的身份意识与民族认同。其中，在当代多元文化语境中，"新裔代"华人在多族裔共存的公共空间中如何延续本族群关于春节的传统记忆，以及如何将作为地方性知识的纽芬兰经验，用于表达自我独特的生命过程和文化身份，将是关注的重点。

（接上页）Ritual Performance."*Journal of American Folklore* 113, No. 450, pp. 451–463; 2002. "Mortuary Practices and the Construction of Chinatown Identity" PhD Dissertation, Department of Anthropology, University of Hawai'i; Li, Li. 2002. "Cultural and Intercultural Functions of Chinese Restaurants in the Mountain West: 'An Insider's Perspective."*Western Folklore* 61: No. 3/4, pp. 329–346; Marshall, Alison. 2011. "Through the Lens of the Grave Custom: the public and private face of the Western Manitoban Restaurant." *Western Folklore* 70, No. 1, pp. 99–126; Zhang, Juwen. 2001. "Falling Seeds Take Root: Ritualizing Chinese American Identity Through Funerals." PhD Dissertation, Department of Folklore and Folklife, University of Pennsylvania.

① Zhang, Juwen. 2015. "Chinese American Culture in the Making: Perspectives and Reflections on Diasporic Folklore and Identity." *Journal of American Folklore* 128, No. 510, pp. 449–475. 笔者在一些文章中也开始探讨移民与主流社会在文化互动中构建"第三种文化"的问题，如 Li, Mu. 2017. "Performing Chineseness: The Lion Dance in Newfoundland." *Asian Ethnology* 76, No. 2, pp. 289–317; 2018. "Emergent Chinese Diasporic Identity and Culture: Chinese Grave Markers and Mortuary Rituals in Newfoundland." *Journal of American Folklore* 131, No. 519, pp. 53–90.

第一节　被压抑的族群记忆：纽芬兰华人春节庆祝的早期历史

1896年2月14日，纽芬兰的《晨报》对华人移居当地后的第一个春节进行了报道："高华新街的天朝人①在本周三举行了一次特别的庆祝活动②。他们采用的庆祝方式与我们不同，十分的喧闹，吸引了很多人在他们的店铺周围观望。（他们的）洗衣店内灯火通明，（中国人）还燃放了烟火。"此段文字透露了早期纽芬兰华人新年庆祝的几个特性：第一，与传统时间的一致性；第二，庆祝活动的集体性；第三，节日庆祝的地点是华人洗衣店，兼具作为族群公共空间的私密性与开放性；第四，庆祝方式的传统性。除此以外，报道亦呈现了当地人对于华人新年庆祝态度的复杂性：交织着对异文化的好奇与排斥（对于喧闹的拒绝）。自此，春节庆祝作为标志华人文化存在的重要符号，不时为当地主流话语所"发现"和重述。

1907年2月28日，当地的《先驱晚报》刊出题为《今日是中国农历新年》的报道，详细记述了纽芬兰华人的庆祝情况：

> 今天是中国新年的第一天。对于这些天朝人来说，至少需要三天才能摆脱去年，而进入新年。在这段时间里，由于香火的缭绕，他们愚昧的灵魂在自我陶醉的环境中急速膨胀。空气中满是鞭炮不合时宜的喧嚣。在这些日子里，任何一位洗衣工人会穿上自己最好的（但是十分滑稽）的衣服去参加聚餐。当遇到那些他认为不那么快乐的"鬼佬"③时，他注视的眼神中会带着怜悯，脸上的憨笑显得更加愚昧。另外，他所供奉的祖先和神祇，也会在这段时间来到他的身边，享受一切的祭拜和尊荣。

---

① The Celestials，这是当地报刊中常用的、嘲讽早期华人移民的称谓。
② 周三为2月12日，即1896年农历大年初一。
③ 粤语，指西方人。

第五章　族群记忆与地方性知识的交互与融合：华人节日遗产在北美的传播与传承　／　177

　　这段揶揄与嘲讽的文字，虽侧面介绍了与春节相关的礼俗，但充斥着时人对于华人移民与中华文化的诸多偏见。

　　在一些报道中，春节庆祝更被描绘成华人触犯法律时用以掩饰的借口。据《先驱晚报》1906年9月21日载，43名华人在当时的社区领袖区荣照的带领下，以庆祝华人新年为名，穿着"华服"，吸着雪茄，一同乘火车去往纽芬兰的惠特伯恩镇（Whitbourne）。而据该报次日（1906年9月22日）的报道，此行的目的其实是为了偷渡到加拿大或美国。然而，在此报道刊出两天后（1906年9月24日），一位读者匿名向纽芬兰最有影响力的媒体《晚间电讯报》投稿，提出三点理由，质疑《先驱晚报》的报道：第一，区荣照先生在事发时仍在圣约翰斯的洗衣店工作，并参加了当地教会在周日举行的活动；第二，区荣照先生否认大规模的华人流动，并且否认自己在穿着华服时吸烟；第三，事发时间并非春节（时值9月，下一年的春节日期为1907年1月15日）。从前述纽芬兰当地媒体关于华人新年的报道看，知识阶层并不缺乏对于中国新年确切时间的认知。与略带嘲讽的新闻不同，此处不实报道不可归于文化差异造成的误解，而应被视为刻意的歪曲以及对异文化的拒绝。当时纽芬兰的历史和社会语境，是造成此类现象以及各类文化偏见的主要原因。

　　前文已经在多处表明，在华人定居纽芬兰的最初10年中，其社会地位经历了极大的转变。起初，当地社区对这些外来者采取接纳的态度。最初来到纽芬兰的两名华人方彩和司徒兴甚至被列入了1900年出版的《纽芬兰大事记》[①]。然而，如前所述，由于华人与当地社群不同的语言、宗教信仰等文化差异，加上他们普遍接受低廉薪酬等经济因素，在当地媒体大力传布中国国内义和团运动"仇外"情绪的影响下，华人与当地社区冲突不断[②]。继1903年加拿大政府颁布排华法案后，1906年4月30日，由纽芬兰西南部圣乔治湾（Bay St. George）议员豪利（W. R. Howley）于1904年提出的"排华法案"在纽芬兰众议院表决通过，成为当地

---

　　① Devine, M. A. and J. O'Mara. 1900. *Notable Events in the History of Newfoundland.* Trade Review Office, St. John's: Newfoundland.

　　② Li, Mu. 2014. Wanders between Cultural Boundaries: Exploring the Individual Expressions of Chineseness in Newfoundland. Ph. D dissertation, Department of Folklore, Memorial University of Newfoundland.

唯一一部带歧视性的法律。从文化交流上而言,此法案的施行,配合加拿大和美国的排华政策,限制了北美华人社区间的相互交流以及正常的节庆活动。海外华人史研究者克里斯塔·查特曼·李提到,纽芬兰的人头税,加上加拿大自 1903 年开始征收的 500 元人头税,以及该国 1923 年之后的全面排华政策,使得纽芬兰华人不能从加拿大的华人组织处得到任何帮助,造成了诸如中秋节和春节等传统活动,因缺乏资金和文化资源等因素,不能正常举行。[1] 因此,在当时的社会政治语境下,由于人口体量小、正常家庭纽带的缺失和外部助力的不足,纽芬兰的华人春节庆祝,具有着与传统中国或华人大量聚居的北美中心城市较为不同的特点。

例如,在美国旧金山,"自 19 世纪中叶起,华人移民便开始庆祝春节。他们的庆祝活动大多是私人性质的,以家庭和社区为中心。单身汉们一般会到那些有能力将妻儿接到美国来的人家中吃年夜饭。家族社团也会宴请大家共进晚餐,并组织观看舞狮表演,以维系成员间的感情。有时候,一些西方人也会被邀请来参加庆祝活动"。[2] 而在纽芬兰,春节庆祝虽然也属于私人性质,但由于缺乏正常的家庭单位,以社区领袖为主导、全社区共同参与的庆祝方式,是当地春节活动的主要组织形态。由于早期纽芬兰华人全部来自中国广东沿海的四邑地区(主要是开平县和台山县),相互之间多有亲缘关系,且在日常生活中往往需要相互扶持,共同面对较为严苛的政治和经济压力,因此,他们较乐意参与集体性的社区活动。而社区领袖们,如前述提到的区荣照以及之后来到纽芬兰的司徒育亭,除协调华人社区与当地社会,以及华人社区内部的各类关系外,也积极推动社区内部的文化建设,以期巩固族群内部的传统记忆,增强凝聚力。在华人社团如区姓集美社和台山同乡会成立并购置不动产后,包括春节在内的华人传统文化活动,逐渐从华人商铺转移到社团房舍中。熊楚亮医生对笔者说:"我刚来到纽芬兰的时候,听到老华侨们说,除各人在自己家里庆祝新年外,大家基本上会到集美社或者同乡

---

[1] Li, Krista Chatman. 2010. "'Knights of the Flatiron': Gender, Morality, and the Chinese in St. John's, Newfoundland, 1895–1906." PhD Dissertation, Department of History, University of New Brunswick, p. 231.

[2] Yeh, Chiou-Ling. 2008. *Making an American Festival: Chinese New Year in San Francisco's Chinatown*. Berkeley: University of California Press, p. 2.

会那里去。在那里，大家会组织一些活动。当然，表演是没有的，因为大家都不会。所谓庆祝就是吃吃饭，打打麻将。没有任何的公开庆祝活动。"① 可见，在当时的社会文化语境中，早期纽芬兰华人的春节庆祝往往局限在私人领域或华人社区的公共空间中。这在一定程度上表现了移民族群记忆与其生活经验所形成的地方性知识之间的矛盾，而前者为后者所压抑，只能被有限地释放和延续。

当然，除客观社会现实的"压制"外，在一定程度上，华人的主观选择也使其自身的文化传统边缘化。84岁高龄仍在餐馆工作的区经佐先生曾告诉笔者："我们这些老华侨有一条黄金原则，就是，无论如何都不要把自己的生意停业。"② 作为此条原则的忠实实践者，熊元衮先生回忆道："早年在贝尔岛经营餐馆时，我们几乎全年都在工作。我们手边没有中国日历，完全不知道春节的日期，因此每年都会错过时间。"③ 老一辈华人的经历表明，在特定的历史时期，当延续族群记忆与融入地方生活（特别是经济生活）产生冲突时，前者往往会在选择中被放弃，地方性知识的获取以及由此得到的新的文化和经济身份，对于当时的华人移民而言，才是更为重要的。

第二节 从私人领域走向公共空间：
华人新年庆祝的公共化转型

前文已经提到，1947年加拿大加入联合国，签署《人权公约》，并因此废除了其长期施行的排华法案。1949年3月，纽芬兰加入加拿大联邦。基于联邦法律高于地方法律的原则，纽芬兰的排华法案因此随之失效。在政治环境有所松动后，许多华人申请并获得了加拿大的合法公民权，随后又依法申请自己的直系亲属来到纽芬兰。随着家庭的团聚以及华人后代的出生，华人的家庭生活逐渐正常化，然而，早期华人对于春节庆祝的忽视并未因此而得到改变。从表面现象看，这是因为当时纽芬兰华

---

① 笔者于2011年4月18日，在圣约翰斯对熊楚亮先生进行了访谈。
② 笔者于2014年5月5日，在斯蒂芬维尔对区经佐先生进行了访谈。
③ 笔者于2013年7月10日，在圣约翰斯对熊元衮先生及夫人进行了访谈。

人主要经营家庭餐馆，出于生存需要，他们（客观上）不能也（主观上）不愿为庆祝传统节日而减少营业时间。例如，熊华耀回忆道："在纽芬兰，我们其实并不过春节。一年之中，我们只休息两天，圣诞节和元旦，因为当地所有的商店在这两天都不开门。但是，我们从不为了春节而停业。"①

从熊华耀先生的话中可以看到，除直接的经济原因外，纽芬兰文化以及时人对异文化的态度，也是影响华人春节庆祝的重要因素。由于纽芬兰英裔及爱尔兰裔文化的强势和保守性，华人文化面临着不小的同化压力。华人文化居弱势地位的表征之一，即是春节不具有诸如圣诞节及元旦等节日的法定地位，与平日无异。一些较为传统的华人家庭，会试图兼顾经济利益与文化情感的双重需要。谭英德回忆道：

> 早年我们家还在纽芬兰西部城市科纳布鲁克市开餐馆的时候，我的爷爷奶奶会在大年三十的晚上提早打烊。当然，他们不会在下午五点就关门，而是要等到饭点过后，餐厅没什么客人的时候。那时可能已经是八点左右了。在平常，我们家的餐厅是到凌晨三点才打烊的。这一天关门以后，我们全家便开始准备年夜饭，往往会是满满的一大桌。我奶奶还会为我们准备中式糕点。晚饭过后，大人们会给我们派发红包。之后，我们小孩会自己玩耍，而大人们则会打打麻将或扑克。②

虽然部分华人个人和家庭在私人领域的努力属于个体行为，对主流话语占据的公共空间影响有限，但是，无可否认的是，他们在中国春节活动跨文化传播的实践中起到了非常重要的作用。前章提到的位于克莱伦维尔的大同酒家的经营者辛迪，在每年春节时都会到同住纽芬兰的哥哥家过年，因为其兄家中放置着祖先的牌位，供奉先祖是中国传统社会中男性的责任与义务。不过，在克莱伦维尔，辛迪坦言，由于她们是当地唯一的华人家庭，因此很难如同在中国或者北美的大城市，甚至圣约

---

① 笔者于2013年9月16日，在圣约翰斯对熊华耀先生进行了访谈。
② 笔者于2013年7月28日，在圣约翰斯对谭英德先生进行了访谈。

第五章　族群记忆与地方性知识的交互与融合:华人节日遗产在北美的传播与传承　/　181

翰斯一样在华人社区中与同胞们共同庆祝,她们只能给在中国或者世界其他地方的亲人朋友打电话问候和祝福。从 2011 年开始,当地有三户白人家庭收养了华人子女,从此,辛迪决定每年都装饰自己的餐厅并邀请这些收养华人的当地家庭到大同酒家吃有中国传统特色的年夜饭和一起玩游戏除旧迎新。对此,辛迪告诉《速递报》(*The Packet*)的记者:"我这样做的原因,是希望所有具有中国血统的孩子都能知道自己的传统。"①而这些收养了华人孩子的当地家庭,在参加辛迪的活动时会为孩子们穿上传统的中式服装,和餐馆充满春节喜庆氛围的装饰相得益彰。华人孩子和他们的白人父母(或其他监护人)在此可以获得有关中国新年的具身经验,并以此理解传统中国的信仰体系以及相关的象征意义,如丰盛的年夜饭预示着来年生活的安康富足。同时,辛迪还会在餐后给孩子们红包和新年礼物,最后,大家会在餐馆外的空地上燃放鞭炮和烟花。这些收养中国孩子的当地家庭非常感谢辛迪一家的付出,他们告诉《速递报》的记者:"这是我们唯一和真正的华人家庭一同庆祝春节的机会。"②与辛迪一家所处的社会文化环境相似,区俊(音译,Jim Au)是出生在纽芬兰西部科纳布鲁克市的二代华人,他的妻子琳达(Linda)是纽芬兰当地的英裔白人,他们育有一双儿女杰弗里(Jeffery)和劳拉(Laura)。在除夕夜时,区俊一家会与家人和朋友一同吃年夜饭。在餐桌上,区俊(他通常是唯一的非混血华人)会向客人们介绍每道菜的象征意义,如鱼意味着年年有余,面条象征着延年益寿,生菜象征着财源滚滚,而橘子则意味着大吉大利。除了年夜饭之外,区氏夫妇会依据每年生肖动物送给孩子们相应的玩偶,他们还会取来崭新的纸币塞在红包里作为压岁钱给孩子们和朋友。从跨文化传播的角度而言,辛迪和区俊家庭为保存华人新年传统所做的努力,为他们的非华人朋友和家人,以及生活于纽芬兰文化中的华人后代创造了认识和经验中国春节传统的机会。

除了在地的具身经验之外,华人往往还会通过在主流媒体上发声,用文字和言语传递自身关于春节的记忆的方式进行超越文化边界的传播

---

① 《速递报》2012 年 1 月 26 日。
② 《速递报》2012 年 1 月 26 日。

实践。1971年自中国香港赴纽芬兰学习的梁基杰（Arthur Leung）告诉《晚间电讯报》的记者："对于中国人而言，农历新年是一年中最为重要的日子，它就相当于圣诞节在西方国家中的地位。在中国，一般而言，商铺在春节的前四天都会关闭，而在接下来的十多天时间里，你会不断地在邻里街道上听到不绝于耳的锣鼓声和鞭炮声。"① 而在香港，梁先生回忆道：

> 在新年来临之前，我们会把屋子里里外外都好好打扫一遍，贴上大红色的春联——红色是传统中国最喜庆的色彩。除夕的时候，我们都会守岁以辞旧迎新。另外一个在除夕时非常重要的仪式就是祭拜祖先，为的是让子孙后代不至于忘本。在仪式上，我们会把祖先的牌位、遗像等摆放出来，点上香烛，依照长幼顺序依次鞠躬敬拜。随后，全家人会坐下来一起吃年夜饭。年夜饭一般都会有十多道菜，每一道菜都有特殊的含义：鱼象征着来年丰足，年糕象征着年年升高，等等。在午夜到来之前，大人们会把用红纸包好的红包藏在已经睡着的孩子们的枕头底下。午夜过了以后，人们会燃放鞭炮迎接新年，驱魔禳灾。大年初一这天，人们穿着新衣问候亲朋好友，见面第一句话都是相互祝福"恭喜发财"。②

在此，梁基杰的回忆非常详尽地向《晚间电讯报》的普通读者介绍了华人春节活动的诸多细节。但是，除了上述非常个人化的实践行为和有关春节回忆的零星报道外，华人文化在主流话语体系和公共生活中普遍失声，这反过来极有可能淡化华人的族群记忆。王力力女士回忆道："你根本感觉不到春节的临近，因为你周围根本没有人讨论这事儿。很多时候我必须时刻查看日历，提醒自己，以免忘记给国内的亲人拜年。"③ 徐子浩告诉笔者："在纽芬兰的时候，我们会将许多中华传统铭记在我们的脑海中。当我们回到中国，所有关于文化的记忆都会重新浮现。我们

---

① 《晚间电讯报》1996年3月2日。
② 《晚间电讯报》1996年3月2日。
③ 笔者于2012年1月25日，在圣约翰斯对王力力女士进行了访谈。

第五章　族群记忆与地方性知识的交互与融合：华人节日遗产在北美的传播与传承　/　183

也可以像任何一个传统的中国人那样行事。这一切都取决于我们周遭的环境。"① 因此，一些华人将社会支持力度的不足归咎于主流社会，特别是加拿大政府。谭英德认为：

> 如今，使用中文的人口已经位居加拿大第三，为什么春节仍被排斥在法定节假日之外？如果你生活在温哥华、多伦多或者蒙特利尔，那么你是幸运的。因为那里有唐人街，你可以看到各种新年庆祝活动。但是，即使是在那些地方，春节活动的组织者从来都是地方的华人社团，而非政府。我多么希望在未来的某一天，我们的传统能被尊重。②

华人寻求文化尊重的呼声，逐渐在多族裔并存以及多文化共生的加拿大社会得到回应。

其实，自 1971 年皮埃尔·特鲁多政府将多元文化政策作为国策推行以来，这项在一国范围内调整民族关系、调和文化差异的措施，业已为加拿大历届政府所奉行。在多元文化政策的推动下，加拿大联邦政府设立了专项基金，鼓励各族裔保护和发扬本社区的文化遗产，并提倡异文化间的相互尊重，以造就多元的加拿大文明。在这一新的历史语境下，多元文化政策的纽芬兰支持者们，开始在本地寻求异文化资源。华人及其传统作为文化"他者"因此被重新"发现"。与当地华人联系紧密的高华街联合教会，在获得了来自加拿大国务院的特别经费后，积极组织各类华人节庆活动，使得纽芬兰的华人传统在经历长时间的沉寂后，重新进入公众的视域。在所有由高华街联合教会组织的活动中，最盛大的便是春节庆祝活动。春节庆祝活动的参与者众多，除作为组织方的教会人士和当地多元文化团体外，便是当地华人，特别是新近移民加拿大的华人专业人士以及本地生长的华人后代。

1967 年正式开始改用的移民资格审查评分制，其目的在于筛选符合

---

① 笔者于 2012 年 1 月 29 日，在圣约翰斯对徐子浩女士进行了访谈。
② 笔者于 2013 年 7 月 28 日，在圣约翰斯对谭英德先生进行了访谈。

加拿大经济和社会发展需要的高级人才[1]。这一更为开放和公平的移民政策,吸引了许多受过良好教育的华人从世界各地,特别是英联邦国家和地区（如马来西亚、新加坡和香港等地）,来到包括纽芬兰在内的加拿大各省区,寻找更好的生活与工作环境。与此同时,位于纽芬兰省府圣约翰斯市的纽芬兰纪念大学,也于同一时期面向全球招生。因其提供的良好教育资源和服务,很多华人学生到此留学。他们中的许多人最后定居于此。另外,许多纽芬兰出生或成长的华人后代,往往放弃接手父辈经营的餐馆或其他类似生意,而选择进入高等学校深造,成为各行业的专业人士。作为新移民的专业人士、学生和华人后代构成了纽芬兰华人新生代。他们有别于来自广东乡下的前辈,大多具备良好的英语交流能力,熟悉当地文化环境,在社会中所处的经济地位较高,并与当地人日常交往频繁。因此,他们往往拥有比前辈更广的社会活动空间,更易获得主流社会提供的文化资源。同时,他们也更清晰地认识到保持自我文化身份的重要性。1976年年底,在当地政府和社区人士的帮助下,依托华人社会的积极参与和支持,熊楚亮医生和一些专业人士与参加的从业人员成立了"纽芬兰华协会"[2]。玛格丽特·朱利安·汤姆逊在其研究中总结道:"华人节日庆祝的规模,很大程度上受制于当地华人社区的体量以及该社区可以争取到的社会文化资源。"[3] 1977年,在纽芬兰华协会的组织下,第一届公共的春节庆祝系列活动在圣约翰斯举行。1977年2月8日,华协会理事会给每一位会员发出了参与春节晚会的邀请。在邀请函中,理事会告知会员及受邀的嘉宾:新的一年是蛇年,大年初一是2月18日。理事会还告诉他们,此次新年庆祝活动将与纽芬兰纪念大学中国学生会合办,整个活动为期四天（17—20日）,包括展览、文艺汇演、电影放映、聚餐以及新年舞会,地点分别位于纽芬兰纪念大学校内、当地商场（Avalon Mall）、水产学院校内（College of Fisheries）[4] 和市政厅。其中,

---

[1] Canada, Manpower and Immigration. 1966. *White Paper on Immigration*. Ottawa: Queen's Printer.

[2] 笔者于2009年7月9日,在圣约翰斯对熊楚亮先生进行了访谈。

[3] Thomson, Margaret Jillian. 1993. "'To Let the Children Know': The Traditions of the Chinese Community of the Avalon Peninsula." M. A. thesis, Department of Folklore, Memorial University of Newfoundland, p. 427.

[4] 现为加拿大海洋研究所（Marine Institute）。

春节庆祝的主要活动集中在 2 月 20 日。当天最重要的活动是文艺汇演，其中包括舞蹈《花好月圆》、功夫、歌曲《故乡》《农家好》、扇子舞等中国传统节目，以及小提琴独奏《夏夜》《幻想曲》和泰国舞蹈等充满异国风情的表演。华人表演者大多没有经过专业训练，他们中有新近抵达纽芬兰的专业人士、久居当地的餐饮从业人员，以及在读的大专学生等。除华人外，参加表演的还有许多当地人士和来自其他国家的移民。

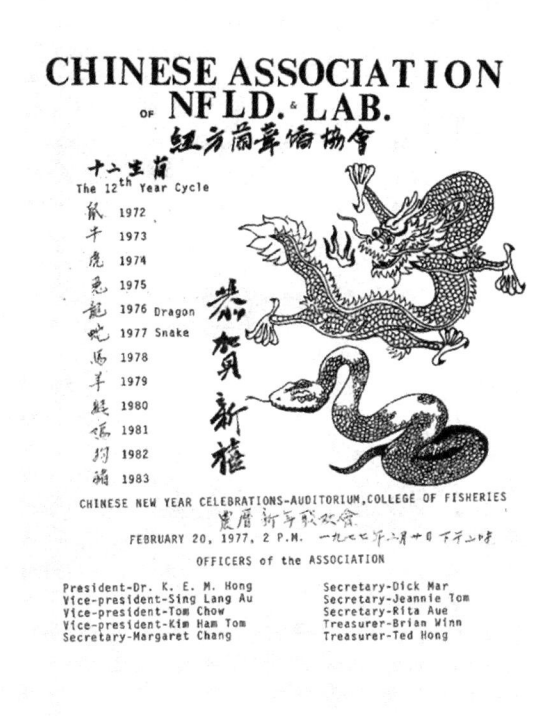

1977 年华协会春节庆祝海报（熊楚亮提供）

在文艺汇演之后，春节活动的下一环节是嘉宾致辞。此次华协会邀请的嘉宾是时任纽芬兰省旅游部部长的汤姆·希奇（Hon. Tom Hickey）。据熊楚亮医生回忆，除希奇先生外，当时受邀的嘉宾还包括市政厅的代表、省移民局的官员、消防队和警察局的领导、食品监督员、高华街联合教会的牧师，以及各知名社会团体和大学的负责人，等等。在汇演开始之前，主持人邀请所有与会人士齐唱纽芬兰省歌《纽芬兰之歌》("Ode to Newfoundland")；而在嘉宾致辞之后，则以齐唱加拿大国歌("O Canada")结束。在此之后，自助餐晚宴随之开始。除甜点由理事会女性成员及男性成员的妻子制作外，其余如春卷、叉烧、鸡炒饭、鸡丁炒时蔬、牛肉炒西兰花、鸡排等菜肴，均由当地华人餐馆免费提供。晚宴之后是舞会，许多夫妻会留下参加。

值得一提的是，在此次春节庆祝系列活动中，文艺汇演、晚餐和舞会等主要活动的地点，设在水产学校的礼堂（the Auditorium Annex Building）或市政府的宴会厅（the E. B. Foran Room），而非当地的华人餐厅或华人社团集美社的礼堂。华人文化活动举办的地点，从私密性族裔空间向开放公共空间的转移，一方面表明当地主流社会在政治和文化上，已经不再拒绝作为异文化他者的华人。即是说，在一定程度上，华人以及他们所带来的文化传统已被当地主流社会承认和吸纳。另一方面，除却华人因社区人数增长而需要更大的活动空间这一客观因素外，华人的选择也表明其向当地社会推介和传播自我文化的愿望和信心。当华人走出自己的族裔空间，通过文化展演以及与之相关的节日装饰等方式将自身的文化传统移入公共空间后，后者便从开放、世俗的存在，被建构为暂时封闭的、洋溢着中华文化气息和民族精神的神圣场所。

然而，维克多·特纳提醒道，通过举办节日将公共空间转化为族裔场所的任何尝试，都是暂时的。[①] 与中国土地、风物以及华人族群紧密相连的春节，并不能永久改变公共空间所浸透的主流意识形态。因此，从某种意义上说，纽芬兰华人春节庆祝在进入主流话语掌控的场域后，因缺乏与场所本身的文化联系，其自我的文化属性可能会被削弱，成为"无地缘属性"（Placelessness）[②] 的普通文化事件。不过，地缘属性的缺失并非完全消极。它使得节日庆祝本身不再受制于族群记忆的束缚，也

[①] Turner, Victor. 1982. *Celebration, Studies in Festivity and Ritual*. Washington, D. C. : Smithsonian Institution Press.

[②] MacLeod, N. E. 2006. "The Placeless Festival: Identity and Place in the Post-modern Festival." In *Festivals, Tourism and Social Change*, edited by D. Picard and M. Robinson, 222 – 237. Clevedon, UK: Channel View.

使得对于活动选址的阐释不再受限于主流社会的意识形态。因此，节庆活动的场所，便不会仅仅传递传统的文化信息，或单纯承载与新的文化语境同构的地方性知识，而是成为了众多意义系统相互角力、共同发声的复式公共空间（multilocal space）①（后文将进一步论述节日地点选择的问题）。在这一空间中，纽芬兰春节活动的组织者们，试图将自身的族群记忆与地方性知识进行重组和融合，利用节庆活动表达多重的文化含义，以展现他们自我身份认同的新面向。

1977年纽芬兰春节庆祝活动，是由新成立的纽芬兰华协会理事会成员所组织和策划的。这一届理事会的主要成员（另外一些为在当地享有声望的老华侨，主要是名誉上在华协会任职）包括：熊楚亮、区声亮、马臻尘、谭珍霞、区彩霞、熊光楒、黎健华和玛格丽特。活动还得到了一些热心家庭的协助，如谭灿洲家和王国贤家。在他们之中，谭珍霞和区彩霞是本地出生的华人二代；玛格丽特是嫁入华人家庭的英裔纽芬兰人；熊楚亮、区声亮和熊光楒则是年少时来到纽芬兰，并进入当地学校学习的年轻移民；黎健华来自当时仍属英国管辖的缅甸；而谭灿洲和王国贤则来自香港。从这些组织者的背景看，他们并非中华文化保守的传承者。相反，由于长期西式的教育与生活经历，他们十分了解西方文化，熟悉并适应纽芬兰当地的政治和人文环境，因此，他们可被视为两种文化间沟通的桥梁和纽带。再者，这一华人新生代因受教于两种不同的文化系统，他们既不同于持有浓厚华人族群记忆的老辈华人，也异于缺乏中华文化基本认知的纽芬兰欧裔居民。基于自己的生命体验，这些华人拥有对于自我文化传统和地方性知识的独特理解。1977年纽芬兰春节晚会所呈现的族群记忆与地方性知识交融的异彩即是明证。正如杰克·桑蒂诺（Jack Santino）所说的，任何节日庆祝，都是一种基于自身体验的个人阐释（"They are always personally interpreted"）。②

另外，非常有意思的一点是，除了当地华人餐馆/商铺的大力支持

---

① Rodman, Margaret C. 1992. "Enpowering Place: Multilocality and Multivocality." *American Anthropologist* 84, No. 3, pp. 640–656.

② Santino, Jack. 1994. *All around the Year: Holidays and Celebrations in American Life*. Urbana: University of Illinois Press.

外，此次华人春节庆祝还得到了许多纽芬兰当地企业的支持和帮助，包括建造、改造和修缮房屋的格林摩尔建筑公司（Glenmour Construction Ltd.），前述提到的玛丽·简杂货［Mary Jane's Grocery，然而，在1977年的华人新年宣传册中，其写作（玛丽贞唐山什货），售卖和维修冰箱、冷柜和燃气装置的克雷顿公司（Clayton Refrigeration and Diesel Ltd.）］，专门售卖餐饮和厨房用具的克雷顿公司的分部（Food Service Equipment），专营进出口货物（特别是亚洲食物、工艺品和器具）批发和零售的马尼拉贸易公司（Manila Trading Store），以及售卖普通食品和饮品（如汽水等）的公司（Gaden's Ltd. 和 Browning Harvey Ltd.）。很显然，这些非华人企业所经营的项目都与当时华人的经济生活（主要是餐饮业）密切相关，这一方面表明华人在当地商业领域中的重要地位，另一方面（也是更为重要的方面）说明，与早期唐人街的经济活动模式不同，纽芬兰华人的经济生活并不是孤立与排外的，而是与作为整体的当地经济发展情势相互融合，共存共生的。换句话说，无论是华人专业人士还是从事服务业的华人群体，都已经与纽芬兰非华人群体建立起了日常生活层面上紧密和坚实的纽带，这为中国非物质文化遗产的跨文化传播奠定了社会关系的基础。

第三节　族群记忆与地方性知识的交融：纽芬兰春节庆祝的克里奥化

　　1977年的春节庆祝活动，为之后公共性的纽芬兰华人新年活动设定了组织框架。这一组织框架，从以下五个方面对活动进行了设定：活动日期和时间、活动地点选择、嘉宾人选、节目设置和菜肴选择。由于后续华协会理事会成员的教育背景与成长经历同1977年的前辈类似，这一早年的组织框架被一直沿用，成为经过地方化改造后新的族群记忆。当然，随着社会文化环境的改变，新的传统也不断被创造，并为旧的体系所整合和吸纳。

　　（一）活动日期和时间

　　中国春节的时间依据的是传统的农历，故每年对应的公历日期各异，一般的时间范围是1月22日至2月20日。由于春节并非法定节日，因此，如果除夕和大年初一不是节假日或周末，那么纽芬兰的社区春节庆祝活动则会安排在农历日期之后最近的周末举行。例如，1977年（蛇年）春节庆祝的主要活动曾于2月20日星期天举行，而当年的大年初一是2月18日。同样，1978年（马年）的大年初一是2月7日，但是新年活动的日期则推迟至2月12日星期天。根据涂尔干（Emile Durkheim）关于"神圣"和"世俗"的分类①，许多研究者如法拉斯（Alessandro Falassi）将节日看作异于日常生活的、具有神圣性质的时间维度，是"时间之外的时间"（time out of time）②。因此，春节的日期反映了传统中国人的时间观念，以及他们基于此时间观念对宇宙和社会万象的理解。在北美拥有较多华人人口的大都市，如多伦多、温哥华或者旧金山等地，依据笔者2010—2012年三年在上述地区观察到的实际情形，海外春节的热闹程度并不亚于传统上"文化中国"的中心区域。在纽芬兰，从媒体的介绍和报道中可见，春节同样被视为华人仪式生活中最为重要的部分。例如，《电讯报》2001年1月24日在有关春节的报道中介绍，春节是华人对于节候变化的热烈回应，同时，春节也是一年中祈求身体健康、长命百岁和阖家团圆的重要时刻。即使如克莱伦维尔这样人口不足一万的小镇，当地报纸《速递报》2006年1月23日也报道说："对于许多中国家庭而言，春节是一年中最特别的日子，凝聚了很多传统的文化意涵。"然而，在媒体之外的现实层面，纽芬兰经验表明，传统中国预先设定好的"神圣时间"，在异文化空间中，必须符合主流社会的"世俗"标准。王国贤先生解释道："如果新年庆祝的时间定在工作日，那么不会有人来参加活动，因为第二天还要上班，大家都不可能尽兴。"[35]除王国贤先生提到的原因外，在某种程度上，组织者对于传统时间的修改，也反映了新生代华人融入主流社会的愿望和努力。

但是，新生代的组织者并未遗忘自身的族群记忆，而是在尊重地方性知识的前提下，将前者的呈现方式进行了适当调整。熊楚亮先生回忆道：

---

① Durkheim, Émile. 1915. *The Elementary Forms of the Religious Life*. London, UK: Allen and Unwin.

② Falassi, Alessandro, ed. 1987. *Time Out of Time: Essays on the Festival*. Albuquerque, NM: University of New Mexico Press.

在我们刚开始策划 1977 年的新年庆祝时，因为过年的时间不是假期，所以我们讨论究竟是在年前的那个周末还是在年后的那个周末举办活动。这时，来自澳门的何谓鉴医生的弟弟何谓光先生（Paul Ho）正好进来，他说："这有什么好讨论的？当然是年后的周末，哪有提前过新年的，这样不吉利。"我们听后都深以为然，从此就这么定下来了。①

在此之后的 30 多年时间里，因临时出现的场地问题，庆祝日期被置于年前的情况仅有一次②。在这个意义上，神圣节庆时间向日常时间的转换，并非仅是对主流话语的妥协和顺从，而是在尊重地方性知识的同时，延续民族的集体记忆。

除日期选择外，在具体时间的安排上，纽芬兰的春节庆祝活动也反映了族群内部权力结构的变迁。在华协会成立的最初几年，大部分会员从事餐饮行业的工作。他们大多一周工作七天，休息日一般为每周末下午五点以前（即是说，周六与周日下午五点开始营业）。因此，为了方便这些会员，华协会组织的春节庆祝活动一般在周日下午举行。③ 然而，在 1983 年王国贤先生担任会长后，他改变了先前的庆祝模式，将原本计划在一天内完成的活动安排在两天进行：周六晚上是较为正式的文艺汇演、晚宴和舞会（Dinner and Dance），周日下午则是以家庭和社区（主要是华人社区内部）聚会为主题的、非正式的游园活动（Family Fun Day）。王先生的初衷是将新年庆祝变得更为正式和有序（主要措施是限制幼儿的参与），提高晚会的档次和扩大参与规模。④ 同时，王先生认为，因为第二天不是法定工作日，将晚会时间改为周六，会使更多的来宾能够晚归[38]。但是，这一更改遭到了许多从事餐饮工作的会员的异议。据熊楚亮先生分析："因为周六是一周中餐馆最忙的一天，将店铺停业而参加华协会的新年晚会，并不是这些餐馆老板们的心愿。这些生意人并不愿意

---

① 笔者于 2009 年 7 月 9 日，在圣约翰斯对熊楚亮先生进行了访谈。
② 笔者于 2012 年 1 月 25 日，在圣约翰斯对王力力女士进行了访谈。
③ 笔者于 2009 年 7 月 9 日，在圣约翰斯对熊楚亮先生进行了访谈。
④ 笔者于 2013 年 8 月 29 日，在圣约翰斯对王国贤先生进行了访谈。

为了文化寻根和传统节日庆祝而放弃商业利润。"① 因此，华协会组织的新年庆祝活动逐渐鲜有餐饮从业人员参加。针对此事，王国贤先生评论道："这些老华侨仍然秉承旧有的观念，只知道不停的工作，根本不接受所谓'休闲娱乐'的概念。和我们太不一样了。而且，看得出来，过不过年，对他们来说无所谓。"② 的确，对于很多餐馆老板而言，如金门酒家的熊氏家庭和龙88餐厅（Dragon 88 Restaurant）的钟氏家庭，春节仅是"又一个工作日"。③ 不过，虽然老一辈华人选择放弃参与华协会的春节庆祝活动，但这并不意味着他们对于中华传统文化的疏远。在笔者看来，勤奋工作并创造价值这一古训，正是这些老华人所实践和坚守的、不可磨灭的族群记忆。这表明，不同代际、不同职业的华人，具有对于族群记忆的不同理解和阐释方式。

（二）活动地点选择

如前所述——纽芬兰华协会1977年春节庆祝中文艺汇演、晚餐和舞会等主要活动的地点，设在水产学校的礼堂或市政府的宴会厅，而非当地的华人餐厅或华人社团集美社的礼堂，这成为了纽芬兰春节活动的惯例。例如，1979年的春节活动在当地的冰壶俱乐部（St. John's Curling Club），1980年在当地圣玛丽教堂的礼堂（St. Mary's Hall），1981年在斯特林大礼堂（Canon Stirling Auditorium），1983年在圣约翰斯海军俱乐部（Club Commodore of St. John's），1984年在位于圣约翰斯的加拿大退伍军人俱乐部（Royal Canadian Legion Branch 56）和圣十字小学（the Holy Cross Elementary School），1985年在比肯斯菲尔德高中（Beaconsfield High School）。其中的例外是1985年，由于比肯斯菲尔德高中没有配套的餐厅，而由谭奕桓经营的"翠园餐厅"负责提供餐饮服务。需要说明的是，翠园餐厅在当时的圣约翰斯，甚至在整个纽芬兰都属于最受欢迎的餐饮去处。在前述有关饮食文化的章节中，可以看到，当时纽芬兰总督和加拿大财政部长的克罗斯比先生也莅临了翠园餐厅的开业典礼，这当然也是源于谭奕桓个人与当地政要良好的私人关系。从20世纪80年代后期开

---

① 笔者于2009年7月9日，在圣约翰斯对熊楚亮先生进行了访谈。
② 笔者于2013年8月29日，在圣约翰斯对王国贤先生进行了访谈。
③ 参见《电讯报》2001年1月24日和2004年1月25日的相关报道。

始，老殖民地俱乐部（Old Colony Club）成为了纽芬兰华人春节活动举办的主要场所，而在该俱乐部于2001年关闭后，加拿大退伍军人俱乐部便取而代之，直至今日。显然，公共性的华人新年庆祝活动[①]大体是在日常生活中与华人社区无涉的地点中进行的。在许多节日研究者看来，地点与节日之间存在着非常紧密的关联，一般而言，节日凝聚和凸现了地域或者特定地点的独特性，并反映了民众真实的地域归属感。[②] 因此，节庆活动除了以特定的主题内容为中心外，举办活动的地点也深刻影响着节庆的文化内涵和社区价值。[③] 从上述华人春节活动的选址看，纽芬兰华人很大程度上表现出了对于当地的某种归属感（至少是与当地社会的积极联系），以及融入主流社会的强烈愿望。从另一个角度看，在原本不属于华人文化空间的地点举办华人春节活动本身，也在一定程度上体现了当地主流社会对于华人作为一个文化群体存在的认可和接纳。同时，正如叶秋玲所言，这也深藏着主流社会对于华人群体在特定社会文化时空中的某种"控制"。[④] 华人春节活动因此有可能转变成为以满足参与者（特别是这些参与者属于与节庆的源文化不同的文化群体时）文化期待的"节日旅游"[⑤] 的目的地。

然而，对于包括历届华人新年的组织者在内的很多华人来说，他们

[①] 当然，有纽芬兰纪念大学中国学生会所举办的新年活动一般都在大学的剧场或者大学旁的英国圣公会教堂举行。

[②] 参见 De Bres, K. and J. Davis. 2001. "Celebrating Group and Place Identity: A Case Study of a New Regional Festival." *Tourism Geographies*, 3, No. 3, pp. 326 – 337; Derrett, R. 2003. "Making Sense of How Festivals Demonstrate a Community's Sense of Place." *Event Management* 8, No. 1, pp. 49 – 58; Falassi, A., ed. 1987. *Time Out of Time: Essays on the Festival*. Albuquerque, NM: University of New Mexico Press; McClinchey, K. A. and B. A. Carmichael. 2010. "The Role and Meaning of Place in Cultural Festival Experiences." In *The Tourism and Leisure Experience: Consumer and Managerial Perspectives*, edited by M. Morgan, P. Lugosi and J. R. B. Ritchie, 59 – 77. Bristol: Channel View; Quinn, B. 2003. "Symbols, Practices and Myth-making: Cultural Perspectives on the Wexford Opera Festival." *Tourism Geographies* 5, No. 3, pp. 329 – 349.

[③] Selberg, Torunn. 2006. "Festivals as Celebrations of Place in Modern Society: Two Examples from Norway." *Folklore* 117, No. 3, p. 297.

[④] Yeh, Chiou-Ling. 2008. *Making an American Festival: Chinese New Year in San Francisco's Chinatown*. Berkeley: University of California Press, p. 8.

[⑤] Getz, D. 2008. "Event Tourism: Definition, Evolution, and Research." *Tourism Management* 29, No. 3, pp. 403 – 428.

并不希望自己的节庆活动沦为单纯的文化客体而被"旅游者"任意地"描述、阐释和预期"①,而是希望通过对于春节活动场所的布置而建构一个如吉登斯所谓的"场所"(locale)②,将之用于承载个人的文化归属和族群记忆。《晚间电讯报》在1979年1月30日的报道中称:在当年的华人春节庆祝活动现场,"迎宾和晚餐期间一直播放着柔和的中国古典音乐,这样的背景营造了一种非常浓郁的东方风情和节日氛围。红色是中国春节的传统色彩,在圣约翰斯冰壶俱乐部的墙上贴满了写着春节快乐、长寿富贵等吉祥用语的红色对联和条幅"。当然,在洋溢着华人文化气息和象征符号的场所中,西方元素(如家具、厨具、餐具以及服务人员)不时提醒活动参与者这一特定地点的文化归属,从而使其成为了一处多地缘属性(multilocal)③的文化空间。

(三) 嘉宾人选

在1977年华协会的春节庆祝中,许多纽芬兰当地的政要及社会名流受邀与华人共度春节。而进入嘉宾名单的标准,在于受邀人是否能切实为华人及其社区提供帮助。④ 因此,从一开始,华人春节庆祝活动的功能之一,便是增强华人社区与当地社会的联系,使节日成为社会交往开始的契机和进行的平台。在最初几年,嘉宾的数量有限,春节庆祝活动的主要参与者为华人。《晚间电讯报》1978年2月11日的报道称,时任纽芬兰华协会英文秘书的玛格丽特告诉记者:"春节庆祝活动是不对公众开放的,只有少许(非华人)的嘉宾被邀请参加活动。"但是,在1983年以后,新的节庆组织方式使华人餐饮从业者的参与度急速下降。他们退出后留下的参与空间,很快被华人专业人士的非华裔亲友所填补。针对华人参与减少的现象,黄信嘉和林清香等对活动举办的目的提出了质疑:"这样的庆祝活动还是华人的新年晚会吗?"⑤ 然而,许多华人对非华裔参

---

① Snepenger, D. et. al. 2007. "Meanings and Consumption Characteristics of Places at a Tourism Destination." *Journal of Travel Research* 45, p. 310.

② Giddens, Anthony. 1990. The consequences of modernity: Stanford University Press, p. 18.

③ Rodman, Margaret C. 1992. "Enpowering Place: Multilocality and Multivocality." *American Anthropologist* 84, No. 3, pp. 640-656.

④ 笔者于2009年7月9日,在圣约翰斯对熊楚亮先生进行了访谈。

⑤ 笔者于2012年3月29日,在圣约翰斯对黄信嘉、林清香夫妇进行了访谈。

与者的增加表示欢迎。例如,谭英德先生说:"看到越来越多的当地人参加我们的新年庆祝,我感到十分高兴。这说明我们的文化推广工作取得了成绩。越来越多的人正在了解我们的传统与文明。"[1] 曾担任纽芬兰华协会会长(1997—1998)的崔叶澄先生解释道:"我们协会举办春节活动的主要目的,已经从最初社区内部的自娱自乐,转变为向公众推介中华文化。"[2] 节日主要功能的转变,反映了活动组织者自我身份意识的增强:他们不仅是族群记忆的传承人和延续者,更是将传统与地方经验联结起来的中介。另外,华人族群记忆与地方性知识的勾连不再以直接的功利性目的为主,而蕴含更多象征性和情感性的意味。在这一意义上,公共空间与私人空间的界限逐渐模糊,节日庆祝成为了个体经验与公共意识交汇的仪式性过程和事件。

(四)节目设置

如前所述,在1977年华协会举办的春节晚会中,除展现中华传统文化的节目外,许多充满异域风情的表演也被纳入其中,因此,在纽芬兰华协会新年庆祝的表单上都将表演部分称为"多元文化表演"("a variety show"或者"a multicultural show")。在某些时期,后者在数量上会远远超过前者。例如,在1984年的春节晚会上,除中华剑舞外,其余节目皆来自其他文化:葡萄牙民间舞、美国现代舞蹈、菲律宾酒杯舞(Binasuan)和传统纽芬兰民间舞蹈等。此外,加拿大广播公司(CBC)主播雪莉(Shirley Newhook)还应邀作为本次晚会的主持人。在这里,春节庆祝的传统性以及华人自身的文化主体性,似乎因异文化元素的强势介入而被削弱,甚至消解。从表面上看,华人节目不足的直接原因在于当地表演人才的缺乏。崔叶澄告诉笔者:"华协会的理事们每年都为寻找中华传统节目而发愁,曾多次劝说无任何演艺经验的我登台表演,无奈之下,我便献唱了一首粤语歌曲《报亲恩》。"[3]

然而,本地人才的不足并不能充分解释上述现象,因为从世界各地赴纽芬兰求学的华人学生与日俱增,而且加拿大多地的中华文化资源丰

---

[1] 笔者于2013年7月28日,在圣约翰斯对谭英德先生进行了访谈。
[2] 笔者于2012年1月20日,在圣约翰斯对崔叶澄先生进行了访谈。
[3] 笔者于2012年1月20日,在圣约翰斯对崔叶澄先生进行了访谈。

富，这些均可为纽芬兰的华人社区所用，如前文所述。为庆祝1982年的春节，纽芬兰华协会邀请了蒙特利尔中国舞蹈研究社的舞者，为纽芬兰观众表演中国传统舞蹈，以及从多伦多邀请舞狮师傅教授华人青壮年如何表演等。熊楚亮医生解释了造成文艺汇演传统节目比例较小的主要原因："虽然我们庆祝的是中国新年，但是我们身处加拿大多元文化的语境之中，所以，在编排节目时，我们刻意加入了许多其他民族的文化元素，以增加我们活动的多样性。"① 正如何万成所言："春节庆祝从实质上而言就是华人社区作为一个整体与外部世界进行交流的契机。举办它的目的和实际操作中的组织方式都是以'多元文化'为核心的，这使得这样一个原本属于少数族裔的传统成为了纽芬兰社会文化生活的一部分。"② 因此，如前所述，在历届的新年庆祝中，文艺汇演在节目单上均被冠以"多元文化表演"之名，以示节目内容在文化归属上的丰富性。此外，以英文作为晚会使用的主要语言，在文艺汇演前后演唱加拿大国歌和纽芬兰省歌，以及交谊舞会等事项，均富含强烈的非华人属性。通过以上方式，原本属华人的神圣节日，在一定程度上，演变成了消解在庆祝中居主导地位的华人民族性、构建"文化均势"（cultural truce）③的博弈游戏。纽芬兰春节庆祝的组织者们，通过自我的文化压抑和妥协，传达了华人社区，特别是新生代华人接受主流意识形态的信息。在这个意义上，华人就由原先处于纽芬兰社会外部的"异乡人"（foreign）转变成为了当地公众群体中的一个"族裔"（ethnic）或者"文化团体"（cultural group），一定程度上融入了当地社会。④

在艾伦·利特维奇（Ellen Litwicki）看来，当今语境下的"同化"观念，已不同于20世纪初的"熔炉理论"，而是强调在坚持本民族传统的同时，与其他文化之间的和谐共存，共同构建全民一致的多元文化意识，

---

① 笔者于2011年4月18日，在圣约翰斯对熊楚亮先生进行了访谈。

② Hoe, Ban Seng. 1981. "A Chinese New Year's Tradition in St. John's." *Troubadour* 5, No. 1, p. 17.

③ Ronstrom, Owe. "Orchestrating and Controlling the Foreign: The Festival of Diversity in Stockholm City Hall." *Journal of Folklore Research* 30, No. 1, pp. 75–83.

④ Yeh, Chiou-Ling. 2008. *Making an American Festival: Chinese New Year in San Francisco's Chinatown*. Berkeley: University of California Press, p. 6.

或者说，文化共同体意识。① 利特维奇有言："在民族节日活动中，作为外来者的移民和他们的子孙并不仅仅是在庆祝和塑造本民族的文化认同，他们实际上还在创造和建构一种作为美利坚民族一份子的文化身份。他们正是通过表达自己原有的族裔特征来建构自身的美国认同的。"② 通过同台共同展演自身的文化传统，华人与其他族裔之间的身份差异便仅限于文化本身，而文化差异是多元文化政策所允许和鼓励的，并不会构成对于当地社会的威胁而被当地社会所接受。

除了文艺汇演外，纽芬兰华人春节活动中还有一个非常重要的节目，便是所有参与者齐唱《纽芬兰省歌》和《加拿大国歌》。虽然熊楚亮医生将其中的原因解释为"规避当时中国大陆和台湾之间的政治问题"，但是，在笔者看来，这在很大程度上表明了华人对于纽芬兰和加拿大政治的归属与认同，同时，通过齐唱具有鲜明政治意味的歌曲，使得华人再次确认了自身与其他非华人所具有的共同身份——加拿大公民或者定居者。

近年来，文艺汇演的节目数量较之前大为减少，节目数一般为3—4个，为早期时候的一半左右。例如，在2012年的新年庆祝活动中，除舞狮外，其他节目包括一个独唱、一个小提琴演奏和一个双人合唱节目。而在2016年的节目单中，除了舞狮表演，则仅包括一个个人独舞、一个二胡表演和一个双人合唱节目。相对于文艺汇演的时间减缩，餐后舞会的时间则随之拉长，延长至午夜之后。从传统的眼光来看，舞会自然不是中国传统的文化形式，而是明显的西方创制。早在1983年华协会新年庆祝活动改革时，便有华人对此项活动产生异议：

> 我们现在的新年晚会越来越西化了，你看，他们还专门为成人准备了一个舞会的环节。在中国传统中，新年的全部时间都是与家人一起度过的，无论是早上、中午还是晚上，因此中国以前没有这

---

① Litwicki, Ellen M. 2000. *America's Public Holidays*, 1865–1920. Washington, D.C.: Smithsonian Institution Press.

② Litwicki, Ellen M. 2000. *America's Public Holidays*, 1865–1920. Washington, D.C.: Smithsonian Institution Press, p. 115.

样的舞会。而且在舞会上使用的都是西方音乐,这真的是太西化了。……在本地举办新年庆祝的最初几年(应是华协会成立之前——笔者注),我们并没有将舞会作为活动的正式内容,不会专门为之准确场地和音乐。但是,在最近的五六年(大概是华协会成立以来——笔者注),组织者们为了让春节活动更受欢迎,所以将舞会作为保留节目固定了下来,当然,这就造成了更多的当地白人愿意来参加我们的活动。我的感觉是,是舞会吸引了他们的到来。无论如何,这可能是一种将我们华人社区与当地社区进行联谊的好方法吧![1]

从跨文化传播的角度而言,华协会的决策者们在春节庆祝中引入当地社区熟悉的文化形态,如舞会,无疑有助于族裔之间的文化互动和相互理解,并积极有效地彰显了华人文化本身的开放性与包容性。在包括纽芬兰在内的北美地区(这或许也是世界性的现象),从现实条件而言,新的社会文化语境使得华人无法完全维持和承继其源自母国和祖先文化的传统与遗产而必须融合移居地的本地文化。这是因为母国和祖先文化的遗产与在地经验缺乏直接有效的具身关联,并不能因此而构筑适合新语境的文化身份和情感表达方式。而节日作为一种不同于日常生活时间的时间范畴,从本质上为华人春节活动的创新提供了结构性的可能。法拉斯说道:"在节日的时间维度中,人们会做一些平日里不会做的事情;他们从自己的日常生活中解放出来,会做一些在平常看起来极端的行为;他们会将每日的社会生活模式予以创新。"[2] 当然,华人的文化传统也并未被完全替代,春节活动的组织者们会尽可能在所有活动形式中加入中华传统文化的元素。崔叶澄告诉笔者,即使是西式的交谊舞会,他们也会适当选取传统的民族音乐作为舞曲。[3] 在这个意义上,纽

---

[1] Thomson, Margaret Jillian. 1993. "'To Let the Children Know': The Traditions of the Chinese Community of the Avalon Peninsula." M. A. thesis, Department of Folklore, Memorial University of Newfoundland, p. 226.

[2] Falassi, Alessandro, ed. 1987. *Time Out of Time: Essays on the Festival*. Albuquerque, NM: University of New Mexico Press, p. 3.

[3] 笔者于2012年1月20日,在圣约翰斯对崔叶澄先生进行了访谈。

芬兰春节活动组织者们的实践，正是他们寻求文化交流和构筑文化共同体的积极方式。

需要提及的是，在纽芬兰华协会成立的初期，为了增加华人社区以及华人文化在纽芬兰当地社会中的曝光率，华协会在春节期间安排了许多以文化宣传和公共文化教育为目的的项目，如前文提到的1981年举办的"中国文化节"活动。在此活动中，华人社区向观众介绍有关北京的故宫、中国传统中有关"莲"的文化含义与重要性、传统中国乐器、丝绸制品和中国书画等内容。通过大量类似的活动，从20世纪80年代以来，公众逐渐对中华文化以及纽芬兰的华人社区有了更多的了解和接受。

（五）菜肴选择

1992年2月10日，高华街联合教会的资深牧师玛丽安·帕尔迪（Marion Pardy）在回复华协会会长熊丽贞（Jane Mah）1月30日发出的春节庆祝邀请的信件中写道："美味的食物、好的同伴和超炫的节目，永远都是令人愉悦的。今年的新年晚会一定又会是另一个非常美妙的夜晚！"帕尔迪在此有意无意地将饮食置于首位，非常符合人们对于节日作为重要社交场合的认知和预期。正如西奥多·汉弗莱（Theodore Humphrey）和林·汉弗莱（Lin Humphrey）所言："我们非常难以想象一个没有饮食为伴的节日活动"[1]，这是因为，共同饮食是一种非常有效的确认相互关系和自我身份的方式[2]。纽芬兰华人新年庆祝活动的菜肴都是由纽芬兰华协会及活动赞助者提供的。而菜式选择大体可分为两种：一是"美式中餐"，二是较为传统的中式菜肴（粤菜）。在前面关于饮食文化的章节中提到，所谓美式中餐，是指华人利用北美当地的食材，通过融合传统中餐与西餐的烹饪方法创造出来的、冠以"中餐"之名并符合北美食客口味的新菜式。1977年纽芬兰春节庆祝活动所提供的菜肴，除春卷和叉烧外，均属于"美式中餐"。而在某些年份，传统中式菜肴则是晚宴

---

[1] Humphrey, Theodore C. and Lin T. Humphrey, eds. 1991 [1988]. *"We Gather Together": Food and Festival in American Life*. Logan, Utah: Utah State University Press, p. 10.

[2] Humphrey, Theodore C. and Lin T. Humphrey, eds. 1991 [1988]. *"We Gather Together": Food and Festival in American Life*. Logan, Utah: Utah State University Press, p. xi.

第五章　族群记忆与地方性知识的交互与融合：华人节日遗产在北美的传播与传承　／　199

的主流。例如，中国学生会置办的新年晚餐包括烤鸭、辣子鸡、红烧豆腐加叉烧、牛肉炒芥蓝、广式炒杂菜、扬州炒饭和中式咕咾肉等，茶点是乌龙茶。① 在中餐馆老板赵雄出任纽芬兰华协会会长时，1993年春节庆祝的晚宴包括以下菜品（主要是粤菜）：春卷、炸虾丸、柠檬鸡、芥蓝带子（即新鲜扇贝）、炒虾仁、广式烧鸭、咕噜肉以及扬州炒饭等。除柠檬鸡属"美式中餐"外，其余菜品均为较为传统的粤菜。而在1999年，菜肴中还增加了鱼和饺子。② 但是，近年来，除春卷以及叉烧等当地较为流行的传统菜品外，春节庆祝晚宴的主体是"美式中餐"，其菜品均由现任香港餐厅厨师的刘艾伦（音译，Allen Lau）烹饪。在不同场合中，许多华人，如王力力、崔叶澄、黄信嘉以及谭燦辉（Simon Tam，谭燦洲先生之弟）③ 等均对华协会的菜品选择不甚满意，认为"美式中餐"并非真正的中餐，不可代表中华节日美食。

有意思的是，当节日庆祝的地点发生改变时，与之相应的菜肴也随之发生了改变。与新年庆祝不同，在笔者进行田野调查的数年中，华协会每年的中秋晚会都选址在香港餐厅，餐点仍由刘艾伦进行烹制，但是，菜肴却从美式中餐变成了春卷、港式鸡肉丸、烤鸭、柠檬鸡、咕咾肉、蒸鱼、雀巢腰果牛肉粒、叉烧蛋面、脆皮烧肉、荔枝虾仁和香炒牛肉饭等中式菜品。究其原因，这是因为华协会组织的中秋节更像是一个社区内部的非正式聚会，在地点、菜肴和节目设置（并无娱乐节目与舞会）方面都表现出明显的"排他性"，而参加的人群主体和目标对象是当地华人。可以说，长期以来，在纽芬兰，春节逐渐成为了一个面向华人社区之外的公共性的节日活动，其宣扬的是跨越族裔边界的多元文化性，而中秋节等节日，则更多地趋向于承载凝聚社区内部力量的内向性活动。

西奥多·汉弗莱和林·汉弗莱认为，节日庆祝中的菜品选择，不仅反映了一个社区传统的世界观、价值观、期许和行为模式，更表明了该社区针对当下政治和文化语境所作的适应与调整。④ 从纽芬兰春节庆祝的

---

① 《晚间电讯报》1979年1月30日。
② 《电讯报》1999年2月16日。
③ 笔者于2012年2月15日，在圣约翰斯对谭燦辉先生进行了访谈。
④ Humphrey, Theodore C. and Lin T. Humphrey, eds. 1991 [1988]. "*We Gather Together*": *Food and Festival in American Life.* Logan, Utah: Utah State University Press, p. 3.

历史看，美式中餐和传统的中式菜肴都曾出现在节日的餐桌上，而前者最终成为组织者和参与者认定的节庆美食。除口味或更符合众多非华人宾客外，这其中的主要原因应是象征性的。美式中餐是华人移民群体依据其北美生活的独特经验，在长期与北美社会各族群相互交流的实践中，逐渐发展并成熟的、代表华人民族性的文化标记。它是北美华人族群记忆和地方性知识交互与融合所形成的新的民族表征。因此，节日庆祝中采用美式中餐，更能体现华人在北美社会的文化存在。而这一文化存在，不同于传统的中华文化，亦非通过消解自我才得以融入的西方文明，乃是如张举文所谓的"第三种文化"。只有这种文化，才能真正代表身处两种文明交汇之所的华人群体，并反映他们作为少数族裔，在北美多元社会中所形成的独特生命体验和身份认同。

第四节　节日遗产在纽芬兰的本地化再造

在北美的大多数地区（如多伦多等地），春节、端午节、中秋节和冬至，被认为是华人社区最为重要的节日遗产，是华人对外传播自身文化和对内进行文化传承的重要载体和媒介。[①] 然而，相较于春节和中秋，海外华人社区的端午节活动一直是学界较为忽视的领域，其中的原因在于：其一，华人本身对于端午节的不重视；其二，端午节的部分传统已经与当地文化相互融合。在纽芬兰，"过端午节"是当地华人保持的传统节日庆祝活动之一。在端午节来临之际，纽芬兰的华人超市（如苏记杂货（Magic Wok Grocery）和位于纽芬兰纪念大学内的"白雪超市"（Snow White Grocery）会有粽子，或者荷叶、糯米等包粽子所需要的食材供应。一些当地中餐馆，特别是新移民所经营的中餐馆会销售一定数量的粽子。另外，许多当地华人家庭，以及在当地纽芬兰纪念大学学习的中国留学生也会购买或者自己动手包粽子。笔者刚到圣约翰斯时，一位名叫蔡晶晶（工程学院的研究生）的朋友便会在端午节时到当地华人超市购买粽

[①] Chan, Margret Rose Wai Wah. 2001. "Chinese-Canadian Festivals: Where Memory and Imagination Converge for Diasporic Chinese Communities in Toronto." PhD Dissertation, Graduate Programme in Music, York University.

叶、糯米等，在家中包粽子。但是，由于纽芬兰华人人口数量单薄，相较于春节和近年来在当地日益时兴的中秋节，端午节在纽芬兰不能算是一个特别引人注目的节日。不过，与端午节相关的划龙舟传统正以一种积极的态势，逐渐进入和融入当地社会的日常和节庆生活中，成为华人与当地人共享的文化遗产。

2008年9月14日，在纽芬兰东部，离首府圣约翰斯不远的天堂镇（Town of Paradise）的八角胡（Octagon Lake），正在举行一场别开生面的龙舟点睛和下水仪式。这条龙舟的出资人是前述纽芬兰生意最红火的中餐馆"苏记食家"的所有者、来自香港的苏金堂先生和谭杏媚女士（Hum Mei Tam，谭燦洲之妹）。苏先生和谭女士对中华文化十分推崇，其中，前文提到，苏先生本人还是一位出色的舞狮表演者。而龙舟的使用者则是一群英裔或爱尔兰裔的乳腺癌幸存者。在一次当地政府举办的大型募捐活动中，纽芬兰乳腺癌幸存者协会请求苏先生和谭女士的帮助，于是，苏先生认为这是一个传播中华传统文化的有利机会，便建议道："在圣约翰斯，每年都会有非常隆重的赛舟会（Regatta Day，每年八月的第一个星期三，又称龙舟节），这与我们中国传统的端午节赛龙舟很相似。既然你们要表现康复之后的激情与活力，为什么我们不组织一个龙舟队呢。"于是，在苏氏的资金支持和文化建议下，阿瓦隆龙舟队（The Avalon Dragons[①]）由此成立，并开始积极参与纽芬兰的各类赛舟赛事和募捐活动中。与其他竞技队伍使用的船只不同，阿瓦隆龙舟队所采用的是中国传统式样的龙舟，样式简单古朴，色彩绚烂缤纷。然而，苏金堂先生并不满足于单纯地引入传统龙舟的外在形式，他更希望传递与传承龙舟所蕴藏的文化含义和精神气质。这便是9月14日龙舟点睛入水仪式的由来。在仪式上，苏先生亲自为龙舟点睛，并解释了仪式的历史基础和信仰内涵。同时，在仪式过程中还加入了中国文化的其他元素，如同样以祛病禳灾和强身健体为主题的舞狮和太极拳表演。这使得仪式过程成为了中华文化对外传播的集中展演。

[①] 圣约翰斯所处的半岛被称为阿瓦隆半岛（Avalon Peninsular），龙舟队因此而得名。

苏金堂和谭杏媚资助购置的中国传统龙舟（崔叶澄提供）

苏金堂先生为龙舟点睛（崔叶澄提供）

第五章 族群记忆与地方性知识的交互与融合:华人节日遗产在北美的传播与传承 / 203

苏谭资助购置的中国传统龙舟点睛及入水仪式上的舞狮表演（崔叶澄提供）

行进中的阿瓦隆龙舟（崔叶澄提供）

苏金堂先生一直努力促成中华传统文化与纽芬兰当地文化之间的相互交流与融合。在苏先生看来，中国端午文化所标识的是人们在失去（屈原对于国破家亡的哀思，以及时人和后世对于屈原殉国的缅怀）之后所迸发而出的勇气和活力，而这一对生命的尊重和努力正与那些和病魔搏斗并最终取得胜利的乳腺癌幸存者所体现的积极精神相契合。在这个意义上，中华端午文化（龙舟竞渡）便超越了传统民族文化的社会历史语境的限制，与普遍性的人类经验和情感相对话，创造并实现了人类非物质文化遗产跨语际和跨文化的共享与整合。可以说，纽芬兰的龙舟竞渡，体现了中国传统文化与当地文化的相互融合，提供了文化意义上人类命运共同体建构和想象的具体方式和可能。

在有关端午节活动的案例中，可以看到，华人节日遗产的传播并不是以整体传播的形态存在的，而主要是通过碎片化的方式进行部分传播的。与端午节遗产中龙舟竞渡被选取称为具体的传播对象不同，在春节遗产中，生肖文化成为当地媒体和社区关注的中心内容。从1979年1月29日首次出现在《晚间电讯报》以来，生肖文化一直是当地媒体报道春节活动及其文化含义的重点。例如，在1981年2月9日《晚间电讯报》题为《本埠华人社区欢度春节》的报道中，作者第一次详细介绍了生肖序列："在中国历法中，每一年都是由一个动物来代表。去年（1980年）是猴年，而（明年）1982年是狗年。生肖动物的排序是鼠、牛、虎、兔、龙、蛇、马、羊、猴、鸡、狗和猪。"在此之后数年的报道中，除了单纯地介绍每年的生肖动物外，作者还介绍了生肖动物与在这一年出生的人的性格之间的关系。在《晚间电讯报》1984年2月6日的报道中介绍道："今年是鼠年，鼠是农历十二生肖中的一个。根据传统的说法，鼠年出生的人很具有想象力而且精力充沛。他们值得信赖并具有雄心壮志，同时勤奋努力、慷慨大方——当然，只是对他们所爱的人慷慨大方。"而同样关于鼠年的报道，12年后的文字并不是将前辈的话语进行直接的摘抄和复制。《晚间电讯报》在1996年3月2日的报道中称："鼠年对于商人和艺术家而言尤其好运。在中国人看来，算命的人会根据你的属相预测一年的运势。而且一个人的性格也是由属相来决定的。"随着生肖文化逐渐深入人心，当地媒体也将目光更多地聚焦于生肖的功能（普适性的），而非仅将其作为华人文化的遗产："今年

(2007年)是非常非常特别的一年,即俗称的金猪年,这是600年来才轮回一次的,而在韩国历法中,每6000年才会有一次金猪年……根据传说的记载,今年生宝宝非常吉祥,而且会为你带来滚滚的财运。"从这段文字中可以见到,虽然东方文化也被作者提及,但是,作者的口吻指向的实为纽芬兰公众。[1] 随着中国作为世界重要政治经济文化体的崛起,中国文化正在以一种不同以往地非殖民主义态势进入西方世界和普通西方人的视野。它不是一种强制性地文化输出,而是伴随着华人以一种更为平等地姿态加入多元文化社会而逐渐被当地人所接受和理解的。[2] 纽芬兰卡伯尼尔镇(Carbonear)当地报纸《指南针报》(The Compass)在2011年1月18日的报道中非常明确地将每一个个体与中国春节和生肖文化联系在了一起:"最近你的内心有没有一种突如其来且非常强烈的平静和安全感?如果你感觉到了,那很有可能是因为我们迎来了兔年。兔子排在中国生肖序列的第四位,它每12年会轮回一次。这次兔年的时间在西历是从2011年的2月3日到2012年的1月22日。通常,兔年是非常平和安静的一年,它会比前一年的虎年更加平缓舒适,给予个人更多的安逸,使我们能够摆脱正在经历的诸多压力和不确定性。"在此,生肖文化不再是囿于华人文化内部的遗产与封闭传统,而成为了所有公众共同经验的文化资源。根据笔者数年以来的田野调查,大部分纽芬兰公众知晓自己的属相,在华人与非华人之间有关中国文化的交谈中,生肖一直是双方破冰的重要话题。

随着中国新年以及与之相关的生肖文化在纽芬兰的接受,春节逐渐转变成为一项超越本地华人社区的本地文化传统。在很多场合中,公众不仅是作为被动的参与者参加华人新年的庆祝活动,同时,他们也开始成为新年活动的独立组织者和策划者。例如,在2006年12月31日,在拉布拉多西部地区(Labrador West)举行了以华人新年为主题的年度"首夜庆祝"活动(First Night Celebration)。活动的组织者是拉布拉多市

---

[1] 《电讯报》2007年2月25日。
[2] Johnson, Henry. 2005. "Performing Identity, past and Present: Chinese Cultural Performance, New Year Celebration, and the Heritage Industry." In *East by South: China in the Australasian Imagination*, edited by Paul Millar, Keren Smith and Charles Ferrall, 217-242. Wellington: Victoria University Press, p. 229.

文体局（Labrador City Recreation Department）的活动策划师安吉·福斯（Angie Foss）。为举办这一活动，主办方专门用许多具有中国元素（如龙图样）的装饰将活动场地装扮得非常具有新年的氛围，会场还循环播放着传统的中国乐曲作为背景音乐，一部有关中国春节的影片伴随着活动的进行在背景墙的屏幕上放映。在会场上，活动的组织者们设置了三个展示区：第一个是生肖展示区，人们可以在那里寻找自己的生肖；第二个是中国文身和脸绘展示区；第三个是手工艺展示区，在此有人教授如何制作传统的中式灯笼。这三个展示区都有专门为小朋友们准备的相应的游戏。为了保证活动的"本真性"，主办方还专门邀请了一位当地华人到场，为活动参与者们送上祝福并教授他们如何用中文倒计时。从整体策划的角度而言，这一活动的主旨在于教导成人与孩子们中国新年的相关文化知识。需要说明的是，就时间而言，"首夜庆祝"活动的时间并非传统中国农历春节的时间，而是西历新年（元旦）的日子，这一对东西方神圣时间的融合和重构，体现了纽芬兰当地社区在仪式上对于中国传统节日元素和象征意义（辞旧迎新的主旨）的积极的跨文化挪用与创造性重构。

与拉布拉多的活动相类，2012年1月23日，圣约翰斯圣特雷莎小学（St. Teresa's School）的学生与教职员工一起举行了中国春节庆祝活动。他们在学校大门处装饰了该校幼儿园学生们制作的生肖主题的彩色物件，向每一位进入学校的人呈送祝福并引导他们在展示牌上寻找自己的生肖。整个新年庆祝活动非常丰富，包括幼儿园学生随着中国乐曲伴奏跳起的舞蹈和高年级学生制作的灯笼和剪纸等手工展示。其中的高潮是活动的主要组织者、音乐老师莱斯利·斯塔克利斯（Leslie Stuckless）带领大家一起表演的"舞龙"。虽然许多人认为上述两项以中国新年为主题的活动都不是"正宗的"，但是，从跨文化传播的积极意义而言，这些由华人社区之外的个人和团体主导的新年庆祝活动表明了当地社区对于少数族裔文化遗产的尊重和认可，使得原属某一特定群体的遗产走出源文化的狭小境地，而进入了共享性的公共空间，成为所有社会参与者均可利用的文化资源。

本章小结

至此，我们已经非常详尽地描述了纽芬兰的华人新年庆祝活动从局限于族裔内部小规模的群体或个人活动，向具有广泛公众参与性的地方节庆事件的具体过程。从以上关于纽芬兰春节庆祝（以及有关端午节遗产）的讨论中可以看到，华人群体在北美社会经历了一段较为独特的文化过程。在这一过程中，纽芬兰华人，特别是以1976年成立的纽芬兰华协会为代表，通过诸如新年庆祝活动和龙舟竞渡等文化实践，不断重新认识、理解和定义自我的族群身份，以及他们与非华人群体之间的相互关系，面对和适应变化中的北美社会和历史语境。不同族群和个人关于华人民族历史与文化的记忆，和所处地方社会的现实经验，不可避免地存在各类冲突与矛盾。然而，华人并非一味压抑自身的族群记忆，对地方性知识的强力俯首妥协，而是在二者交互的过程中，创造性地将它们进行改造和融合，构建了既尊重传统又反映现实经验的新的族裔文化。回顾华人春节庆祝活动在纽芬兰的历史，我们可以粗略地将其变化过程分为两个阶段：一是早期所谓的"自娱自乐"（festival for themselves）阶段，在这一阶段中，华人文化明显孤立于主流文化之外，是名副其实的被压抑的文化他者，跨文化交流路径不甚通畅。在歧视性的法律法规被废止以后，随着新的政治和文化政策（如多元文化政策和新移民法）的颁布和施行，华人作为一个平等参与加拿大社会生活的族群才真正开始进行文化方面的呈现和表达，他们传承的中华文化才因此而被视为加拿大（以及全北美地区）多元文化的重要遗产和文化资源。正是在这一背景下，华人春节庆祝才进入了第二阶段，即"族裔文化的全民共享"阶段（a community for the community）[①]。在这一阶段中，族裔文化被有选择性地传承和发扬，并在很大程度上尝试与在地文化相互融合。最后可能

[①] Johnson, Henry. 2005. "Performing Identity, past and Present: Chinese Cultural Performance, New Year Celebration, and the Heritage Industry." In *East by South: China in the Australasian Imagination*, edited by Paul Millar, Keren Smith and Charles Ferrall, 217–242. Wellington: Victoria University Press, p. 225.

的情形是一种超越原先族裔和文化边界的多位呈现的"新民族性"（a multi-presented ethnicity），即一种基于共同体意识文化身份。在多元文化语境下，这一新的族裔文化，既确保了华人及其亚群体（甚至个人）在当地社会中的文化合法性，又延续了他们与祖先文明之间不可分割的联结与记忆。这使得"多元文化主义"本身从一个高高在上的国家政策，变成了一种落地的日常生活实践模式，即所谓的"在地多元文化主义"（vernacular multiculturalism/localized multiculturalism）[1] 或者"日常多元文化主义"（everyday multiculturalism）[2]。更为重要的是，在族裔文化向公共文化转变的进程中，一个文化意义上的人类命运共同体正在被不断建构和塑造，提供了在当代世界全球化趋势下超越种族、民族、国家和地方文化的可能。

---

[1] Armstrong-Fumero, Fernando. 2009. "A Heritage of Ambiguity: The Historical Substrate of Vernacular Multiculturalism in Yucatan, Mexico." *American Ethnologist* 36, No. 2, pp. 300 – 316; Okubo, Yuko. 2013. "From 'Contested' Multiculturalism to 'Localized' Multiculturalism: Chinese and Vietnamese Youth in Osaka, Japan." *Anthropological Quarterly* 86, No. 4, pp. 995 – 1029.

[2] Moss, Laura. 2011. "Song and Dance No More: Tracking Canadian Multiculturalism Over Forty Years." *Zeitschrift fur Kanada-Studien* 31, No. 2, pp. 35 – 57.

第 六 章

移民社群日常生活的地方性建构：
墓葬艺术与殡葬礼仪

位于北美大陆最东端的纽芬兰首府圣约翰斯，在第二次世界大战期间，是盟军从北美进入欧洲战场的最后的后方基地和补给站。战争期间，城市的大街小巷都是军人的身影，当地有许多专门为军人提供食宿的旅店和招待所。在所有这些招待所中，哥伦布骑士俱乐部（The Knights of Columbus Hostel）以其每周末举办的舞会而闻名。这些舞会对所有军人和平民开放。在1942年12月12日这天晚上，一场突如其来的大火（被认为是当时潜藏在圣约翰斯的德国间谍纵火）将整个建筑物夷为平地，并夺去了99条鲜活的生命，其中包括参加舞会的军人和平民，以及招待所的住客和工作人员。在这99人之中，有一位当时服务于英国海军的华人，名为方显文（Han Mun Fong），他与其他7名军人一同被葬在圣约翰斯英国圣公会的森林路公墓（Forest Road Cemetery）的"烈士陵园"（Field of Honor）中。笔者在探访方显文的墓碑时，发现他的墓碑与其他军人的墓碑不同，存在一个非常明显的区别——他的墓碑上没有十字架的标志。

根据公墓工作人员的说法，这个烈士陵园的墓碑虽然在最近经过重新整修，但是，其形制和装饰都与原来最早树立的墓碑完全一致，而方显文的墓碑应从一开始便没有包含十字架母题，现在，要揭开方显文墓碑上未刻十字架之谜的关键，是寻找当年树立墓碑之人或者组织。就20世纪40年代战争中期的实际情形和方显文作为军人的身份而言，其墓碑不可能是他远在家乡广东、正经历抗日炮火的家人或者圣约翰斯当地的华人社区制作和树立的。因为，基于笔者对于当地政府的移民记录材料、相关历史文献和当地华人的口述史，方显文在纽芬兰并无亲人，也没有人

方显文之墓

圣约翰斯英国圣公会的森林路公墓（Forest Road Cemetery）的"烈士陵园"（Field of Honor）（局部）

因其去世的缘故而进入纽芬兰,而且方显文与当地华人社区之间联系并不紧密,很多人(包括撰写回忆录记录当地华人历史的司徒育亭)并不知道海军中还有华人士兵。从墓碑本身的样貌而言,在传统的华人墓碑中,职业似乎并不是一个需要特别强调的部分,但是,在方显文的墓碑上,可以非常清晰地看到其职业为"中国海员"。另外,烈士陵园中的墓碑与旁边其他墓碑的最大区别,便是其没有个性特征的统一性。可以说,我们似乎可以断言,墓碑的设计者、制作者和赞助者应是政府、军队或者类似的官方组织,即非华人的个人或者群体。作为物质文化重要组成部分,墓碑是沟通生死世界的媒介。在以理查德·迈耶(Richard E. Meyer)为首的墓碑研究者看来,墓碑不仅寄托了树立者对逝者的哀思,更展现了特定社会历史时期的时代风貌和社会关系,并凝聚了逝者及其所曾生活过的社区等各有关群体的身份认同、宗教信仰和其他意识形态。[①] 从这一点来看,缺少十字架的方显文墓碑在很大程度上反映了非华人社群对于华人的想象,即认为后者并非是基督教徒,因此,在其墓碑上镌刻十字架是不适宜的。可见,墓碑上的图像,并不仅是承载了审美意义上的装饰功能和价值,还传递着意涵丰富的文化信息。

墓碑外观设计所使用的图像语言及其所包含的文化信息,自哈里特·福布斯(Harriet M. Forbes)[②] 发表其有关美国新英格兰地区墓碑及其制作者的研究成果以来,便一直是研究者所关注和讨论的重要议题。包括人类学家和民俗学家在内的许多学者运用图像学和图像志的方法,探究墓碑记录生死、追思诉怀之外的其他文化功能[③]。爱丽斯·古尔德

[①] 详见 Meyer, Richard E., ed. 1989. *Cemeteries and Gravemarkers: Voices of American Culture*. Ann Arbor: University of Michigan Research Press; 1993. *Ethnicity and the American Cemetery*. Bowling Green, Ohio: Bowling Green State University Popular Press.

[②] 详见 Forbes, Harriet M. 1967 [1927]. *Gravestones of Early New England and the Men who Made Them*, Boston: Da Capo Press.

[③] 关于墓碑的图像学研究,详见 Denbow, James. 1999. "Heart and Soul: Glimpses of Ideology and Cosmology in the Iconography of Tombstones from the Loango Coast of Central Africa." *Journal of American Folklore* 112, No. 445, pp. 404 – 423; Foster, Stephen C. 1977. *From Significant Incompetence to Insignificant Competence. Puritan Gravestone Art. The Dublin Seminar for New England Folklife. Annual Proceedings*, 1976, Vol. 1. Boston: Boston University Press; Gorman, Frederick J. E. and Michael Diblasi. 1981. "Gravestone Iconography and Mortuary Ideology." *Ethnohistory* 28, No. 1, pp. 79 – 98; Lindahl, Carl. 1986. "Transition Symbolism on Tombstones." *Western Folklore* 45, No. 3, pp. 165 – 185; Shay, Talia. 2004. "Who Takes Care of the Loved Ones?" *Anthropological Quarterly* 77, No. 2, pp. 289 – 301。

(Alice Perkin Gould)[①]、查纳·克劳斯-弗里德伯格（Chana Kraus-Friedberg）[②]、理查德·迈耶[③]、戈内尔·斯通（Gaynell Stone）[④] 以及戴安娜·库姆斯（Diana Williams Combs）[⑤] 等研究者均指出：在多元文化交互的北美社会，依托图案设计的特殊性及碑文使用的语言，墓碑揭示了逝者自身的身份认同，抑或墓碑树立者所构建的逝者身份；在墓碑形制的变化过程中，群体间关系及社会生活其他方面的变动也随之彰显。[⑥]

本章将通过探讨加拿大纽芬兰华人墓碑及与之相关的殡葬礼仪，展现华人为寻求文化融入和文化适应所作的努力以及当地社会对此的反应，希望能勾勒群体间文化交流实践中所反映的权力结构及社会文化语境变化。在笔者看来，墓碑以及殡葬礼仪都是华人与当地社会之间相互交流的重要媒介和工具，它反映了作为在地性的物质文化实体与源文化中根深蒂固的传统生死观念之间的激烈冲突，并因此有可能呈现和塑造具有多重性、多元性、即时性和杂糅性的北美华人性。在很大程度上，经过空间位移和时间交错的华人性，并不仅仅是母国文化的翻版，也不可能是完全融入当地社会的全盘西化，前文提到，它是一种具有明显文化间性的、基于日常生活实践的"第三种文化"。[⑦] 这一"第三种文化"的建构，是华人社区及华人个体在特定的社会历史文化语境中策略性的应对，但是，很多时候，日常生活的策略性被无限放大。对此，本章将从墓碑

[①] 详见 Gould, Alice Perkin. 2005. *The Old Jewish Cemeteries of Newark*. Bergenfield, New Jersey: Avotaynu.

[②] 详见 Kraus-Friedberg, Chana. 2003. "Building the Wilderness: Identity and Acculturation in the Alliance Jewish Cemetery." Annual Meeting of the Society for Historical Archaeology, 14 – 19, January.

[③] 详见 Meyer, Richard E. 1993. *Ethnicity and the American cemetery*. Bowling Green, Ohio: Bowling Green State University Popular Press.

[④] 详见 Stone, Gaynell. 1987. "Spatial and Material Aspects of Culture: Ethnicity and Ideology in Long Island Gravestones, 1670 – 1820." Ph. D. dissertation, State University of New York at Stony Brook.

[⑤] 详见 Combs, Diana Williams. 1986. *Early Gravestone Art in Georgia and South Carolina*. Athens and London: University of Georgia Press。

[⑥] 详见发表于美国墓碑研究学会会刊《墓碑》上的文章（Markers: The Annual Journal of the Association for Gravestone Studies），此处不再赘述。

[⑦] Zhang, Juwen. 2015. "Chinese American Culture in the Making: Perspectives and Reflections on Diasporic Folklore and Identity." *Journal of American Folklore* 128, No. 510, pp. 449 – 475.

第六章　移民社群日常生活的地方性建构：墓葬艺术与殡葬礼仪　／　213

及殡葬礼仪所反映的华人与基督教的关系中，反思北美学者如马悟水①等长期以来对于华人信仰策略性问题判断的准确性。

如前所述，华人最迟在1895年已来到纽芬兰。② 据纽芬兰官方出入境数据显示，在排华法案实施期间（1906—1949），除少量偷渡客和持有有效外交签证与学习证明的人员外，共有334名华人曾进入该地，并向纽芬兰政府缴纳人头税。③ 加上在排华法案生效前进入纽芬兰的约150名华人④，在1895年到1949年，约500位华人进入纽芬兰。他们均来自中国广东沿海四邑地区。

根据笔者自2009年以来（主要是参加华协会每年的扫墓和祭奠活动），特别是2015年4月至6月在全岛各地墓园（主要集中在圣约翰斯周围）的田野调查，华人虽散居于纽芬兰各地，但其墓葬则主要集中于省府圣约翰斯的几处墓园。究其原因，长期以来，纽芬兰的华人社区形成了一个异于北美其他地区（特别是华人大量聚居的大城市和商业中心）的习俗：除少数个案外，不论逝者曾居于纽芬兰何地，其遗体定会送至圣约翰斯安葬。⑤ 据纽芬兰华协会创始人熊楚亮医生解释：第一，因生计原因，一代华人多散居于纽芬兰各地开设餐馆。但由于这些地方人口稀

---

① 详见 Marshall, Alison. 2009. "Everyday Religion and Identity in a Western Manitoban Chinese Community: Christianity, the KMT, Foodways and Related Events." *Journal of the American Academy of Religion* 77, No. 3, pp. 573 – 608; 2011. *The Way of the Bachelor: Early Chinese Settlement in Manitoba*. Vancouver: University of British Columbia Press; 2011. "Through the Lens of the Grave Custom: the Public and Private Face of the Western Manitoban Restaurant." *Western Folklore* 70, No. 1, pp. 99 – 126.

② 详见 Li, Mu. 2014. "Wanders between Cultural Boundaries: Exploring the Individual Expressions of Chineseness In Newfoundland." Ph. D dissertation, Department of Folklore, Memorial University of Newfoundland.

③ 详见纽芬兰政府官方档案 "Registration of Persons of Chinese Race Admitted into The Colony of Newfoundland under the Provisions of The Chinese Immigration Act 6 EDW. VII CAP 2, June 4, 1910 to March 26, 1949." http: //collections. mun. ca/cdm/ref/collection/chinese/id/314.

④ 详见纽芬兰主要报纸关于当地华人人口数量的报道，如《晨报》1905年8月23日的报道《昨天来了7位华人》（"Seven Chinamen Arrived Yesterday"）；《先驱导报》1906年3月26日的报道《他们正不断涌来》（"And Still They Come"）；《晚间电讯报》1906年5月1日的报道《来了50位中国人》（"Fifty Chinese Arrive"），等等。另外，关于当时的华人数量，还可参见司徒育亭1995年完成的回忆录（司徒先生的回忆录分为《我的回忆录》《纽芬兰华人略传》《方彩略传》三部分）。

⑤ 笔者曾于2009年7月9日，在圣约翰斯对熊楚亮先生进行了访谈。

疏，工作机会少，他们的儿孙（大多受过较好的正规教育）不愿长期留在当地或接手父辈的生意。因此，如果他们逝后葬于当地，有可能常年无人扫墓。而如若迁葬圣约翰斯，则有以宗族和祖居地为纽带结成的华人社团（1976年后为纽芬兰华协会负责）代为照看。第二，由于纽芬兰华人大多来自广东沿海地区，且有亲缘关系，他们更愿意与其他华人比邻而葬。①

目前，纽芬兰华人墓葬主要集中于以下墓园：（1）卡梅尔山公墓（Mount Carmel Cemetery）；（2）新教徒公墓（General Protestant Cemetery）；（3）乐山公墓（Mount Pleasant Cemetery）；（4）森林路公墓（Forest Road Cemetery）。其中（1）为天主教墓园，位于肯纳坡地（Kenna's Hill），是当地较老的墓地，约有10多名华人安葬于此。园中有一块立于1981年，题字"中华先友纪念碑"的黑色方形纪念碑，约一米见方。（2）是加拿大联合教会的墓园，位于老托普赛尔路（Old Topsail Road）和沃特福德桥路（Waterford Bridge Road）之间，为新教徒所创建，是1945年以前华

卡梅尔山公墓中的"中华先友纪念碑"

---

① 笔者曾于2009年7月9日，在圣约翰斯对熊楚亮先生进行了访谈。

人移民安葬的主要墓园。现存32块华人墓碑。园中也有一块题有"华侨公墓"的黑色纪念碑,立于1988年,亦一米见方大小。(3)也是加拿大联合教会的墓园,靠近詹姆士巷(James Lane)和汉密尔顿大街(Hamilton Avenue),1945年以后去世的华人大多安葬于此。据不完全统计,约有200名华人安葬于此。此墓园有一座高达数米的华人纪念碑,上面用中文书写"中华先友纪念碑",并附有英文释义,基座两旁还矗立着一对石狮。(4)是英国圣公会的墓园,位于森林路和帝国大道(Empire Avenue)交汇处。安葬于此的华人较少,仅有三处,且无华人纪念碑。纽芬兰虽无独立的华人墓园,但在墓园(2)和(3)中,华人墓葬都相距不远,均有较为集中的华人墓葬群。

新教徒公墓中的"华侨公墓"碑

第一节　1945年以前的华人墓碑及殡葬礼仪

1949年以前树立的墓碑多位于新教徒公墓(笔者发现的数量为32块,另有3块残片),石材多为一般的沙石。由于当地气候干燥,冬季漫长且多雪雹，部分墓碑严重风化，字迹和图案难以辨认。墓碑形状大致分为两类：一是垂直竖立的平板墓碑（30块）。此类墓碑最为普遍，但个体之间存在高度、宽度和形式风格上的差异。二是墓碑形似打开的书籍（2块）。此类大多平躺于地面或倚靠支撑物［如吴荣杰（Eng Wing Kit）之墓碑］。在这一时期，除书籍状墓碑外，多数墓碑（25块）上有一个用作装饰的图案或者图案组合。书籍状墓碑往往没有图案，一是因为书籍状墓碑表面空间有限；二是书籍象征圣经，故无须图案已能表达逝者的宗教情感（或者说，书籍本身便是一种图像装饰）。

乐山公墓中的"中华先友纪念碑"

就平板墓碑而言，其图案或图案组合位于墓碑的上半部，处于铭文之上。目前发现的图案或图案组合主要有以下几类：（1）十字架（或多个十字架）与花草组合，如在一名熊姓男子（Hong Kim，具体中文名不可辨）的墓碑残片上可见三个成三角形排列的十字架（上部的十字架较小，下部两个较大），而装饰性的花草环绕其四周；（2）握手，如一名谭

第六章　移民社群日常生活的地方性建构:墓葬艺术与殡葬礼仪　/　217

新教徒公墓华人墓葬群的平板墓碑

新教徒公墓华人墓葬群的书籍状墓碑（吴荣杰之墓）

姓男子（Tom Yee Sing）的墓碑上部有两手相握的图案，其上还刻有一顶王冠的图案；（3）禽类的翅膀加上艺术字母，如区明纲（Oue Ming Gong）的墓碑上部中央则刻有一个艺术化的字母"O"，两旁是与之相连的艺术化且弯曲度很大的翅膀图案；（4）一只握有花的手，食指指向前方，或者食指伸出，指向前方的花朵或其他，如李姓男子（Lee Sop）的墓碑图像即是以右手握花，指向前方下部一个圆形事物图案；（5）墓碑的外形与碑上图案相配构成图形，如区鹤寿（Oue Hick Chew）墓碑表面的图案分割与墓碑顶部凸出的正方形组成一个十字架，墓碑表面用作分割的区域刻有花饰；（6）纯花卉图案，如谭宽（Tom Foung）之墓上部有一块花丛的图案，而在中部刻文字处的两边空白处也饰有简单的花卉图案。除中心图案以外，有些墓碑还在顶部或周边饰有辅助装饰图案，如翅膀、柳枝，或其他抽象图案，如前述李姓男子的墓碑顶部便刻有一对展开的翅膀。依据墓碑研究专家和墓园工作人员的解释，这些图案均为19世纪中后期至20世纪前半期在北美流行的墓碑图案，皆具较强的基督教意味，是为传统基督教墓碑母题，例如翅膀代表着天使的翅膀，两手相握代表上帝欢迎世人来到天国，而有指向性的手指则为世人指明了通往上帝之所的方向。① 其中，（4）出现的次数最多，25块平板墓碑中有6块包含这一母题，而拥有作为装饰性母题"翅膀"的墓碑共有13块，超过了一半。

一名熊姓男子（Hong Kim，具体中文名不可辨）的墓碑

---

① 关于墓碑图案的意义，详见 Forbes, Harriet M. 1967［1927］. *Gravestones of Early New England and the Men who Made Them*, Boston: Da Capo Press; Dethlefsen, Edwin and James Deetz. 1966. "Death's Heads, Cherubs, and Willow Trees: Experimental Archaeology in Colonial Cemeteries." *American Antiquity* 31, No. 4, pp. 502 - 510; Jackson, Kenneth T. 1989. *Silent Cities: The Evolution of the American Cemetery*. New York: Princeton Architectural Press; Rainville, Lynn. 1999. "Hanover Deathscapes: Mortuary Variability in New Hampshire, 1770 - 1920." *Ethnohistory* 46, No. 3, pp. 541 - 597; Schorsch, Anita. 1976. *Mourning Becomes America: Mourning Art in the New Nation*. Clinton, New Jersey: Main Street Press.

第六章 移民社群日常生活的地方性建构:墓葬艺术与殡葬礼仪 / 219

一名谭姓男子（Tom Yee Sing）的墓碑 　　区明纲（Oue Ming Gong）的墓碑

李姓男子（Lee Sop）的墓碑 　　区鹤寿（Oue Hick Chew）的墓碑

谭宽（Tom Foung）的墓碑　　　　　熊奕晋（Hong Yuen）的墓碑

　　就墓碑的铭文而言，大多为中英文混合，但也有少部分仅使用其中一种语言。在内容上，一般介绍逝者的姓名、出生年月、去世时间、年龄以及籍贯。碑文的英文部分大体依照当地碑文的书写方式，多以"缅怀"（"In Memory of"）开头。在中文用语上，碑文采用较为古雅的用词，一般用某公或某君称呼男性（1949年以前的墓主均为男性）。另外，在很多1945年以前树立的墓碑上，很容易发现树立者对于逝者作为移民的身份的强调，即在墓碑上刻上"侨民"二字［如区鹤寿、熊奕晋（Hong Yuen）的墓碑］。在纪年方式上，英文部分以西历纪年。而在墓碑的中文部分，1945年以前的墓碑主要有两种纪年方式：一是西历纪年；二是中国传统的朝代纪年。在采用公历纪年的墓碑上，可看到两类数字系统：其一是较为常见的汉字数字；其二是符号数字，已经鲜有使用。在纪年方式上引起笔者注意的是朝代纪年类墓碑。在1945年以前，以朝代纪年的墓碑数量，大致与以西历纪年的墓碑数量持平，或略高于后者。以朝代纪年的墓碑在记述逝者的生卒年时，常用"生于光绪"某年或者"生于民国"某年，以及"终于民国"某年字样。这种纪年方式属于较为传

统的中国墓碑的纪年格式,与使用中文一道,成为了中国传统丧葬文化在当地的传播实例。在这个意义上,华人墓碑作为一种不同族裔在特定空间中的交流媒介,至少传递了两个方面的信息:第一,他们通过使用基督教母题来表明自身融入主流社会的倾向和目的;第二,他们又通过遵循中国传统的墓碑格式来表明自己的文化根基,并表明自身的文化身份与在地经验的契合度。换句话说,纽芬兰的华人移民具有的身份是一种糅合的身份——华人基督教徒。

需要说明的是,在一定程度上,虽然华人墓碑上同时使用中英文文字和符号代表了一种涵化和融入的方式。但是,墓碑的设计和树立者通常不是逝者本人、而是其在世的亲人和朋友(当然还有其他个人和组织),因此,这种融入和涵化并不一定代表和尊重了逝者的意愿。[1] 不过,我们也不可以夸大这种树立者与逝者之间的区别,因为华人墓碑的设计和树立者一般都是逝者的亲人或者同乡。本书已经多次提到,在1949年之前,来到纽芬兰的华人基本上来自中国广东沿海地区,他们大多具有相似的社会经济和文化背景,相互之间往往是亲戚和同乡关系。当他们来到纽芬兰以后,这些早期的华人移民面临着相同的政治歧视和社会孤立境遇,这使得他们更加团结地面对生活中的种种困难和苦难。因此,从逻辑上而言,除了非常极端的例子,华人个体之间的关系非常紧密,基于这种关系而树立起来的墓碑,应该可以较为准确地反映同样作为移民的逝者本人的诉求和愿望。例如,熊奕渠(Hong King)逝世于1935年2月28日,年仅30岁,他的墓碑上清晰地注明了树立者是当时纽芬兰华人的一个宗族组织"同乡会"。同时,可以看到,熊奕渠的墓碑上并无明显的基督教装饰,而依据当地加拿大联合教会的死亡档案记录,他是在册的基督教徒。因此,可能的解释是,熊奕渠的同乡或许知晓他并非一位虔诚的基督教徒,为了充分尊重他的意愿(而非出于迎合当地宗教传统和社会预期的目的),所以并未在其墓碑上镌刻传统的基督教母题。

---

[1] Chung, Sue Fawn and Priscilla Wegars. 2005. *Chinese American Death Rituals: Respecting the Ancestors.* Lanham, MD: AltaMira Press, p. 157.

熊奕渠（Hong King）之墓

  总的来说，1945 年以前纽芬兰华人墓碑在图案设计及铭文上，除标志其华人身份的中文字符以外，主要呈现的是基督教母题。基督教母题与中国文字的结合表明墓主华人与基督教徒的双重身份，一定程度上反映了当时华人的宗教信仰及其与当地基督教会的紧密联系。这一亲密关系也体现在当时华人的殡葬礼仪中。

  1902 年，一位华人（Won Ton，墓碑破损，故中文姓名不详）在圣约翰斯去世，成为在当地去世的第一位华人。当地报纸《晚间电讯报》于该年 10 月 30 日进行了如下报道[①]：

    昨天，一名中国人（Won Ton）在其位于科克伦大街（Cochrane Street）的洗衣店中，因肺病去世。或由于异域的气候，他在这里安家后就一直生病，并且在过去的几个月中病得很重。他的遗体将于今天下午四点在新教徒公墓安葬。为其主持仪式的是亚历山大街区（Alexander Street）教堂的兰奇牧师（C. Lench）。Won Ton 和其他华人都参

---

① "Chinaman Dead", *Evening Telegram*, October 30, 1902.

第六章 移民社群日常生活的地方性建构：墓葬艺术与殡葬礼仪 / 223

加这个教堂的活动。这是在本地逝世的第一位华人，大家都觉得很难过。同样也在洗衣店工作的儿子当时也在现场，出席了先父的葬礼。

可见，华人参加当地教会的活动已成为常态。更重要的是，作为在纽芬兰去世的第一位华人，虽然他的儿子也在纽芬兰当地，但 Won Ton 的葬礼并未依照中国传统的丧葬仪式，而是一场基督教式的法事。在其之后，笔者的资料收集和田野调查表明，华人葬礼大抵都遵循这一程式。例如，10 年之后，当地报纸《先驱晚报》于 1912 年 6 月 26 日对熊华（Wah Hung，音译）的葬礼进行了详细报道①：

> 昨日下午，一位年轻中国人熊华（Wah Hung）的葬礼首先在马丁殡仪馆（J. T. Martin）举行。本地的洗衣工人（除一人外）全部莅临，其中大概有四到五个人最后还留下作为接应。韦斯利教堂（Wesley Church）的马修斯牧师（F. R. Matthews）也来到现场。主日学的许多教师还送来了鲜花及花圈以示哀悼。在宗教仪式之后，作为葬礼的一部分，大家一同唱了赞美诗中的诗句（"There's a Land that is Father than Day"）。牧师带领大家为死者做了祷告。随后，安放死者的檀木棺材被盖起。灵车上布满由死者的华人朋友所赠送的花圈（我们听说价值 30 元）②。（随着灵车开动）大家都井然有序地跟着灵车步行到新教徒公墓。死者的遗体将安葬于此，等待将来的复活。我们被告知，在场的一个巨大的、由花卉做成的十字架来自华人的一位白人朋友，以表哀思。听说这位先生不仅教授华人读写英语，还向他们讲述基督的真义。

纽芬兰华人殡葬仪式的完全基督教化与北美其他华人社区有很大区别。例如，在克劳德（Linda Sun Crowder）笔下的美国旧金山唐人街③以

---

① "Wah Hung's Funeral", *Evening Herald*, June 26, 1912.
② 这相当于时人月平均工资的两倍半。
③ 详见 Crowder, Linda Sun. 2000. "Chinese Funerals in San Francisco Chinatown: American Chinese Expressions in Mortuary Ritual Performance." *Journal of American Folklore* 113, No. 450, pp. 451 – 463; 2002. "Mortuary Practices and the Construction of Chinatown Identity." Ph. D dissertation, Department of Anthropology, University of Hawai'i.

及张举文（Juwen Zhang）所研究的费城华人社区[1]，殡葬仪式中虽也融入了西式传统，但中国传统的文化符号仍清晰可辨。

另外，许多研究者指出，早期在北美去世的华人，一般不会选择在当地永久安葬。许多华人认为，死后如不能回归故里，灵魂便不能超度，成为孤魂野鬼，因此，许多华人来到北美以后的第一件事，便是安排自己的后事；而如果由于种种原因（如抗日战争和太平洋战争爆发等）遗体不得已在当地下葬，数年后，当时机成熟，特别是经济条件具备时，其亲朋会将遗骨重新装捡，运回其故乡安葬。[2] 这一做法一直持续至新中国成立，最终由于政治经济条件的急剧变化而终止。在纽芬兰，类似现象出现极少，目前仅有一例。据当地报纸《晚间时报》（Evening Chronicle）1909年8月27日登载，一名华人（Wong Tung）曾于几年前葬于新教徒公墓[3]，其遗体将要被放入一个密封的锌制装殓盒中运回中国，交由其亲友重新安葬。据纽芬兰联合教会档案馆的死亡记录，在纽芬兰去世的华人（包括方显文在内一共55人）大多属于永久性安葬（已发现的墓碑共53块）。这在一定程度上表明，相较于其他地方，纽芬兰华人群体从一开始便倾向于在当地安葬。而他们（包括他们的代理人）选择与传统做法不同路径的原因，或许是由于华人皈依基督教后受到的影响所致。这一点从当地华人每年的扫墓活动中可以得到佐证。

其实，除殡葬仪式的基督教化外，华人的扫墓活动也表现出与中国

---

[1] 详见 Zhang, Juwen. 2001. "Falling Seeds Take Root: Ritualizing Chinese American Identity Through Funerals." Ph. D Dissertation, Department of Folklore and Folklife, University of Pennsylvania.

[2] 详见 Chen, Yong. 2006. "Understanding Chinese American Transnationalism during the Early-Twentieth Century: An Economic Perspective." In Chinese American Transnationalism: The Flow of People, Resources, and Ideas between China and America during the Exclusion Era, edited by Sucheng Chan, 156 – 173. Philadelphia: Temple University Press; Gardner, Dudley et. al. 2003. *Brief Discussion of Chinese Burials Recorded in Santiago and Valparaiso*, *Chile*, *Papeete*, *Tahiti*, *and Honolulu*, *Hawaii*. Paper submitted to Wyoming NST EPSCoR Community College Support Program; Ling, Amy. 2002. "Yan Phou Lee on the Asian American Frontier." In *Re/collecting Early Asian America*, edited by Lee, Josephine, Imogene Lim and Yuko Matsukawa, 273 – 287. Philadelphia: Temple University Press; Pasacreta, Laura J. 2005. "White Tigers and Azure Dragons: Overseas Chinese Burial Practices in the Canadian and American West (1890s to 1910s)". M. A. thesis, Department of Archaeology, Simon Fraser University.

[3] 从去世的时间及当地教会记录推断，由于音近，此处"Wang Tung"极有可能是"Won Ton"的异写。

传统的分离。清明是中国传统的祭祀祖先或亲友的节日，其中的重要仪式是扫墓和踏青活动。在纽芬兰，这一古老传统经历了明显本地化的转变。据载，纽芬兰华人的扫墓活动最迟始于20世纪初。1909年5月10日，《晚间时报》以《华人扫墓》（"Chinese Decorate Graves"）报道了一次华人的祭奠活动：

> 昨日上午10点，城中所有华人在位于高华新街（New Gower Street）的锦利洗衣店集合后，共乘坐10辆马车出发。马车缓缓驶过高华新街和达克沃斯街（Duckworth Street），驶向卡梅尔山公墓。在那里，他们将一个十分精美的花圈献给了一位去世约3年的华人。随后便去往新教徒公墓，将另一制作精美的花圈献予另一故去的华人。之后，包括车夫在内的所有人享用了一顿丰盛的午餐。

从时间上看，此次扫墓的日期为1909年5月9日，农历三月二十日，晚于当年的清明（1909年4月5日，农历闰二月十五日）。但考虑到纽芬兰多变且寒冷的天气状况，一个月的延迟仍可算是比较接近。然而，除了活动之后的聚餐与传统清明活动相似外，仪式则与中国传统扫墓的具体做法非常不同。华人已用花圈取代了传统祭奠中常用的香、烛及纸钱等物，更没有特别的叩拜等仪式。这或可表明，华人虽在时间和行为目的上大致沿袭传统，但在形式上已经较为基督教化。最迟到1937年，华人扫墓活动的时间已改到夏天。[①] 这一点可从方琳达（Linda Fong）提供的、其父方奕桂（William Fong，1928年迁居纽芬兰）于1937年曾参加的一次扫墓活动的照片中，得到证实。在这张照片中，参加活动的人穿着比较轻便，阳光明媚无积雪，墓地四周绿树成荫，草地青翠茂盛，符合纽芬兰夏季的气候特点。

其时，华人的扫墓活动已定名为"献花活动"（"Flower Service"），并一直延续至今。当今的扫墓活动时间定于每年圣约翰斯赛舟会后的周日举行。届时，纽芬兰各地及省外的华人，如有亲人在此安葬，便会于这天齐聚乐山公墓，为先人献上鲜花和水果。与华人社区关系紧密的教

---

① 纽芬兰的夏天一般从6月底或7月初开始。

方奕桂（献花者）在 1937 年参加纽芬兰华人扫墓活动（方琳达提供）

会也会派遣当值牧师到场①，带领华人为先人祷告。整个过程中，并无中国传统礼俗。② 自 2009 年开始，笔者每年都会与熊楚亮医生在乐山公墓的聚会之前，为卡梅尔山和新教徒公墓的华人先友在华人纪念碑前进行祭拜。熊楚亮医生告诉笔者，自 1976 年华协会成立以来，在每一年的扫墓活动时，他都会与华协会理事会的代表一道，到圣约翰斯有华人安葬的墓园进行祭拜。③ 由于熊楚亮医生年纪渐长，从 2017 年开始，他便将这项重要的社区服务任务交托给了苏英平先生，因为后者熟悉当地华人社区，而且已经为社区提供了很多志愿服务。④ 可见，在 1945 年以前，纽芬兰华人的墓碑设计以及殡葬、扫墓礼仪已经完全基督教化。这一现象的起因或与纽芬兰的排华法案有关。

---

① 现由高华街联合教会的牧师主持。
② 需要说明的是，此处所谓无中国礼俗的说法，是就集体仪式而言的。在许多私人的祭拜活动中，中华传统习俗，如广东人通常会在幕前摆放烤乳猪进行祭奠（如谭惠美）。
③ 笔者曾于 2009 年 7 月 9 日，在圣约翰斯对熊楚亮先生进行了访谈。
④ 2019 年 12 月 22 日，熊楚亮给笔者的来信中提到此事。

第二节　纽芬兰排华法案及其宗教原因

前文已经多次提到，在 1949 年之前，纽芬兰华人史上最重大的事件是 1906 年排华法案在当地得到通过。具体的历史情况是，1904 年，来自纽芬兰西南部选区圣乔治湾（Bay St. George）的议员豪利（W. R. Howley）向纽芬兰议会递交了一份限制华人移民的草案（draft of *The Act Respecting the Immigration of Chinese Persons*）。① 在此草案中，豪利提出，纽芬兰应效仿加拿大、澳大利亚、美国及南非等国，对华人移民，特别是华工入境进行限制，因为华工在上述英属或前英属殖民地，通过接受低工资等恶性手段，与白人工人进行不正当竞争。② 但是，当时的纽芬兰议会（the House of Assembly of Newfoundland）否决了这项草案。原因有二：其一，当时纽芬兰华人数量极少，且大多为"安静""平和"的洗衣工人，并未与当地白人形成竞争关系；其二，更重要的是，华人的存在并未触及当地政治家所关注的核心问题。当时纽芬兰的著名政治家格林斯（Hon. Greene）在谈论华人移民问题时说："当他们对我们的贸易、宗教以及道德观念造成威胁时，我们应毫不迟疑地采取行动，但是，目前还无任何端倪。"③ 然而，两年之后，纽芬兰议会便通过了排华法案。华人是否触及了某些政治核心问题？或者说，华人的存在在此时构成了上述格林斯提到的威胁呢？

当时，纽芬兰经济以渔业为主导，其产品主要出口欧洲及北美其他

---

① 详见 Hong, Robert. 1987. "'To Take Action without Delay': Newfoundland's Chinese Immigration Act to 1906." Unpublished BA Honors essay, Department of History, Memorial University of Newfoundland; Li, Krista Chatman. "'Knights of the Flatiron': Gender, Morality, and the Chinese in St. John's, Newfoundland, 1895 – 1906." Ph. D dissertation, Department of History, University of New Brunswick; Sparrow, John Kenneth. 2006. "From Sojourning to Citizenship: the Chinese in St. John's, Newfoundland, 1895 – 1967." M. A. thesis, Department of History, Memorial University of Newfoundland.

② 详见 Hong, Robert. 1987. "'To Take Action without Delay': Newfoundland's Chinese Immigration Act to 1906." Unpublished BA Honors essay, Department of History, Memorial University of Newfoundland 及相关报刊文献，如《晚间电讯报》1904 年 4 月 16 日（"Order of the Day"）。

③ 《晚间电讯报》1904 年 4 月 20 日（"Legislative Council"）。

地区。① 而以洗衣为主要职业的华人不可能对纽芬兰的贸易产生影响，更不至于威胁。因此，排华法案通过的原因或是格林斯提到的其他两个因素：宗教和道德观念。当时纽芬兰的道德观念和社会伦理皆来自《圣经》，二者紧密相连，互为表里。② 在很大程度上，道德观念即是宗教观念。由于义和团运动的影响③，在1904年排华法案被否决后，反华政客便利用当地媒体，发表了许多宣扬华人为不可同化的异教徒的言论，将华人移民视为无法皈依基督教的"黄祸"（Yellow Peril）和"异教徒"（"Heathen Chinese"），④ 纽芬兰当地华人历史学家罗伯特·熊（Robert Hong）指出：由于当地媒体的推波助澜，民众普遍认为"华人永远是华人，不可能被同化"。⑤ 即使是拒绝排斥华人移民的格林斯，也因此担忧华人是否会对当地宗教产生影响。他说："如果中国人开始在我们的国家传播他们的宗教，结果会怎么样呢？"⑥ 无疑，在强调基督教传统和精神内涵的纽芬兰社会，传播异教是不能容忍的。因此，在排华法案正式施行之前，当57位华人突然出现在纽芬兰时（这是历史上华人移民进入纽芬兰数量最多的一次），当地报纸进而宣称："对于每一个基督教国家而言，华人移民是不受欢迎的，而且十分有害。"⑦ 在这样的反华情境中，

---

① 详见 Hiller, James and Peter Neary, eds. 1994. *Twentieth-Century Newfoundland: Explorations.* St. John's: Breakwater; Mannion, John J. 1977. *The Peopling of Newfoundland: Essays in Historical Geography.* St. John's: Institute of Social and Economic Research, Memorial University of Newfoundland.

② 详见 Hodder, Morley F. 1983. *Our Christian Heritage.* Scarborough, ON: Nelson Canada; Hollett, Calvin. 2000. *Historiography of Religion of Nineteenth-century Newfoundland* [Unpublished Paper available at Center for Newfoundland Studies]; Rlimann, Hans. 1999. *Religion, Society and Culture in Newfoundland and Labrador.* St. John's: Department of Religious Studies, Memorial University of Newfoundland。

③ 详见 Chang, Margaret [Chang, Margaret Walsh]. 1978. "The Chinese Come to Newfoundland: the First Decade, 1895 – 1906." [unpublished manuscript, available at Center for Newfoundland Studies, Memorial University of Newfoundland]; Yu, Miriam. 1986. "Ethnic Identity: The Chinese in Newfoundland", *Multiculturalism* 9, No. 3, pp. 19 – 26.

④ 详见《晨报》1905年11月29日（"Yellow Peril"）和《先驱晚报》1906年1月22日（"The Heathen Chinee"）。

⑤ 详见 Hong, Robert. 1987. "'To Take Action without Delay': Newfoundland's Chinese Immigration Act to 1906." Unpublished BA Honors essay, Department of History, Memorial University of Newfoundland.

⑥ 《先驱晚报》1906年4月26日（"Yesterday at the House"）。

⑦ 《晚间电讯报》1906年5月1日（"Fifty Chinese Arrive"）。

许多人试图游说纽芬兰政府"采取行动,限制华人"。①

与华人同时进入纽芬兰的少数族裔还有黎巴嫩人和叙利亚人。他们主要从事小商品买卖,被当地人认为是投机倒把,在纽芬兰也不受欢迎。因此,在谈到华人移民问题时,纽芬兰另一著名政客安吉尔(Hon. Angel)将这些黎巴嫩人和叙利亚人跟华人做了比较:"从生活习惯及从事的行业而言,这些叙利亚人远比华人恶劣。如有可能,我们更应限制他们入境。"② 但并非黎巴嫩人和叙利亚人,而是华人最终成为法律上排斥的民族。宗教信仰是造成这一现象的主要原因。这些黎巴嫩和叙利亚移民是基督教徒,属中东古老的马龙教派(Maronites)。关于这一点,一封黎巴嫩和叙利亚移民回应安吉尔的公开信可为明证:

> 我们并不会接受低工资以扰乱劳动力市场,我们的道德高度与世界上任何一个基督教国家的人民相当。我们敬拜上帝而非孔子,怎么能说我们和那些中国人一样呢?他们的习俗与宗教信仰与白人完全不同,而我们则与任何欧洲国家的人民属于同一种族。为什么安吉尔先生会谴责他自己所遵行的(与我们相同的)礼仪呢?或许中国人的廉价劳动才是安吉尔先生最想得到的。安吉尔先生曾为我们马龙教徒工作,并从我们这里得到报酬。没有想到的是,他在为我们工作并得到收益的同时,却对我们怀有这样不神圣和有悖基督教原则的想法。如果按照他的说法,我们的习惯和行为都是不道德的,那么在查经班和祷告会上,他怎么还那么心安理得地接受我们奉献的"肮脏钱财"。③

可见,马龙教徒的辩驳依据完全来自基督教信仰。这使其免遭华人所受的歧视性待遇。由此看来,白人眼中的华人异教徒形象是排华法案得以通过的重要文化基础。如前所述,经过激烈的辩论,纽芬兰议会最

---

① 《晨报》1905 年 2 月 14 日。
② 《先驱晚报》1906 年 5 月 1 日("Legislative Council")。
③ 《先驱晚报》1906 年 5 月 9 日("Chinese vs. Maronites: Mr. Toolon Replies to Hon. J. Angel")。

终于1906年4月30日通过了排华法案，该法案于1906年8月8日起正式施行。

但是，从宗教信仰的角度而言，排华法案的通过可谓是纽芬兰侨史上的"冤假错案"。因为，虽然华人被大多数纽芬兰政客及公众视为不可同化的异教徒，但实际上，华人从定居纽芬兰伊始，便试图通过皈依基督教，融入当地社会。据载，最早到达纽芬兰的两位华人是先前生活在美国的方彩和司徒兴。① 随着华人生存状况在美国社会的日益恶化，他们便迁徙至还未有华人的纽芬兰。或缘于他们在美国的经历，知晓基督教在北美的社会影响力，因此，在生意安顿后，二人便开始参加当地卫理公教派（Methodist）的活动。② 这大概影响到后续华人的宗教选择。如前所述，1902年，在当地去世的第一位华人的葬礼是一场基督教的法事。而在1906年，华人开始用自己的基督徒身份，维护自身权利。例如，在反驳检察官奥布莱恩（O'Brian）指责自己洗衣店存在的违例行为时，锦利洗衣店的店主区荣照等在公开于当地主流媒体的辩护文字中首先告诉公众，他们是经常参加亚历山大街区教会（Alexander Street Church）活动的基督教徒。③

正是由于华人与当地教会之间逐渐建立起来的联系，在1906年排华法案通过后，当地教会的一些牧师和会众便立即为华人所遭受的不公正待遇申辩。例如，在法案通过的当天，达比（T. B. Darby）牧师便通过《先驱晚报》呼吁政府和公众尊重华人的平等权利，以及重估东方价值：

> 每一个人都有权利获得其生存和工作所需要的空间，直到他离开这个世界；而他的肤色并不应是判断其是否拥有这项权利的标准。我反对这项法案，是因为这项法案仅仅因为他们是中国人，而剥夺

---

① 详见当地华人司徒育亭的回忆录。

② 详见 Chang, Margaret. [Chang, Margaret Walsh]. 1978. *The Chinese Come to Newfoundland: The First Decade, 1895-1906* [unpublished paper available at the Center for Newfoundland Studies, Memorial University of Newfoundland; 1981. "Chinese Pioneers in Newfoundland." *Asianadian*, 3, No. 4, pp. 3-7 [First published on February 11, 1978 on the *Evening Telegram*]; Yu, Miriam. 1986. "Ethnic Identity: The Chinese in Newfoundland", *Multiculturalism* 9, No. 3, pp. 19-26。

③ 《先驱晚报》1906年2月13日（"Chinamen Protest against Health Inspector's Report"）。

第六章 移民社群日常生活的地方性建构:墓葬艺术与殡葬礼仪 / 231

了他们作为人的基本权利,而且因为他们的国家不能保护他们,而放肆地压迫他们。如果我们将相似的法律加于德国人、意大利人或者甚至是日本人身上,那么我们将很快领教这些国家如何让我们知道要去尊重他国的子民。这一法案对于大英帝国的繁荣兴盛而言,将是后患无穷的。拿破仑很早之前就说过:"当中国觉醒时,她将震惊世界。"我们今日所面对的其实是一个拥有长期文明历史的东方与新兴的西方文明之间的巨大碰撞。①

在达比牧师和他的支持者看来,排华法案对"勤劳、诚实、恭敬"的华人不公,且会使他们"远离上帝的真道"。② 1906 年 6 月 18 日,当地报纸《晨报》刊登了一篇题为《中国人》("The Chinese")的文章。该文作者认为,基督教会应该如同早期传教士向黑人传教那样,向华人宣扬教义,使其皈依,而非排斥他们;基督教徒还应将华人接纳为兄弟姐妹,以此展现上帝的大爱。③ 在 1906 年 6 月召开的纽芬兰卫理公会会议上,肯德尔(Kendal)牧师认为,只有维护华人权利,帮助华人,才会使他们皈依基督教,而"越来越多华人的皈依,就有可能在将来的某个时候,这些新的基督徒会回到母国,给他们的人民传播我们的宗教"。④

虽然罗伯特·熊认为,纽芬兰基督教会的出发点,并非完全出于为华人争取权利,而是为实现传播基督教的大使命。⑤ 但在客观上,当地教会,特别是卫理公会⑥及后来的联合教会,一直积极地为华人提供各类帮助与服务,如法律维权、英文学习及其他社区服务等。有一位名为丹·马丁的卫理公会牧师(Dan Martin),因其长期对华人的无私帮助,被当地华人称为"华人之父",在马丁牧师去世后,全体纽芬兰华人为其治

---

① 《先驱晚报》1906 年 4 月 30 日 ("The Chinese Bill")。
② 《先驱晚报》1906 年 4 月 30 日 ("The Chinese Bill")。
③ 《晨报》1906 年 6 月 18 日 ("The Chinese")。
④ 《晚间电讯报》1906 年 6 月 29 日 ("Methodist Conference, 1906")。
⑤ 详见 Hong, Robert. 1987. "'To Take Action without Delay': Newfoundland's Chinese Immigration Act of 1906." Unpublished BA Honors essay, Department of History, Memorial University of Newfoundland.
⑥ 1923 年之后并入成为加拿大联合教会(United Church)。

丧、扶灵柩，直至最后下葬。① 华人对帮助过他们的基督教徒心怀感恩，并因此相继皈依基督教。如生于纽芬兰的二代华人区纳维在回忆其父亲时说："我从小便经常去教堂，这是因为我父亲的缘故。父亲要求我们参加教会的活动。他是一位虔诚的基督教徒，饭前都要祷告，每个周末也一定要我们去教堂。他认为教会的一切都是好的，因为他曾受到过教会人士的很多恩惠和帮助，他在那里获得了温暖和情感寄托，学会了英语。"② 前文提到，据目前纽芬兰联合教会档案馆所留存的资料显示，自1902年至1943年，约50位华人在纽芬兰逝世，其中至少有36人注册为卫理公会教徒（另有一些皈依罗马天主教），葬于与卫理公会关系密切的新教徒公墓。在基督教化的进程中，在政治等因素的协作下，华人的公共形象逐渐正面。1942年，排华法案虽未废除，但当地报纸首次称赞华人"是好公民，是值得信赖的生意人"，并认为他们使圣约翰斯"成为一个更宜居的地方"③。可见，通过参与教会活动，华人试图创造一种融入当地社会或者为后者所接受的文化身份和日常生活实践模式，以应对社会文化空间中的种种歧视、限制与困境。

第三节　1945 年以后华人墓碑的变化

1945年以后，由于新教徒公墓空间不足，华人去世后逐渐被安葬于乐山公墓，其墓碑可被视为"当代华人墓碑"，与前述1945年以前的华人墓碑在形制等各方面存在明显区别。在1945年到1949年，就材料而言，华人墓碑大体上仍使用一般沙石。墓碑形状大体可分为两类：一是常见的平板墓碑（tablet）；二是柱状墓碑（obelisk），有两例，分别是熊奕兆（George Mong，熊楚亮之父）和谭润潮（Gordon Tom）的墓碑。就图案而言，1945年到1949年的墓碑（共13块）大体沿用了1945年以前的基督教母题（9块），但是图案类型不如1945年以前丰富。如不计装饰性图案，仅两种：（1）一只握有花的手，食指指向前方，仅一例，为区

---

① 参见当地华人司徒育亭的回忆录《纽芬兰华人纪略》（未发表手稿），第6—7页。
② 笔者曾于2015年5月5日，通过网络对区纳维进行了访谈。
③ 《晨报》1942年1月5日（"Purchase $1425 War-Personal Savings Certificates"）。

自雄（Oue Doo Hang）之墓；（2）握手，与花、柳枝或者翅膀相组合，如甄宏洽（Jim Lee）之墓。设计（2）在1945年到1948年的墓碑中较普遍（5块）。但在1949年以后，特别是1960年以后，传统的较为繁复的基督教母题便逐渐不被采用。到目前为止，仅发现两处1960年后仍采用传统母题的墓碑。在传统基督教主题淡出后，当代华人墓碑图案设计主要有以下类型：（1）只有文字，无图案，如林余秀丽（Shiu Lai Yee Lem）之墓；（2）简单的装饰性花草，如邓瑞爱（Shui Oi Tang）之墓碑，仅在上部左右两角处浅刻了花卉图案；（3）十字架，如区俭常（Kam Shang Au）之墓碑中央刻有一个十字架；（4）中国式设计，例如，区国常的墓碑左右各刻有一只下山猛虎像及花卉装饰（另外，此墓碑上并无英文，为全中文设计）。其中（1）类和（2）类所占比重较大，（4）类最少。总体而言，据不完全统计，1949年以后的华人墓碑169块，而其中仅有33块包含种类不一的基督教母题。就材料而言，1949年以后的墓碑主要有两类：（1）花岗岩或大理石墓碑；（2）铜质墓碑。

乐山公墓1945—1949年的华人墓葬群

234 / 遗产的旅行：中国非遗的北美之路

乐山公墓的华人柱状墓碑［熊奕兆（George Mong）和谭润潮（Gordon Tom）之墓］

区自雄（Oue Doo Hang）之墓　　　　　　甄宏洽（Jim Lee）之墓

第六章　移民社群日常生活的地方性建构：墓葬艺术与殡葬礼仪　/　235

林余秀丽（Shiu Lai Yee Lem）之墓

邓瑞爱（Shui Oi Tang）之墓

区俭常（Kam Shang Au）之墓

区舜荦夫人方松开之墓

第六章　移民社群日常生活的地方性建构:墓葬艺术与殡葬礼仪　/　237

区国常之墓

　　从铭文看，区缙常（1876—1944）的墓碑是1949年前树立的、唯一有非信息类铭文的墓碑。其上以藏头句写道："缙灵长祐，常发祺昌"。在1949年以后的墓碑上，除保留先前的格式及用语外，对逝者的简单评论或中国传统的程式性语句逐渐增多。如区荣照（1877—1957）墓有"浩气长存"字样。黄才杰（1905—1980）及其夫人（1932—2009）墓有"子孙蕃衍，百世祺昌"字样。项友文（1926—1993）和胡桂珍（1927—2010）墓有"饱经风霜，理家有方，坦诚豁达，世代流芳"的评价。有的墓碑上有挽联，如区舜莘夫人方松开（1930—2004）墓有："松叶苍绿荫护区宅，开源碧清泽润子孙"。一般而言，铭文大多为积极向上，为求多福的，极少用批判性言辞。而谭孔亮、谭华权父子墓则是特例。1958年11月7日，谭孔亮在枪杀儿子及一名警官后，被另一名警官击毙。父子连墓分左右两边，左起是对父亲的评论："事都撇去山骑愚昧法凌人"，而右边是对儿子略带惋惜的责备："梦不醒来父子凶仇成血泪"。这段评论符合中国墓志铭的书写传统。可见，纽芬兰的华人墓碑在碑文格式、用语及内容上，都逐渐体现了较为显著的中国传统风格，这可视为华人墓葬文化在当地的传承。而当有非华人看见此类墓碑，跨文化传播的实践便随之潜移默化。

区缙常墓碑

谭孔亮、谭华权父子之墓

从墓碑图案设计及铭文用语的变化可知，1949年后采用基督教母题的墓碑（包括传统的基督教母题及后来的十字架母题）数量不多。这一变化常被归因于华人宗教信仰的功利性和策略性。华纳（R. Stephen Warner）在解释宗教与移民关系时，曾提出"模糊宗教"（religious ambivalence）的概念。[1] 他认为移民对于移居国的宗教有双重情感：既想利用宗教皈依获得社会承认，但由于其原来的宗教信仰，又不可能真心皈依。马悟水在其对加拿大西部曼尼托巴省（Manitoba）华人社区的深入研究中发现，华人对待皈依基督教存在明显的两面性。[2] 一方面，华人"意识到加拿大是一个基督教国家，他们希望通过宗教认同来表明自己的国家认同，以融入当地社会"[3]；但在另一方面，华人在私人空间中，仍践行自己原先的宗教传统。因此，借用戈夫曼（Erving Goffman）的"前台/后台"理论（front/backstage），马悟水将华人的基督教认同，看作在某一特定时期的策略性选择，并非真实的宗教信仰。她认为，当社会政治环境发生改变，华人无须通过基督教融入社会时，他们定会重新回到原初的宗教信仰。此判断对于说明纽芬兰华人墓碑中，基督教母题减少的问题，无疑具有解释力。因为，如前所述，在1949年以后，特别是1967年以后，加拿大移民政策发生了深刻变化，彻底改变了华人的生存状况。

前文多次提到，1949年3月31日，通过公投，纽芬兰成为加拿大联邦的一个省。加拿大已于1947年废除了排华法案，而联邦法律高于纽芬兰法律，因此纽芬兰的排华法案也随之废止，华人自此得到了与白人同等的公民权。与此同时，中国在1949年也经历了国家政局的改变，许多

---

[1] Warner, R. Stephen. 2004. "Enlisting Smelser's Theory of Ambivalence to Maintain Progress in Sociology of Religion's New Paradigm." In *Self, Social, Structure and Beliefs: Explorations in Sociology*, edited by Jeffrey C. Alexander, Gary T. Marx and Christine L. Williams, 102–121. Berkeley, CA: University of California Press, 2004.

[2] 详见 Marshall, Alison. 2009. "Everyday Religion and Identity in a Western Manitoban Chinese Community: Christianity, the KMT, Foodways and Related Events." *Journal of the American Academy of Religion* 77, No. 3, pp. 1–36; 2011. *The Way of the Bachelor: Early Chinese Settlement in Manitoba*. Vancouver, BC: University of British Columbia Press; 2011. "Through the Lens of the Grave Custom: the public and private face of the Western Manitoban Restaurant." *Western Folklore* 70, No. 1, pp. 99–126.

[3] Marshall, Alison. 2009. "Everyday Religion and Identity in a Western Manitoban Chinese Community: Christianity, the KMT, Foodways and Related Events." *Journal of the American Academy of Religion* 77, No. 3, p. 9.

在纽芬兰获得公民权的华人，开始申请其配偶和子女赴加团聚。① 在这一时期，虽然华人对于基督教资源（尤其是社交方面）的依赖逐渐减弱，但仍需得到当地教会在语言、法律和移民手续办理等方面的支持与协助。② 这解释了为何在 1949 年以后，仍有不少华人选用基督教母题作为墓碑图案。当华人逐渐完成申请，其家人顺利来到纽芬兰，他们原来单调的集体生活，逐渐为丰富的家庭生活所取代，他们也逐渐淡出了教会所组织的活动。③ 虽然当地教会在这一时期都有专门针对华人的活动，但华人参与不多。其中最为明显的案例是，在 1987 至 1989 年，与华人社区联系十分紧密的高华街联合教会，曾在加拿大联合教会总会的资助下（这是加拿大蒙特利尔以东地区首次也是唯一一次），聘请了专职华人黄恭俭牧师（Kim Wong，来自香港）侍奉，但由于华人的参与度低（30—40 个华人家庭），使得这一"5 年的项目"提前中止。④ 当然，据谭燦洲先生称，其中很大的原因在于，因为后期联合教会经费紧张，需要华人奉献的金额（每月每户 300 加元左右）较高所致。但是，对于高额奉献的犹豫正说明华人与教会的关系似乎仅是位于社会剧场前台的镜像。这或表明，马悟水提出的，所谓基督教作为华人文化适应的策略性选择的解释，适用于纽芬兰的实际情况。

但是，笔者认为，关于华人文化适应的具体情况可能更为复杂。首先，田野资料表明，基督教母题的式微，同样反映在拥有基督教信仰传统的当地白人对于墓碑图案的选择上，这一趋势事实上从 20 世纪 60 年代末期到 70 年代初期便已经开始了。⑤ 因此，华人墓碑的变化或只是反映

---

① 《晨报》1950 年 3 月 18 日（"Local Chinese to Bring Families Here"）。
② 笔者曾于 2009 年 7 月 9 日，在圣约翰斯对熊楚亮先生进行了访谈。
③ 关于这一点，笔者曾于 2015 年 5 月 15 日在格兰弗斯 - 温莎镇对周美秀女士（May Lee）进行了访谈。另外，笔者还于 2015 年 6 月 3 日在圣约翰斯对熊楚亮先生进行了访谈。
④ 关于这一点，在圣约翰斯，笔者曾于 2009 年 7 月 9 日对熊楚亮先生、2012 年 4 月 25 日对司徒育亭先生之子司徒比尔先生，及 2012 年 2 月 26 日对谭燦洲先生分别进行的相关访谈中均有提及。
⑤ Goldstein, Diane, and Diane Tye. 2005. "Out of Place but at Home: Exuberance, Resistance, and Revitalization in Grave Decoration." In *Bean Blossom to Bannerman*, *Odyssey of a Folklorist: A Festschrift for Neil V. Rosenberg*, edited by Martin Lovelace, Peter Narvaez, and Diane Tye, pp. 173 – 88. Folklore and Language Publications. St. John's, NL: Memorial University of Newfoundland.

了当地社会普遍宗教观念的改变，从一个侧面折射出了基督教在北美社会的衰落，但并不能直接证明华人对待基督教的两面性造成了其墓碑上基督教母题的减少。

更重要的是，在讨论墓碑设计与宗教信仰关系时，政治情势变化后人口成分的改变，值得关注。如前所述，1949年以前进入纽芬兰的华人约为500人。另外，据纽芬兰联合教会所存的死亡记录，及前述关于当时华人宗教信仰的分析，可以推断，排华法案废止以前进入纽芬兰的华人绝大多数至少在名义上为基督徒。在此500人中，很多人在1949年之前已离开纽芬兰。例如，首位到达纽芬兰的华人方彩，于20世纪20年代便移居百慕大群岛。[1] 有些华人因纽芬兰缺乏工作机会而离开，如1907年5月29日，有20位华人冒险偷渡加拿大本土。[2] 有些华人则是思乡心切，决意回国，如1948年初，大约20多名华人返回中国。[3] 还有人因犯罪而被遣送，如1922年10月，余明（Yee Ming，音译）因盗窃银行而被遣返。[4] 从1940年纽芬兰全体华侨的合影（照片题款为"旅纽芬兰全侨欢迎时总领事大会"）[5] 中可以看到，除到访的、时任中华民国驻加拿大外交官的时昭瀛和当地白人代表外，华人数量不足100人。再者，还有很多1949年前进入纽芬兰的华人，如区纳维的父亲，在1949年后，移居多伦多等加拿大其他地区。这些数据表明，除1949年以前已经去世的华人外，1949年之前进入纽芬兰的华人，在1949年后留下直到去世的人数大约不足100人。[6] 在他们之中，约50人1945年后才来到纽芬兰。而从20世纪40年代初开始，特别是基于第二次世界大战中华人作为反法西斯重要力量的贡献得到了包括当地社会在内的国际社会的认可，华人在纽芬兰当地逐渐被接纳，其社会地位有所改善，因此，这部分华人，特别是1949年当年才移民纽芬兰的区经佐、熊华耀等，或许没有前辈所持对于基督教的信仰和依赖，在宗教意识上不如后者强烈。除去这一部分人，100人

---

[1] 详见当地华人司徒育亭的回忆录。
[2] 《晚间电讯报》1907年8月31日（"Smuggling Chinks"）。
[3] 《晨报》1948年4月28日（"20 Chinese Leave for Homeland"）。
[4] 《晚间电讯报》1922年10月21日（"Chinaman Arrested on Burglary Charge"）。
[5] 照片由旅加华侨后裔谭惠美女士（May Soo）提供。
[6] 笔者曾于2015年6月3日，在圣约翰斯对熊楚亮先生进行了访谈。

中所剩下的数十人，应是与当地教会联系比较紧密，获得帮助较多的群体。

旅纽芬兰全侨欢迎时总领事大会合影

据田野考察，1949 年之后，使用基督教母题的墓碑为 34 块。从墓碑信息及访谈得知，这些墓碑的主人除一人外，都是早期进入纽芬兰的移民。谭燦洲提到，除去一些来自香港的基督徒家庭，20 世纪 80 年代末积极参加联合教会外展计划及华人牧师主日崇拜的约 30—40 个家庭中，均为老华侨家庭。① 这一信息与墓碑数量大致吻合。本章之前提到，墓碑是反映墓主信仰、身份及意识形态的重要媒介，如果不是巧合，这 33 块墓碑反映的或许是华人墓主较为内在和真实的基督教信仰。即是说，在纽芬兰，除去早期华人皈依基督教的功利性和策略性，他们的信仰是否有可能是真诚的？在访谈和长期以来的多次交谈中，司徒育亭之子司徒比尔告诉笔者，其父无论在外或者在家都是一位非常虔诚的基督教徒，在他的家中，没有任何中国传统宗教或者佛教的什物，他的父亲甚至不允

---

① 笔者曾于 2012 年 2 月 26 日，在圣约翰斯对谭燦洲先生进行了访谈。

许将这些所谓"异教"的东西用作室内的装饰。与比尔相似,方琳达告诉笔者,她的母亲(纽芬兰英裔白人)的宗教信仰实际上受到了其华人父亲的影响:

> 今天我和母亲谈了谈有关父亲的宗教信仰问题。我们都不太清楚他是在怎样的宗教环境下成长的,但是,在来到纽芬兰以后,他改信了基督教并加入了圣约翰斯的联合教会。那是在我的父亲遇到我母亲很久之前的事情了。……后来,我的父亲从圣约翰斯搬到纽芬兰中部的小镇博特伍德(Botwood),他在当地继续参加联合教会的活动。虽然我的母亲从小信仰的是英国圣公会,但是,由于我父亲的影响,她也改信了联合教会,我们(作为子女)都是在联合教会受洗的。①

在很大程度上,华人虔诚的基督教信仰深刻影响了其配偶和子女对于墓碑上所镌刻的图像的选择,司徒比尔回忆道:"(我父亲的墓碑)是我母亲挑选的。那时候,我们带着她到一家专门售卖和雕刻墓碑的公司'缪尔大理石'(Muirs Marble),她就挑了现在用的这块。她说她喜欢墓碑角上的拱门,这让她(父亲肯定也是如此)想起了高华街联合教会的窗户。"②

从墓碑显示的基督教图案以及当地华人的丧葬礼仪看,笔者推断,早期华人移民出于文化适应的目的,在日常生活和宗教信仰上或许已经本土化了。这与后来进入纽芬兰的华人移民差异较大。1949年以后进入纽芬兰的华人,包括早期移民的亲属,并未经历严苛的排华时期,没有迫切融入的愿望,且家庭负担极重,即便为教会所鼓励,参加教会活动并最后皈依的人数极少。③ 这便解释了为何1949年以后墓碑中基督教母题的减少。

除了墓碑的图案和铭文之外,墓碑上容易引起人们注意的是逝者中

---

① 方琳达在2015年与笔者的邮件通信中提到此事。
② 笔者曾于2015年7月15日,通过网络对司徒比尔先生进行了访谈。
③ 笔者曾于2013年9月16日,在圣约翰斯对熊华耀先生进行了访谈。

司徒育亭夫妇墓

英文姓名的差异。笔者在对墓碑的考察中发现有部分华人的英文姓名不能对应其中文姓名。除部分华人采用英文名外，这种不对应性主要表现为其姓氏的改变。Gong Lim、Lin Sun、Ming Chow、Tong Lee、Jim Lee、Wah Lee、Canton Lee、Charlie Kee、John Lee、Wee Lee等人的姓氏往往被当地人或者华人新移民认为是Lim、Sun、Chow、Lee和Kee。但当看到中文部分的碑文时，方可发现其实他们都为"区"姓。除区姓存在这种中英姓氏不一致外，其他姓氏如司徒氏、熊氏和谭氏也有这种状况。司徒育亭的姓氏在墓碑上写作"Ping"，熊奕兆的碑文上写作"Mong"，而谭奕桓的碑文上则写作"Chow"。为探究姓氏改变的原因，笔者数年间采访了区姓后人区荣照之子区海轮（Hiland Lee，已过世）的夫人周美秀（May Lee）、司徒育亭的长子司徒比尔、熊奕兆的儿子熊楚亮以及谭奕桓的女儿谭惠美。据他们介绍，姓氏改变的原因无非两种：第一是因为中文姓名的书写顺序和习惯与英文不同。中文从左到右是先姓后名，而英文习惯则正好相反。华人进入纽芬兰后并未改变自己姓名的读写顺序，使得在许多重要文件上，华人的名被误作姓。这个错误一直未得到更正，因此华人原来的姓氏就慢慢不再使用，而"新"姓氏则被家人沿用；第二个原因是华人将自己的外号或者店名用作自己对外的称呼。早期的华人店铺多用"Lee"作为店铺名，如Kim Lee、Fong Lee和Jim Lee等。但此处的"Lee"并非当地人所认为的姓氏,而是中文中"利益"的"利",是华人为寄托对自己生意兴隆的良好愿望。在华人与当地白人的交往中(大部分为生意往来),往往以自己店铺的名字指代自己,被白人误认为是华人的名字,后被华人所接受,将之作为自己的英文名。虽然华人原来的姓氏因为各类原因而改变,人们仍能从这些"新"姓氏中看出华人的特征,因为大部分"新"姓氏也同样不是当地人常见的姓。"Lee"虽然为英文中常见的姓氏,但是在纽芬兰白人群体中使用极为稀少,大部分的"Lee"为华人。因此,在以上所述的这种情形下,各人本身的华人身份并未有太多的改变。

但在某些情况下,华人姓名的改变使其获得了(至少在书面意义上)新的身份。当笔者进行资料收集时,首先查阅了现存的教会的死亡记录以及墓园的丧葬记录,根据姓名,将可能为华人的逝者抽出,整理了一份名单。但实际到了墓园以后,笔者发现,实际的华人墓碑数量超过已经整理好的名单,因为有部分华人使用了传统的白人姓名(或者说,与传统白人姓名相似的姓名),因此造成遗漏。笔者目前看到的采用白人姓名的华人逝者有以下几位:甄开焯(Frank Janes)(1903—1977)、谭荣柱(James H. Thomas)(1908—1979)和区如杜(John O'Gay)(1886—1952)。在谈及华人将自己的姓名完全本地化的原因时,区如杜的孙女盖尔(Gail Sharpe)说:"我的爷爷当时所在的地方是纽芬兰的一个小镇,叫克莱伦维尔,当地没有华人,几乎全是爱尔兰移民。他将自己的名字改为'O'Gay',是为了更好的融入当地社会,尽量减少自己在社区中的生存阻力。"[①] 当然,华人在选择采用白人姓名时并非毫无来由的任意使用。可以看到,在广东话发音中,甄与谭的读法均与"Janes"和"Thomas"接近。而根据区如杜的孙女的说法,"O'Gay"即是"区公"的转音。

由此可见,华人姓氏的改变,无论是否出于自愿,都是个人在当时特定社会文化环境之下作出的策略性选择,铭刻着清晰的时代印记,是海外华人与当地社会文化交流的重要表征,也是华人试图融入当地社会的一种努力。但与此同时,墓碑上所传递的信息深刻地表明,在努力融入当地社会的过程中,华人并未抛弃其原先作为华人的身份认同。虽然

---

① 笔者于 2012 年 11 月 15 日,在圣约翰斯对盖尔女士进行了访谈。

在英文的语境下改变了自己的姓氏，华人仍将自己的中文姓氏告知自己的儿孙，并要求他们将之传递下去。华人对于自己原先姓氏的尊重在墓碑上深刻体现，并通过墓碑的呈现而得到强化。因此，二代华人如司徒比尔和谭惠美等仍然知晓自己的祖先来历。熊楚亮医生以及许多区姓子孙更是将自己的姓氏改回。许多华人后代因此重新拾回了自己的民族认同。正如司徒比尔的妻子紫罗兰（Violet Ryan Ping）所说："虽然老司徒先生（司徒育亭）的儿孙后辈大多带有白人血统，但由于名字的关系，他们都知道自己源自中华，是司徒家的后人，并以此为傲。"①

本章小结

以上讨论表明，早期华人墓碑及殡葬礼仪的基督教化是纽芬兰社会环境，特别是1906年排华法案通过后的社会历史语境所造成的。在歧视华人的社会中，早期华人通过自身的文化调试和宗教实践，努力修补种族和宗教意识上的冲突与裂痕。除常规性地参加当地教会活动外，华人几乎完全改变了自己的殡葬礼仪及标志自身文化身份的墓碑设计，以求得到当地社会的认可和接纳。因此，华人起初的宗教实践带有明显的策略性和功利性特征。然而，在文化适应和跨文化交流实践中，作为本土化的一种文化尝试，早期华人逐渐接受和内化了基督教信仰，并通过自己的殡葬实践来表达和传承这一信仰和宗教身份。通过对于纽芬兰华人墓碑及相关殡葬礼仪的讨论，可以看到，墓碑以及殡葬礼仪作为文化交流的媒介，将华人与纽芬兰当地的政治、宗教及文化生活联系起来。这些媒介构建了一个各种文化传统众声喧哗、相互角力的社会空间。不过，从跨文化传播的角度而言，在很长的历史时期内，纽芬兰华人的丧葬文化体现出一种强势的西化倾向，宗教涵化和融入是当时华人墓葬艺术和殡葬礼仪实践的主流。但是，随着纽芬兰社会的日益开放和华人社会文化空间的拓展，一些极具特色的传统华人墓碑设计逐渐出现，构成了当今纽芬兰墓园景观的独特风格。

---

① 笔者于2011年4月16日，在圣约翰斯对司徒蔚林及其母亲（Violet Ryan-Ping）进行了访谈。

第 七 章

北美犹太人圣诞节活动中的
中国元素

2008年10月，在纽芬兰纪念大学民俗学系的研究生专业必修课《民俗学田野与研究方法》(Field and Research Methods)上，主讲教师黛安·泰(Diane Tye)教授邀请了本系的吉莉安·古尔德(Jillian Gould)老师向大家介绍北美犹太人的民俗。古尔德本人是加拿大多伦多出生的犹太人，其家庭以及所在社区属于最坚守犹太教规的宗教保守派别。然而十分有趣的是，来自这样一个具有宗教保守主义背景家庭和社区的古尔德，最喜欢的饮食是美式中餐（如馄饨汤、蛋卷等），而最喜爱的娱乐活动则是中国麻将。蛋卷和麻将，构成了她当日讲座的主题，不过，依据古尔德的介绍，这些看似奇怪的饮食和娱乐活动并非她个人的独特行为，而是其所在社区的集体倾向。在随后的年月中，特别是笔者成为苏记食家餐厅的服务生后，我便发现古尔德和家人是中餐馆的常客，这使我不禁好奇，究竟是什么原因导致了犹太人如此的风俗习惯呢？当我将犹太人喜食中餐的问题与当时仍在纽芬兰纪念大学任教（现任教于印第安纳大学）且同为犹太人的黛安·戈斯汀(Diane Goldstein)教授进行交流时，来自纽约犹太人社区的戈斯汀告诉笔者：上述习俗最早缘起于第二次世界大战时期拥有大量欧洲（特别是东欧）犹太人避难者的纽约，后来随着犹太人在全美和世界的流布和迁徙，又带到了其他地区。而且，在这一过程中，犹太人还逐渐形成了一项非常具有民族特色和符合其宗教传统的节日风俗，即在圣诞节这一天，犹太人会到中餐馆吃中餐，餐后会赴电影院看电影。作为戈斯汀自己，她离开纽约后，特别是来到纽芬兰生活以后，由于当地犹太人数量较少，便不再践行上述传统，而当她与自己的妹妹在邮件中讨论此事时，其妹妹告知她说，纽约甚至全美犹太人中的绝大多数，仍然遵从着这一看似"奇怪"的风俗。这进一步激发了笔者的研究兴趣。

现在，在世界范围内，很多人认为，无论他们的宗教身份是否是基督徒，圣诞节让他们想到最多的是圣诞老人、圣诞树、与家人和朋友们交换礼物、火鸡大餐和赞美诗合唱等，而非浓厚的宗教气息。然而，无论当代北美社会和流行文化将圣诞节的本义世俗化以至于许多基督教徒仅仅将之视为一个家庭团聚的节日，即所谓的文化节日。我在田野调查（多是在网络上进行）中发现，许多犹太人（当然也包括具有其他宗教背景的人士），特别是那些正统派或者保守派犹太人仍然将圣诞节视为一个极具宗教象征意味的基督教节日（虽然其宗教重要性要低于更具阐释性的复活节等）。由此，圣诞节深藏的宗教意识本质现今依然使得许多非基督徒游离于北美乃至世界的圣诞狂欢之外。

第一节　北美犹太人及其圣诞节活动背景概述

在今日美国，从人口构成角度而言，犹太人是最大的具有明显辨识度的非基督徒群体之一（相较而言，在人口体量上，加拿大的犹太人数量很小，2011年不足40万[①]）；而且，从主观意识上而言，他们非常明确地拒绝接受和融入主流的圣诞传统。基于深刻的宗教和历史根源，特别是西方世界长期以来的反犹主义（Anti-Semitism）偏见和浪潮，大部分犹太人更倾向于庆祝自己民族和宗教的传统节日，如希伯来历法中通常落在公历11月或者12月的光明节（Hanukkah），以标示自身独特的宗教和民族意识。依据2020年的犹太人人口统计及预估分析，美国犹太人的人口数量达到715.3万人，较2019年增长了2.6%，而较1899年则增长了610.9万人，较1980年增长了123.2万人。[②] 而与此同时，加拿大的犹太

[①] Dashefsky, Arnold and Ira M. Sheskin. 2020. *American Jewish Year Book*, *2019*, Cham, SUI: Forthcoming Springer, p. 234. 这是最新且较为准确的统计数据。

[②] Sheskin, Ira M. and Arnold Dashefsky. 2021. "United States Jewish Population, 2019," in *American Jewish Year Book*, *2020*, edited by Arnold Dashefsky and Ira M. Sheskin. Cham, SUI: Forthcoming Springer, pp. 251–347.

人数量则增长十分缓慢。① 需要注意的是，在美国的人口普查系统中，被调查者可以依据自身的宗教、民族、文化等一系列观念，自行进行犹太人身份的勾选，这与以色列等地由国家内政部（Ministry of Interior）根据犹太教法进行的身份确定不同，具有更多的主观性和开放性。② 不过，虽然统计方法本身是开放的和主观的，但是，在很大程度上而言，调查数据仍是较为准确和客观的。在迄今为止较为正式的一次美国全国犹太人人口调查［National Jewish Population Survey（NJPS）］（2000—2001年）后，乔纳森·阿门特（Jonathon Ament）在一份基于调查结果而撰写的有关"美国犹太人宗教教派归属"的报告中写道："很多美国犹太人是通过自己归属的教派来确认自身的犹太人身份的，这与拥有大量犹太人口的国家如以色列和苏联采用的方法不同"，因为，由于美国犹太人数量并不显著，在总人口中占比很小，如果缺乏此类犹太人个体相互之间直接和坚实的联系，有关自身犹太身份的意识便会降低，在这个意义上而言，犹太人的教派归属在美国的现实语境中便显得十分重要。③

目前，在美国的犹太教派大体可以分为正统派（Orthodox）、保守派（Conservative）、重建派（Reconstructionist）和改革派（Reform）。当然，在世俗化成为世界趋势的今天，个人身份定位中的宗教因素的重要性已经极大地降低，出现了非教派认同（"Just Jewish"）或者从文化上进行认同（cultural Jews）的犹太人群体。④ 根据前述美国全国犹太人人口调查统计，在2001年，全美犹太人中有34%为改革派，26%为保守派，13%为正统派，2%重建派，而非教派认同的犹太人占25%。而根据2013年的数据，34%的犹太裔美国人认为自己属于改革派，18%的犹太裔美

---

① Dashefsky, Arnold and Ira M. Sheskin 2020. *American Jewish Year Book*, *2019*, Cham, SUI: Forthcoming Springer, p.233.

② Dashefsky, Arnold and Ira M. Sheskin. 2020. *American Jewish Year Book*, *2019*, Cham, SUI: Forthcoming Springer, p.5.

③ Ament, Jonathon. February 2005. "American Jewish Religious Denominations". 2000 – 1 National Jewish Population Report Series, North American Jewish Data Bank, p.3. http://www.jewishdatabank.org/Archive/NJPS2000_American_Jewish_Religious_Denominations.pdf.

④ Cohen, S. M. 2018. Together and apart: Israeli Jews' views on their relationship to American Jews and religious pluralism. Unpublished findings from UJA-Federation of Greater New York's Survey of Israeli Jews 2017.

国人自认为归属保守派，而正统派、重建派（以及其他教派）和非教派犹太人则分别占比10%、6%和30%。① 由此可见，虽然承认自己具有宗教信仰的犹太人人口已经下降，而且，归属在宗教态度上更为开放的改革派犹太人数量占比最大，但是大部分美国犹太人（即使是改革派）仍将宗教视为生命体验中的重要环节。

其实，有关犹太人的宗教意识有一个非常重要的仪式和象征性表征，即其家中是否拥有圣诞树，当然，在许多改革派或者从文化上认同自身犹太身份的人们，如第一位被任命为美国高等法院的大法官路易斯·布兰戴斯（Louis Brandeis）看来，圣诞树并不一定具有宗教象征意味。② 据1990年进行的美国全国犹太人人口调查数据显示，在夫妻双方都是犹太人的家庭中，低于3%的家庭拥有圣诞树，而82%的犹太人家庭（至少夫妻中的一方为犹太人，而且对外宣称自己为犹太人家庭）则从未拥有过圣诞树。在很多情况下，许多犹太人家庭拥有圣诞树的原因并不在于自身皈依了基督教，而在于为了不让家中的孩子（特别是年龄较小的孩子）觉得与周遭浓厚的圣诞氛围格格不入。③ 在2013年的一次调查中，犹太人家庭中仅有三分之一的家庭拥有圣诞树，而且这些家庭大部分是跨族婚姻家庭。④ 另外，在跨族婚姻家庭中，拥有圣诞树的犹太人家庭为71%，少于美国普通的非犹太人家庭，后者拥有圣诞树的比率超过90%。⑤ 而根据最近一项新的调查显示，犹太人家庭中拥有圣诞树的比例（无论是一直拥有、经常拥有或者有时拥有的情况）已从2005年的15%增至2018年的25%。⑥ 例如，杰西卡（Jessica Turnoff Ferrari）是出生在

---

① Pew Research Center. 2013. *A portrait of Jewish Americans*. Washington, DC: Pew Research Center's Religion and Public Life Project.

② Cardillo-Brandeis, Julian. 2019. "A Quick History of Christmas Trees in Jewish Homes." https://www.futurity.org/christmas-tress-in-jewish-homes-history2234982-2/.

③ Rich, Tracey R. 2020. "What Do Jews Do on Christmas?" http://www.jewfaq.org/xmas.htm.

④ Pew Research Center. 2013. *A portrait of Jewish Americans*. Washington, DC: Pew Research Center's Religion and Public Life Project.

⑤ Pew Research Center. 2013. *A portrait of Jewish Americans*. Washington, DC: Pew Research Center's Religion and Public Life Project.

⑥ Dashefsky, Arnold and Ira M. Sheskin. 2020. *American Jewish Year Book*, *2019*, Cham, SUI: Forthcoming Springer, p. 166.

美国佛罗里达州南部的犹太人，在其年少时候，父母（双方均为犹太人）出于犹太传统的考虑并未为她准备圣诞树，她在心理上感觉被"排斥"在周遭的节日氛围之外，而当她自己组建家庭，丈夫来自天主教家庭，虽然共同决定以犹太人的方式抚养后代，但是，作为更为开放的犹太人，她决定让孩子与其他的美国孩子一样有机会体验圣诞节，因此在家中和孩子们的房间都安放了圣诞树。[1] 虽然由于样本选择和被调查者对于问题回答的真实性问题，统计数据在准确性上存在出入，但是，总体而言，基于上述有关圣诞树拥有度的调查情况和笔者本人在北美社会中的长期观察，犹太人家庭中拥有圣诞树的数量近年来不断增加。许多犹太人在坚持自身身份认同的同时，仅将圣诞节视为一个世俗节日加以庆祝，绝大多数犹太人仍然坚守自己的文化传统和宗教信仰。

在对犹太人圣诞节活动进行调查的过程中，出于本人自身华人研究的兴趣，笔者也对华人节日庆祝的情况进行了相应的考察。在前一章有关中国新年的讨论中，可以发现，虽然部分华人（特别是在北美生活时间较长的华人）并不专门庆祝春节，但是他们对于祖先传统的认同并未改变，而且，其他绝大多数华人仍然热衷于依据传统中国历法、庆祝中国新年，将该节日作为自身民族文化认同的重要仪式，而仅将圣诞节作为单纯的文化节日或者商业节日看待。例如，在圣约翰斯的苏记食家，员工们在圣诞节时仅休息一天（即每年12月25日圣诞节当日），而他们在中国新年时则会停业一个多月，餐馆主们还会离开加拿大，返回香港过年。基于民族文化中对于圣诞节的基本态度，同属主流基督教文化之外的犹太人（特别是身处纽约的改革派以及不分教派的犹太人群体）和华人，在全美浓郁的圣诞节氛围中，逐渐共同发展出了符合他们自身宗教习惯的"圣诞节"传统。这一新传统，便是本章在开头部分提到的，许多犹太人会在圣诞节当日（12月25日）到中餐馆就餐，并到电影院看电影。美国高等法院法官、哈佛大学法学院前院长艾琳娜·卡根（Elena Kagan）曾在高等法院审议听证会上，被参议员格雷厄姆（Lindsay Graham）问及圣诞节的去处，她回答说："你知道的，就和其他所有的犹太

---

[1] Ferrari, Jessica Turnoff. 2019. "The Case for a Jewish Christmas Tree." 2019. https://www.kveller.com/the-case-for-a-jewish-christmas-tree/.

人一样，我很有可能当时是在一家中餐馆中。"① 2007 年，音乐教师布兰登·沃尔克（Brandon Walker）在某视频网站发布了一首名为《圣诞节的大中餐》（Chinese Food on Christmas）的单曲音乐视频，获得了数百万的点击量。其歌词如下：

圣诞节的大中餐

Chinese Food on Christmas

圣诞老人并未从我的烟囱光临

Santa doesn't come down my chimney

他也没有在我的圣诞树下留下礼物

Or leave presents under my tree

他在自己做好的赠送清单上仔细看了两次

He's made his list and he's checked it twice

但是并没有在上面发现我的名字

But nowhere on there was me.

这可不是因为我很淘气

It's not that I've been naughty

我发誓我是一个很棒的小孩

I'm a real good kid, I swear

这里面的原因可能需要你真正了解我这个人

There's just something you should know about me

有些事情我也正想和你分享

Something I'd like to share

我在圣诞节吃中餐

I eat Chinese food on Christmas

然后还去电影院看电影

Go to the movie theater, too

这是因为除此之外，我在圣诞节无处可去

---

① Rich, Tracey R. 2020. "What Do Jews Do on Christmas?" http：//www.jewfaq.org/xmas.htm.

第七章　北美犹太人圣诞节活动中的中国元素 / 253

Cause there just ain't much else to do on Christmas
只因我是个犹太人
When you're a Jew
当你和家人在一起
When you're out with your family
为了自己心仪的节日而做准备
Getting ready for the big day
我在家中玩四面陀螺
I'm at home playing dreidel
吃着奶奶做的土豆馅饼
And eating latkes that Bubbe made
不，我从不想要一个白色圣诞节
No I'm not dreaming of a white Christmas
这不是因为我讨厌下雪（我很喜爱雪）
It's not that I don't like snow (I love snow)
只是如果圣诞节下起大雪
It's just if we were all snowed in on Christmas
我就真的无处可去了
I'd have no place to go.

这首歌非常清晰地表明了大多数北美犹太人在圣诞节期间所经历的生活情境，即所谓的"十二月困境"或"圣诞节困境"（December/Christmas dilemma）。在食用中餐和看电影两项节日活动的比较中，前者的重要性和仪式感要胜于后者。正如生在纽约的茉莉·雅克尔（Molly Jackel）在移居他地后说道："我怀念圣诞节时候的纽约。我怀念的不是洛克菲勒中心前巨大的圣诞树，也不是罗德与泰勒百货公司里面的滑冰场、灰色雪地和缤纷的窗户。我怀念的是圣诞节一起吃中餐和看场电影。这是纽约犹太人的仪式感。"[①] 在圣诞节的夜晚，中餐馆等候的队伍会排

---

① Jackel, Molly. 2005. "Wonton Christmas". http：//www.metroactive.com/bohemian/12.21.05/dining‐0551.html.

到大门之外，外卖的等候时间可能长达好几个小时，而餐馆的蛋卷会售卖一空，"这看起来非常疯狂，但这就是我们（犹太人）自己的传统"。①即使是在新冠肺炎疫情期间，犹太人也会通过送餐服务或者自提的方式维系圣诞节食用中餐的传统。②而当犹太人发现自己社区周围的中餐馆在圣诞节这天歇业时，会非常遗憾和懊恼地抱怨说："一个在犹太人社区旁边的中餐馆怎么能在圣诞节这天关门呢？这可是绝对不能被允许的！"③ 2019年的圣诞节，因为缺乏对于犹太习俗的认知，一位刚开始在洛杉矶经营中餐馆（Woon，位于犹太社区附近）的方先生（Keegan Fong）停业休息，随后，在与犹太顾客的交谈中，方先生才被告知许多犹太人对此举非常愤怒。④

那么，中餐，而不是其他民族的饮食文化，是如何成为犹太人（特别是纽约犹太人）圣诞节经验中不可或缺的重要组成部分呢？同时，为什么是在圣诞节，而不是其他的基督教节日中产生这样的习俗呢？除了上述歌词中所提及的营业时间外，中餐的某些特点、犹太人的饮食习惯和身份认同等方面，是否同样是造成这一现象的原因呢？

第二节 犹太人圣诞节与中餐之间的关联

在每年圣诞节将至的时候，北美犹太人在脸书上常会转发一条具有城市传说性质的谣言："美国中餐馆联合会在此希望送上对犹太人的感谢。虽然我们并不能完全理解你们节日的用餐习俗，但是我们非常自豪

---

① Simon, Rachel. 2015. "What it's like to be Jewish on Christmas?" https：//www. bustle. com/articles/129887 – what – being – jewish – on – christmas – is – really – like – from – tree – envy – to – chinese – food – overload.

② Keiles, Jamie Lauren. 2020. "The History of Jews, Chinese Food, And Christmas, Explained By A Rabbi." https：//www. msn. com/en – us/news/us/the – history – of – jews – chinese – food – and – christmas – explained – by – a – rabbi/ar – BB1cewyS.

③ B-Side. 2007. "L. A. Chinese Dining on Christmas：A Modern Travesty." http：//www. bsideblog. com/2007/12/lachinese – dining – on – christmas. php.

④ Everydayketo in Food. 2020. "This Is The Year To Embrace 'Jewish Christmas' And Order Chinese Food". https：//everyday – keto. com/2020/12/21/this – is – the – year – to – embrace – jewish – christmas – and – order – chinese – food/.

且感激你们的神要求你们在圣诞节食用中餐。"由此,可以发现犹太人与中餐之间在节庆活动中的紧密关联,而事实上,食用中餐对于犹太人而言的重要性并非仅限于固定的节日,已然成为了日常生活中不可或缺的一种常态。① "当犹太人满三岁时,这是他们开始学着如同大人一样吃饭的时候,他们就到中餐馆吃中餐了。"② 在杰西卡·克拉夫特(Jessica Carew Kraft)看来,许多犹太人已经成功地将食用中餐仪式化为北美现代犹太人生活的重要组成部分,这使得"很多犹太人在学习希伯来文字母之前就已经会很好地使用筷子了"。③ 关于幼年时期便开始食用中餐的问题,米兹塔奇(Mizducky)回忆说,在1958年她刚满两岁时,自己的父母便将她带到了当地的中餐馆就餐。④ 回顾历史,有关犹太人食用中餐的最早记录可以追溯至1899年。那时,一份每周发行的刊物《美国犹太人期刊》(*American Jewish Journal*,一说是 *American Hebrew Weekly*)发表了一篇批评犹太人不守教规、涌入中餐馆就餐的文章;而在1936年时,一份名为《东区新闻》(East Side Chamber News)的杂志提到至少有18家位于犹太人社区附近的中餐馆备受犹太人喜爱。⑤ 那么犹太人为什么会喜食中餐呢?

就表层原因来说,中餐馆或许是圣诞期间唯一营业的餐厅,因此,不信仰基督教的犹太人只能赴中餐馆就餐。而从历史上看,在19世纪末和20世纪初的移民浪潮中,来自东欧的犹太人和先前在美国西部淘金和修建铁路的华人均居住在纽约曼哈顿的下东区(Lower East Side),两大族群之间从那时起便交往密切。据《纽约时报》1935年12月26日的报道:一位中餐馆老板(Eng Shee Chuck)在圣诞节这天将食物免费赠予纽

---

① Liu, Haiming. 2010. "Kung Pao Kosher: Jewish Americans and Chinese Restaurants in New York." *Journal of Chinese Overseas* 6, p. 89.
② Vo, Kim. 2006. "Oy, Christmas Tree! Chinese Food, Jokes a Respite for Jews". http://www.mercurynews.com/religion/ci_4896334.
③ Kraft, Jessica Carew. 2002. "Don't Ask, Just Eat". http://www.newvoices.org/features/dont-ask-just-eat.html.
④ Mizducky. 2008. "Why Jews Like Chinese Food". http://forums.egullet.org/index.php?showtopic=113757.
⑤ Keiles, Jamie Lauren. 2020. "The history of Jews, Chinese food, and Christmas, explained by a rabbi". https://www.msn.com/en-us/news/us/the-history-of-jews-chinese-food-and-christmas-explained-by-a-rabbi/ar-BB1cewyS.

约近旁新泽西州纽瓦克市（Newark）的犹太孤儿院。这也使犹太人增加了对于华人和中餐的好感。然而，单从食物本身的属性而言，中餐究竟具有何种魅力呢？

对此，两位犹太人社会学家塔奇曼（Gaye Tuchman）和莱文（Harry Levine）认为有以下几个可能的原因。① 首先，犹太教规对犹太人的饮食规范非常严格（Kosher）。根据犹太教规，犹太人不可食用猪肉和贝类海鲜，不可食用用奶制品烹饪的肉类等。虽然猪肉是传统中餐的重要食材，但是由于中餐烹调了肉类荤品，绝少供应奶制品，因此它在食物制作和烹饪方式上较之其他族裔或文化的饮食习惯（safe treif），如意大利菜品而言，要更为符合犹太教规，因此也更为"安全"。再者，与塔奇曼和莱文的研究发现一致，根据笔者的观察，除了制作叉烧时会使用猪肉外，在北美的中餐馆很多时候会使用大蒜和鸡肉（当然也包括牛肉）作为主要食材，这是来自东欧的犹太人非常熟悉的菜肴。从中国厨师的角度来看，中餐可以非常容易地进行改良以适应犹太教规的要求，即使是那些正统派或者极端正统派犹太人（如居住在洛杉矶费尔法克斯社区的犹太人群）也能欣然接受。② 除了饮食文化本身的原因，北美社会曾经广泛存在的反犹主义倾向与排华风潮，使得这两个群体有着非常相似的受到压迫和排斥的种族和文化经验，同时，由于华人体量在北美社会体量很小，使得犹太人在中餐馆中不会感觉不安或者受到威胁。除了上述原因以外，塔奇曼和莱文还提及了一个更为深刻的文化功能方面的缘由。他们认为，20世纪的犹太人将中餐视为一种世界主义和城市化的表征。对于很多生活在纽约的犹太人而言，在中餐馆就餐的行为很大程度上宣告了自身不再是狭隘和闭塞的"乡巴佬"，而是具有开明思想的现代美国人，尤其是"纽约客"。③ 而且，许多拥有犹太移民父母但是生在美国的二代或三代

---

① Tuchman, Gaye, and Harry Gene Levine. 1993. "New York Jews and Chinese Food: The Social Construction of an Ethnic Pattern". *Journal of Contemporary Ethnography* 22, No. 3, pp. 388–92.

② "This Is The Year To Embrace 'Jewish Christmas' And Order Chinese Food." https://www.reportglobalnews.com/2020/12/this-is-the-year-to-embrace-jewish-christmas-and-order-chinese-food/.

③ Tuchman, Gaye, and Harry Gene Levine. 1993. "New York Jews and Chinese Food: The Social Construction of an Ethnic Pattern". *Journal of Contemporary Ethnography* 22, No. 3, pp. 392–394.

犹太人通常将自身视为与父辈不同的现代美国或者纽约犹太人。自从食用中餐成为纽约犹太人的重要习俗和日程生活重要组成部分以后,这些数以百万计的新成长起来的犹太人便通过(往往是成群结队的)食用中餐来追忆和怀念"温和且雅致的过去的味道"。[1]

与塔奇曼和莱文的研究相似,唐纳德·西格尔(Donald Siegel)同样探究了犹太人与中华饮食文化之间的关联,并试图阐释犹太人喜食中餐的可能原因。总体而言,西格尔的结论与塔奇曼和莱文的发现大体相同,但是西格尔尤其关注的是犹太人的传统食物三角馄饨(kreplach)和美式中餐中的馄饨之间的相似度。关于这一点,琼·内森(Joan Nathan)在其题为《所罗门王的餐桌》(*King Solomon's Table*:*A Culinary Exploration of Jewish Cooking from Around the World*:*A Cookbook*)一书中进行了更为深入的探讨和说明。[2] 而且,西格尔非常强调1880年至1920年犹太移民和华人移民在纽约的移民历史,认为两大族群在地理空间上(即前述纽约曼哈顿下东区)的接近很可能是造成上述现象的重要原因。[3] 另外,非常有意思的是,西格尔还颇具创想性地将现代美国犹太人的这一习俗与古时曾在中国(特别是河南开封地区)生活的犹太人社区相联系。西格尔在讨论中提及一位自己教授过的中国学生,他怀疑这位学生具有源自开封犹太人的犹太血统,因为这位学生姓李,而李和金是许多犹太人在来到中国之后用以取代原有姓氏的名字。而且,该学生从小被教导不吃猪肉和贝壳类海鲜,在特别的日子里,家里会烹饪一般被认为源自伊比利亚半岛的塞法迪(Sephardic)犹太人的传统名菜——洋葱辣椒炖羊肉。[4]

至此,虽然上述学者对于犹太人喜食中餐现象的阐释已经非常具有说服力,但是,进一步的问题在于,为什么是中餐而不是其他饮食文化与犹太传统相关联呢?为什么唯独圣诞节具有这样的传统呢?换句话说,

---

[1] Tuchman, Gaye, and Harry Gene Levine. 1993. "New York Jews and Chinese Food: The Social Construction of an Ethnic Pattern". *Journal of Contemporary Ethnography* 22, No. 3, pp. 394–402.

[2] Nathan, Joan. 2017. *King Solomon's Table: A Culinary Exploration of Jewish Cooking from Around the World: A Cookbook*. New York: Knopf.

[3] Siegel, Donald. 2005. *From Lokshen to Lo Mein: The Jewish Love Affair with Chinese Food*. Lynbrook, NY: Gefen Books.

[4] Siegel, Donald. 2005. *From Lokshen to Lo Mein: The Jewish Love Affair with Chinese Food*. Lynbrook, NY: Gefen Books.

为什么越来越多的犹太人会将中餐纳入其"圣诞"传统中,他们甚至会因为非犹太人的"侵入"而抗议?当亚当·杰拉尔德(Adam Gerard)看到许多非犹太人在圣诞节这天到中餐馆食用中餐以及到电影院看电影时,他和自己的犹太朋友们会觉得非常生气,他们认为基督徒们过于"贪婪",居然对如此浓烈的圣诞氛围仍不满足。① 这些非犹太人的闯入者们造成了电影院人满为患,中餐厅的候餐时间无限增长,实际上破坏了犹太人的节日传统和氛围。对此,杰拉尔德颇为不满地说:"你们基督徒就好好享受收到礼物的快乐吧,我们犹太人继续吃我们的中餐和看我们的电影。各安其分,大家都开心,好不好呢?"②

在塔奇曼和莱文以及刘海铭(Liu Haiming)看来,犹太人在特定时间节点食用中餐(当然,他们在平日也经常食用中餐)的潜在原因,是为了创造一种在新大陆宗教式微的语境中区别于主流社会的崭新犹太身份。③ 犹太作家莉娅·莱勒(Lia Lehrer)甚至将中餐(与电影)用于定义北美犹太人宗教信仰的独特之处:"非常之多的犹太人会在圣诞节这天聚集在中餐馆通过蛋花汤和木须豆腐来庆祝这个节日,除此之外,他们还会租借像《V字仇杀队》(*V for Vendetta*)这样的影片来观看,他们践行的就是犹太教最新宗派的教规,这个最新的宗派就是北美犹太教!"④ 在莱勒更进一步的表述中,她将圣诞节与光明节等犹太传统节日相提并论,并将中餐认为是该节日中北美犹太人习俗的核心:"我们在逾越节(Passover)时有逾越节的家宴(sedarim),在光明节的时候吃土豆饼,而更重要的是,我们在圣诞节时吃中餐。"⑤ 显然,一个与中餐相互联结的犹太人圣诞节非常不同于基督徒(或者说大部分非犹太人)所庆祝的圣

---

① Gerard, Adam. 2004. "Chinese Food and a Movie: The Jewish Christmas". http://www.voteprime.com/archive/2004_12_01_bloggerArchive.html.

② Gerard, Adam. 2004. "Chinese Food and a Movie: The Jewish Christmas". http://www.voteprime.com/archive/2004_12_01_bloggerArchive.html.

③ 重点参见刘海铭的文章:Liu, Haiming. 2010. "Kung Pao Kosher: Jewish Americans and Chinese Restaurants in New York." *Journal of Chinese Overseas* 6: 80–101.

④ Lehrer, Lia. 2007. "Seinfeld, Jdate, and Chinese Food: New Definitions of American Judaism." http://www.uscj.org/Koach/koc_5767_tamuz_llehrer.htm.

⑤ Lehrer, Lia. 2007. "Seinfeld, Jdate, and Chinese Food: New Definitions of American Judaism." http://www.uscj.org/Koach/koc_5767_tamuz_llehrer.htm.

诞节，这种庆祝方式或许也并非那些坚守犹太教规、不过圣诞节的正统派或者保守派犹太人（以及俄裔犹太人）在该日的所行。

那么，为什么那些不那么保守的犹太人会以这种方式度过圣诞节（其实，根据笔者的考察，许多正统派和保守派犹太人也会如此过节），而且将这一传统不断传承呢？答案或许可归于许多犹太人所面临的身份困境和认同焦虑：是否需要融入北美主流文化，抑或是坚守自身独特的族裔和宗教身份？在一部采访纪录片中（*Christmas at Shalom Hunan*），除一人外，受访者皆为犹太人，他们在采访中表达了自己对于圣诞节的喜爱，其中的一些受访者还提及与他们的基督徒朋友互相交换礼物。[①] 一位犹太老妇人介绍了从她自己这一代开始，到其子女，然后至其孙辈不同代际的犹太人对于庆祝圣诞节态度的变化：在其年幼时，如果想要拥有并装饰圣诞树就会遭受来自其身为拉比（犹太牧师）的父亲的责骂，然而，到了其子女辈和孙辈时，虽然他们仍然坚持自身的犹太人身份，但是，他们既过光明节，也过圣诞节，而且他们还拥有着圣诞树。随着时间的推移，越来越多的犹太人逐渐融入美国主流社会的浓厚圣诞氛围中。

与此同时，也有许多犹太人对于完全融入主流社会的圣诞传统表现出踟蹰不前，他们中的一些人无疑对此十分排斥。虽然，对于很多北美犹太人家庭而言，圣诞节是一个能让远在他乡的亲人相互团聚的时刻，不过，圣诞节期间的家庭聚会对于某些犹太人家庭（特别是那些有非常严格的宗教信仰的家庭）感到些许的负罪感，他们害怕会被他人看来是在庆祝圣诞节而被批评违背了自身的文化传统和宗教信仰。[②] 为了缓解此类压力，这些犹太家庭会不断地提醒自身："我们不是在庆祝圣诞节，这只是一次在合适的时间举行的家庭聚会。"[③] 犹太人的这种对于融入主流社会的迟疑在很多方面均有体现。例如，在中餐馆就餐时，他们一般都是主动要求使用碗筷，而不是北美其他族裔的人们喜欢/擅长使用的刀

[①] Padmewan. 2007. "Christmas at Shalom Hunan". http：//www.youtube.com/watch？v=9ApHwQqLycg.

[②] Rich, Tracey R. 2020. "What Do Jews Do on Christmas?" http：//www.jewfaq.org/xmas.htm.

[③] Rich, Tracey R. 2020. "What Do Jews Do on Christmas?" http：//www.jewfaq.org/xmas.htm.

叉。这一点在美国西部特别明显。① 诸如此类的做法实际上表明了他们刻意展现自身与美国主流社会不同的族裔和宗教身份认同，以及这种差异性所彰显的张力。

犹太人对于中餐的选择正体现了犹太人有关文化融入的困境。正如塔奇曼和莱文所说的，在旧时岁月中，被视为具有世界主义倾向的中餐（因为中餐具有异国情调且十分普遍）其实扮演着帮助犹太人成为"美国人"或者"纽约客"的角色。许多犹太人提到自己在圣诞节时选择食用越南菜而非中餐②，这种灵活性一定程度上表明了作为世界主义表征的具体餐饮类别的当代转变。一些犹太学者如斯蒂芬·科恩（Steven M. Cohen）和塞缪尔·海尔曼（Samuel Heilman）等认为，一种发展的世界主义倾向是北美犹太身份的有机组成部分，犹太人，特别是那些移民北美的第一代和第二代犹太人是一个没有真正祖国的族群（因为所谓的犹太之国以色列是在1948年才成立的，而在此之前已有成千上万的犹太人移民了北美），他们将自己视为在全世界流浪的"世界公民"（world citizens）。③

诚如迈克尔·欧文·琼斯所言，无论在过去或者现代社会中，饮食文化都扮演着展示或者建构身份认同的重要角色④，如此，食用中餐作为一种文化实践，很大程度上帮助犹太人再现了自身作为犹太人和世界主义者的文化身份。如前所述的诸如三角馄饨与中国传统馄饨、符合犹太教规的食物与中餐之间的相似性使得许多犹太人接纳中餐，但是与此同时，正是因为在圣诞节当日食用中餐，犹太人又成为了美国主流文化的局外人。因此，非常矛盾的是，在圣诞节食用中餐是一把双刃剑，它既表征了犹太人融入美国社会成为美国人的身份，同时又展现了他们不可

---

① Li, Li. 2002. "Cultural and Intercultural Functions of Chinese Restaurant in the Mountain West: An Insider's Perspective". *Western Folklore* 61, No. 3/4, pp. 339 – 343.

② Andrea, Cousin. 2008. "Comment on Christmas Means Chinese Food". http://gitell.wordpress.com/2008/12/24/christmas-means-chinese-food; Modern Girl. 2008. Comment on "The Jewish Love Affair with Chinese Food." http://octogenarian.blogspot.com/2006/08/jewish-love-affair-withchinese-food.html.

③ Cohen, S. M. 1984. *American Modernity and Jewish Identity*. New York: Tavistock.

④ Jones, Michael Owen. 2007. "Food Choice, Symbolism, and Identity: Bread-and-Butter Issues for Folkloristics and Nutrition Studies". *Journal of American Folklore* 120: p. 130.

第七章　北美犹太人圣诞节活动中的中国元素　/　261

能完全融入的逆向状态。总的说来,在圣诞节食用中餐的文化实践展现了北美犹太人身份的三个重要特点:第一是非传统性或者说异国情调;第二是公共性;第三是明显的世俗化倾向。具体说来:首先,大多数北美家庭(包括笔者熟悉的许多华人家庭)在圣诞节时的主要菜肴是火鸡,而这一食材并非传统中餐的原料。① 在鲍勃·克拉克1983年的喜剧电影《圣诞故事》(*A Christmas Story*)中,一个基督徒家庭在自家的圣诞火鸡被邻居家的狗偷走吃掉以后,才不得不在中餐馆点了一只烤鸭。在这部电影中,圣诞节时食用中餐被认为是一件十分滑稽可笑的事情,它仅会发生在一些非常荒唐的情境中。实际上,在许多美国人看来,中餐馆,特别是那些在和煦温暖的圣诞氛围中仍然营业的中餐馆是令人感到非常不可思议的。对于这一犹太人的传统,有人认为它在《圣诞故事》播出之后更为流行了:"晚餐被爱宠吃掉了?让我们去中餐馆吧!"② 无疑,中餐在美国仍然是非常具有异国情调色彩的。

然而,从心理上而言,许多犹太人将在中餐馆就餐视为他们融入美国主流社会的重要表征,当他们进入中餐馆的空间时,他们不再被当成"犹太人",而是被视为"白人"。在一部名为《波特诺伊的抱怨》(*Portnoy's Complaint*)的小说中,主人公亚历克斯论及犹太人与华人之间的有趣关联:"对于他们华人而言,我们不是犹太人,而是白人,或者说,可能甚至是盎格鲁-撒克逊白人。难怪他们不会蔑视我们呢,在他们看来,我们就是一群大鼻子的'白人盎格鲁-撒克逊清教徒'(WASP)。"③ 再者,华人几乎是唯一一个向犹太裔美国人致以"圣诞快乐"祝福的群体(当然,很多保守的犹太人非常排斥此类祝福),这样的祝福使得犹太人意识到自身作为美国人的文化身份。在一本名为《犹太人的圣诞节》(*A Kosher Christmas: 'Tis the Season to be Jewish*)的书中,身为拉比的作者提到,同为非基督徒的华人根本不会去刻意区分盎格鲁-撒克逊纽约人与犹太

---

① 当然,必须说明的是,在笔者曾经服务的苏记食家餐厅,鸡肉炒饭中的"鸡肉"其实是火鸡。

② Liprap. 2008. Comment on Ian McNulty's "Traditional?" http://blogofneworleans.com/blog/2008/12/24/traditional.

③ Roth, Philip. 1969. *Portnoy's Complaint*. New York: Random House, p. 90.

移民之间的不同，而是张开双臂极为开放地对每一位顾客表示善意。① 对于一些犹太人而言，这样的祝福是他们在中餐馆中度过圣诞节的过程中最值得纪念的时刻："我们家圣诞节吃中餐传统中最令人开心的时刻，就是当我们走出中餐馆的大门，虽然我们完全是犹太人的打扮（通常还会有一两个拉比模样的人），餐馆的服务生从来都不会忘记向我们道声'圣诞快乐'。我每年都特别期待这一句'圣诞快乐'。这些可能信仰佛教的中国服务生向我们的犹太牧师和会众们祝福'圣诞快乐'，这真是太棒了！这就是美国，这真的太棒啦！"② 其实，对于很多犹太人而言，他们可以同时既是美国人，也是犹太人，而这样的双重身份是在中餐馆中得以实现和展示的。

其次，北美犹太人圣诞庆祝的公共性也表明了其身份认同的二重性。无论是在中餐馆中就餐（疫情时期采用外卖的方式）还是在电影院中看电影（这在疫情期间受到了限制），都是在公共场所中进行的活动。然而，对于很多美国家庭而言，特别是那些较为传统的基督教家庭，他们更倾向于在家中与亲人和较为亲密的朋友一同庆祝。普莱克（Pleck）认为，在北美，尊重个体和家庭的传统是一种有效整合新移民以及乡村贫困人群，使之融入北美社会并最终建构统一的国家认同的方式。③ 然而，虽然犹太人的圣诞庆祝形式具有公共性特质，但是，在某种程度上而言，它同样具有私密性与家庭性。这是因为，在北美，大部分的圣诞庆祝活动都是在个体家庭中进行的，而之前极具公共性的场所如电影院和餐馆（特别是那些非基督徒经营的餐馆）等，在这一情境下便临时性地转变成为了具有"私密性"的场域。例如，在往常十分嘈杂、拥挤的大西洋城（Atlantic City，位于美国新泽西州，离纽约不远）的赌场中，圣诞节期间仍在此消遣的仅剩犹太人和亚裔等群体。④ 同一时间，在北美很多城市的

---

① Plaut, Joshua Eli and Jonathan D. Sarna. 2012. *A Kosher Christmas：'Tis the Season to be Jewish*. New Brunswick, NJ: Rutgers University Press.

② Aaron. 2009. Comment on "From Flanken to Fortune Cookies: Jews and Chinese Food on Christmas". http://jwablog.jwa.org/jews-and-chinese-food-on-christmas.

③ Pleck, Elizabeth H. 2004. "Who Are We and When Do We Come From?" In *We Are What We Celebrate: Understanding Holidays and Rituals*, 43-60, edited by Amitai Etzchi and Jarel Bloom. New York: New York University Press, p. 46.

④ Sobel, Bill. 2006. "What Do Jews Do on Christmas?" http://nymieg.blogspot.com/2006/12/what-do-jews-do-on-christmas.html.

中餐馆，顾客往往都是犹太人，如此，如沃尔克在其音乐视频作品中所展现的，中餐馆转变成为了一个具有私密性的犹太人空间。这种具有私密性的群体（往往是以家庭或者社区为单位的）空间的创造，一定程度上反映了犹太人对于北美传统以家庭为基础的节庆观念的尊重与接纳。

最后，犹太人圣诞庆祝方式的第三个特点，即明显的世俗化特质，体现了犹太人是以一种全然"日常"的态度面对这一对于基督徒（以及很多非基督徒）而言极具宗教象征意味的节日。刘海铭在关于纽约犹太人的研究中反复提及，对于很多犹太人而言，食用中餐并不是他们圣诞节的专属活动，而是其日常饮食的寻常之举。[1] 笔者的一位不愿意透露姓名的犹太人受访者将自己认定为无宗教宗派归属的世俗化犹太人，她曾说自己居住在纽约的家庭每周日都会到中餐馆就餐。在周末的聚餐上，他们会点诸如炒面、馄饨汤或者酸辣汤、蛋卷、炒饭、甜酸鸡和宫保鸡丁等菜肴，这些菜肴同样也是他们圣诞节时会食用的佳肴。然而，根据笔者的观察，许多北美家庭（特别是基督教家庭）在圣诞节时所享用的美食与他们在平日所食用的餐食存在较大区别。一个全套的火鸡大餐绝无可能出现在平日简餐的菜单中，而是圣诞节（以及如感恩节等大型节日）的专属。[2] 可见，犹太人通常不会为圣诞节准备专门的节日餐点，然而，换个角度来说，在日常饮食中频繁食用中餐其实一定程度上削弱了某些犹太传统的重要性。如前所述，中国传统的馄饨与犹太人的传统食物三角馄饨十分相似，后者通常只在特定的节日中才会被准备，而作为犹太三角馄饨替代物的中国馄饨，则是北美中餐馆的每日必备之物。因此，三角馄饨在犹太传统中具有象征性和仪式性的重要地位，被作为世俗和常见之物的中国馄饨在文化功能的替代中被弱化了。

第三节　与犹太顾客同在的华人圣诞节

犹太人与华人之间在圣诞节时的互动不仅为犹太人群体创造了极具

---

[1] Liu, Haiming. 2010. "Kung Pao Kosher: Jewish Americans and Chinese Restaurants in New York." *Journal of Chinese Overseas* 6: 80–101.

[2] Schlechter, Aaron. 2007. *The Great American Christmas Book*. New York: Overlook Press.

特色的北美犹太人圣诞传统，它同时也重塑了在美生活的某些华人、特别是那些在中餐馆中工作的华人的节俗。当犹太人在圣诞节期间的文化实践带动和刺激了原本可能停滞的中餐馆的经营活力时，餐馆的经营者和服务人员的"华人民族性"也被同时界定和重新确认了，后者在族裔之间的亲密互动中重塑了自身在北美社会的文化身份，即不再是单纯的华人，而是基于在地经验的"北美华人"或者"华裔美国/加拿大人"。从历史上看，相较于包括犹太人在内的许多欧洲白人族群，由于华人所具有的明显族裔特征（如肤色、宗教信仰等），华人在北美社会的融入经历了一个长期且十分艰难的过程（这一过程甚至直至今日也未能完成），伴随着诸多来自当地社会的歧视和制度性排斥（如美国和加拿大的排华法案）。在这一背景之下，那些审时度势而皈依基督教的华人似乎在北美社会更易融入和被当地社区所接受。[1] 在今天的北美社会，大量华人仍与包括华人教会在内的各种宗教团体保持着紧密关联。

然而，对于许多中餐馆的从业人员而言，犹太人的圣诞传统实际上在不经意之间阻碍甚至中断了华人为融入当地社会而选择进行的宗教实践。为了满足犹太顾客的餐饮服务需要，在较大的犹太人社区旁开设的中餐馆往往在圣诞节这天仍然开门营业，而非像许多当地餐馆、特别是那些地处郊区白人社区的餐馆那样停业休息。对于许多中餐馆的经营者而言，他们的目的是非常直白而明确的，即是要令顾客满意，以便维持良好的公共关系、确保生意的长久和稳定："我们就是想让顾客们高兴，所以我们不会忽略圣诞节这一天他们的需求"；有时候为了满足圣诞节当日的就餐需求，某些餐馆会延迟打烊时间至凌晨三点。[2] 而与此同时，作为基督徒的他们却会因为工作而不得不置身于浓厚的圣诞氛围之外。

不过，虽然犹太人的圣诞习俗一定程度上制约了华人对于北美社会的宗教融入，但是，从另外一个角度而言，他们又利用自身的饮食文化参与了具有北美经验的圣诞传统的新建构。除了单纯地为犹太顾客提供

---

[1] Carnes, Tony, and Fenggang Yang, ed. 2004. Asian American Religions: The Making and Remaking of Borders and Boundaries. New York: New York University Press.

[2] Wong, Brad. 2006. "A Growing Christmas Tradition—Chinese Food". http://www.seattlepi.com/local/297050_restaurant23.html.

中餐外，华人还创造出了融合族裔特征的新文化事项，其中较有特色的便是"华犹喜剧"（The Kung Pao Kosher Comedy），即圣诞节期间在中餐馆中进行表演的犹太喜剧（Jewish Comedy on Christmas in a Chinese Restaurant）。[1] 1993 年，"华犹喜剧"最早起源于美国西部的旧金山市，它的主要形式是将喜剧与中餐相结合，演员一般都是犹太裔的喜剧演员，演出时间一般从平安夜延续至 12 月 26 日（Boxing Day），演出的场所通常是在选定的中餐馆中。例如，第 28 届"华犹喜剧"于 2020 年 12 月 24—26 日在旧金山的新亚洲餐馆（New Asia Chinese Restaurant）举行（也通过网络直播方式进行发布），受邀表演的喜剧演员包括朱迪（Judy Gold）、亚历克斯（Alex Edelman）和丽莎（Lisa Geduldig）等。除了旧金山以外，纽约现已成为另一个重要的演出中心。"华犹喜剧"其实是犹太人圣诞节活动的创新形式，其中，在某种意义上，传统的电影院观影被中餐馆中的喜剧节目所取代，这在一定程度上更体现了中餐在犹太人圣诞传统中的中心地位。同时，"华犹喜剧"的兴起也使得中餐馆成为了一个多族裔共存和具有世界主义倾向的新空间。在这一空间中，原先通常被认为是狭隘自闭的华人群体及其文化骤然消失，通过将中餐和喜剧进行融合的方式，华人经营者、服务人员以及当时餐馆中可能同在的华人顾客，都参与了犹太人的圣诞传统中，使得后者专属的节日庆祝转变成为了具有更大包容性的"北美的"圣诞庆祝活动。由此，可以说，具有世界主义的北美犹太人认同催生和重塑了同样具有世界主义的华人身份和中餐馆文化。

除了基于本地经验而兴起的"华犹喜剧"等"美式"节目，一些餐馆经营者还将中国传统文化引入了北美以及犹太人的圣诞庆祝场域。例如，虽然舞狮通常被认为是与中国传统新年庆祝或者其他与华人相关的重要仪式性场合（如商铺开张和结婚等）相互联结的文化象征符号（这一点在前章的讨论中已有提及），但是在这些犹太人聚集的中餐馆中，传统的中华舞狮时常成为被邀请进入其中进行表演。在此，中华传统文化元素成功地融入了当地的文化生活，实现了中华传统文化的有效跨文化

---

[1] Liu, Haiming. 2010. "Kung Pao Kosher: Jewish Americans and Chinese Restaurants in New York." *Journal of Chinese Overseas* 6, p. 89.

传播实践。

最后，犹太人的饮食偏好，特别是他们在圣诞节时特殊的饮食要求，同样深刻地影响了北美中餐馆的菜品设置和菜单呈现。北美犹太人，特别是其中的老年人和中年人，通常更倾向于食用唐人街传统的广式菜肴，而不是更晚进入北美的川菜或者湖南菜等以辣为主的菜式。① 因此，虽然许多中餐馆，特别是那些新移民所开设的中餐馆经常会推出新菜，但是，包括许多年轻人在内的犹太人群体仍然选择保留自身原来的口味，这其中的原因很大程度上也是因为广东菜较之其他菜系更符合犹太教规的规定。② 由于犹太人如此的饮食偏好，为了留住这部分重要客源，许多中餐馆（特别是那些与犹太社区距离较近）的经营者往往更倾向于制备前章所谓的"美式中餐"，而非积极推介更为多样的中华传统菜肴，一定程度上制约了传统中餐在北美地区的进一步传播。然而，从另外一个角度看来，这也正表明华人作为一个族群，已然不再是外在于北美日常生活的孤立群体，而是与其他群体共存于北美社会的政治、经济和文化网络中的重要组成部分，华人也因此而成为了具有世界主义倾向和作为北美社会"局内人"的"北美华人"。

本章小结

至此，本章已经展现了北美两大族群——犹太人与华人在节庆和饮食文化方面的良性互动模式，揭示了在多族群共存的文化语境中跨文化交流和传播的可能，以及新的文化身份和新的民俗事象得以被创造或者重塑的可能。不过，可以想见，并非所有的犹太人（如特别保守的犹太人或者俄裔犹太美国人③）都会在圣诞节当日到中餐馆就餐或者到电影院观影，也并非北美所有的中餐馆（如笔者所主要关注的纽芬兰地区）都

---

① Mortart. 2006. "The Jewish Love Affair with Chinese Food". http：//octogenarian.blogspot.com/2006/08/jewish – love – affairwith – chinese – food.html.

② Padmewan. 2007. "Christmas at Shalom Hunan". http：//www.youtube.com/watch？v = 9ApHwQqLycg.

③ Shternshis, Anna. 2018. "The Yolka has become a firm Russian Jewish tradition in the Diaspora". https：//thecjn.ca/perspectives/yolka – become – firm – russian – jewish – tradition – diaspora/.

会在这一天开门营业。对于一些犹太人而言，他们更愿意留在家中遵守教规或者赴宴于犹太餐馆，而非在中餐馆就餐，相应的许多中餐馆也会选择停业休息而非延迟打烊。然而，我们必须认识到的是，在过去不同族裔的长期交流中，无论是犹太人、华人抑或是其他族群，在北美的宗教和文化情境中，通过协商最终达成了某种意义上的一致，创造出了这样一种极富在地性和生命力的民俗形式，这一事件作为一种传统的发明，本身便体现出了民众天然的聪慧和创造力。诺伊斯曾说，人类社会会产生三种类型的"传统"：一是作为交流过程的传统（tradition as a communicative transaction）；二是作为一种时间性的意识形态的传统（tradition as a temporary ideology）；三是作为共享性资源的传统（tradition as communal property）。[①] 当某一传统的创造不再是单由某一特定的族群或者文化群体所完成的，或者传统的发明超越了单个民族的边界，那么不同族群或者文化群体之间必定经历了长期深入的协商、争执和复杂且具有建设性的交流。在今日的北美社会中，不同族裔之间的共存可能和有效路径，一直是各方关心的重要敏感问题。犹太人与中餐在圣诞节的交汇，无疑提供了我们透视北美社会不同文化相互交流的独特经验和普遍真理。而且，跨文化的传播并不会止步于某一终点，而是在不断地寻找新的目标地点，具有中华文化元素的犹太圣诞庆祝活动，也并未囿于北美的地理边界，而是随着犹太人（当然也包括华人或者其他族群）的再次迁徙而传播至更远的他方，如耶路撒冷。[②] 文化的旅程如文明的进程一般，永远在路上。

[①] Noyes, Dorothy. 2009. "Tradition: Three Traditions". *Journal of Folklore Research* 46, No. 3, pp. 233–268.

[②] Gradstein, Linda. 2020. "Eating kosher Chinese food on Christmas in Jerusalem". https://www.jpost.com/food-recipes/eating-kosher-chinese-food-on-christmas-in-jerusalem-653804.

结　语

遗产旅行的终点和再出发的起点

从中国南大门的广东到北美大陆最东端的纽芬兰，华人移民所跨越的不仅是广袤的地理空间，更是不同文化传统之间的冲突和区隔。在这一历时弥久的生命迁徙过程中，作为中华文明传统的非物质文化遗产，也伴随着华人的足迹，开启了自身在文化丛林中的旅行，沿途风光，渐行渐远。中国非物质文化遗产在北美的跨文化之旅，是一次在与他者的遭遇中，中华民族和中国文明重新认识自我的文化基因和重塑自身文化身份的过程。

在20世纪八九十年代，学界，尤其是北美中国学学界，掀起了关于何谓"中国"以及何谓"中国性"的讨论。[1] 在激烈的学术交锋之中，如导论中所述，杜维明建设性地提出了所谓"文化中国"的概念。在他看来，所谓"文化中国"是将中国看成一个超越了单纯的政治学意义上的民族国家疆界的文化共同体。这种对于地理及政治的超越使得"中国"在文化上具有了"世界主义"的深刻含义。同时，对于之前被看作理所

---

[1] Ang, Ien. 1993. "To Be or Not to Be Chinese: Diaspora, Culture and Postmodern Ethnicity." *Southeast Asian Journal of Social Science* 21: 1–17; 1994. "On Not Speaking Chinese." *New Formations* 24: 1–18; 1998. "Can One Say No to Chineseness? Pushing the Limits of the Diasporic Paradigm." *Boundary* 2 25, No. 3, pp. 223–242; 2001. *On Not Speaking Chinese: Living between Asia and the West*. London and New York: Routledge; Chow, Rey. 1998. "Introduction: On Chineseness as a Theoretical Problem." *Boundary* 2 25, No. 3, pp. 1–24; Chun, Allen. 1996. "Fuck Chineseness: On the Ambiguities of Ethnicity as Culture as Identity." *Boundary* 2 23, No. 2, pp. 111–138; Wang, L. Ling-chi. 1991. "Roots and Changing Identity of the Chinese in the United States." *Daedalus* 120, No. 2, pp. 181–206; Wu, David Yeo-Ho. 1991. "The Construction of Chinese and Non-Chinese Identities." *Daedalus* 120, No. 2, pp. 159–179.

当然的单一政治认同的超越，赋予了个体更为广阔的文化认同空间和权力，使个体能更为自由地支配自己手中的文化资源。在将中国视为文化共同体的基础上，杜维明提出了关于"文化中国"三重空间或者说三个"意义世界"的划分。这三重空间分别为：第一，传统意义上汉民族定居之所，即"文化中心"；第二，汉民族离开"中心"之后的移居之处；第三，一个与汉民族可能没有直接历史地理或者血亲关系的非汉民族人群（往往是知识分子）所组成的想象社区。第二及第三重空间构成了"文化中国"的边缘。杜维明认为作为边缘的第二第三重空间，或者说第二第三意义世界较传统"文化中心"具有更为重要的文化意义。根据他的观点，中国的文化特质及文化意义上的中国的民族性在异文化的语境中，以及文化交流的状态下会更为突显，因为文化传承过程之中所经历的变化会强烈呈现中国文化内在的自我价值评判机制。而这一文化自身的价值评价体系是个体进行文化判断，整合自身文化资源并利用自身文化资源与异文化，或者说"世界"进行沟通的重要凭借。

正是基于杜维明对于文化中国的"世界"疆域的判断，本书主要通过对于"边缘"世界的一个文化社区，即地处加拿大最东端的纽芬兰华人社区及当地社会的考察（当然也顾及了北美其他地区的样貌），呈现和理解处于"文化边缘"的华人群体是如何通过自身的文化实践。特别是个体经验层面上的实践，如饮食文化、传统舞蹈、节日庆祝、墓葬艺术等，去实现"文化中国"与世界的碰撞。在这一碰撞的过程中，中国文化与世界其他文明的相遇也提供了个体和华人整体重新认识自身文明的机会。行文至此，可以看到，中国非物质文化遗产在北美地区的传播（在世界其他地区的传播亦然），并不是希望通过中国传统文化的强势介入而取代当地文化的传统位置。当然，也不是完全放弃自身的文化特点而全然融入当地社会生活，而是旨在通过不同文化之间的交流、合作甚至冲突，创造属于华人与其他与之共生于同一多元社会中的群体组成的共同体的新文化和新民俗。在本书的论述中，这些新文化与新民俗包括诸如"美式中餐"、与地方知识相互结合的文化表演（如舞狮等）、创新性的节庆方式和保有基督教元素的华人墓碑和清明仪式。在有些情境中，华人在一定意义上是被动地卷入了跨文化的交流与互动中，他们不自觉地参与了其他族群（如犹太人）对于自身传统在新世界的新创造。无论是主动或者被动、有意识或者无意识的文明互动，都体现了如北美地区等多元社会中不同族群策略性和创造性的生存状态和生活方式。显然，个体与群体并非孤立地行走于文明的进程中，而是始终处于相异族群和文化共同交织的网络之中，进行着持续不断的协商、对话与自我重塑。

华人是北美社会中的一个特殊群体，他们从来到北美之初开始，便遭遇着制度性的歧视、社会性的排挤和文化上的敌意，一直处于社会政治经济生活中的劣势地位。这种劣势地位的建构的原因是多方位的，包括意识形态的差异、现实经济境况的压力以及宗教信仰的不同，等等。其中，不同族群对于华人文化的误解和偏见，无疑也是造成华人窘境的重要原因之一。在当时占据主导地位的白人族群看来，华人的思想观念和文化传统与自身的西方经验迥异，华人作为一个族群，在种族、价值观和文化习俗上，不可能积极融入当地社会，是永远的"异乡人"（perpetual foreigner）。然而，随着北美社会对于多元文化认识和理解的加深，特别是多元文化政策为政府（特别是加拿大政府）奉行之后，华人逐渐有机会走出原先封闭的族裔空间，通过参与当地经济生活的方式（如餐馆的开设等），在日常生活中建立起了与其他尊群之间的共生关系。基于这种关系，华人的文化传统也经由这些在民间交往中逐渐形成的社会交际网络，而传播给了当地的非华人群体，使后者可以直接认识、体会和感受异于他们传统生活方式和文化知识体系的华人习俗和中国非物质文化遗产事象。不同群体之间最终可能会因为相互交流与互动而产生的对于彼此的情感关联和生命记忆，增进相互之间的理解和认同，由此形成多元文化语境中的文化共同体，并因此而有可能创造超越原有文化边界，融合各方利益并符合在地知识经验的新文化和新传统。在当今全球化的语境下，不同族群之间的交往无可避免，不同文化传统之间的对话日益深入，在很大程度上，跨文化传播作为一种交流方式，已经成为大众日常生活之中的普遍文化实践形式。诚如阿兰·邓迪斯所言，具有普遍性的文化形式和民俗事象，提供了建构宏大理论的基础和素材，跨文化传播视域下的民俗学研究，或能为本学科的知识生产和创新性发展指引新的路径和方向。

后　　记

　　《遗产的旅行》的旅程是从2008年9月6日我踏上北美大陆的土地开始的。当飞机从北京起飞降落至加拿大最大的城市多伦多，我便深刻地感受到了自己正在经历的跨文化之旅。那天，经由在北大时期的好友尚学峰（当时正在麻省理工学院攻读博士学位）介绍，北大地球与空间科学学院的师兄黄俊伟和她的太太（二人均在多伦多大学工作和学习）来到机场为我接风。当晚，他们还驱车带我去了当地一家著名的川菜馆就餐。我当时的感觉是，加拿大的中餐怎么如此正宗？当日辞别了黄氏夫妇后，第二天我便动身前往求学的目的地——纽芬兰纪念大学所在的纽芬兰和拉布拉多省首府圣约翰斯。早上八点的飞机，到达圣约翰斯已是中午时分，大学国际学生处的志愿者黄子源直接把我送到了帝国大街126号，那是早我数年开始在纽芬兰纪念大学攻读民俗学博士的张静师姐（毕业于华中师范大学）的住处，同住的还有其他几位中国学生。那天中午，师姐为我做了饭，地道的中国饭菜，我当时心里想：这些食材都是从哪里买来的呢？在吃饭的过程中，师姐提到，当地有很多家中国餐馆，但是口味都不太正宗，而且还有很多在国内见不到的菜。我听到后便立刻产生了兴趣：纽芬兰的中国菜究竟是什么样子？和多伦多的中餐不同吗？为什么会有这些不同呢？无疑，从到达北美大陆的第一天开始，我便种下了研究海外华人和他们的文化的种子，随着时间的流逝，这颗小种子不断长大，最终变成了今天的这本书。

　　在这十多年的研究岁月中，我获得了许多人，特别是来自华人群体和个人的帮助。他们的身份或许各不相同，存在年龄、性别、民族、阶层、职业等各个方面的差异，但每一位都非常支持我的研究，其中很要的原因，是因为我在记录和讲述他们自己的故事。在异国他乡，在族裔夹缝中奋力生存和生活的他们，太需要有人看到他们的生命，听见他们的声音，理解他们的处境，许诺他们一个像样的未来，或者，至少与他们成为朋友。我想，即使只是一种愿景，这些或许便是本书和我所做的一切研究工作最重要的意义。因此，这本书是一本关于普通人的传记，是一本承载时间的书，书写的是那些曾在、现在或未来有可能奔赴他乡追寻梦想的华人，以及他们独一无二充满变幻的生命历程。这本书也是一封充盈情感的感谢信，要谢谢的人的名字都已在书中被铭记和永存。

只是，让我觉得非常遗憾的事情是，其中的一些生命已经故去，无法与这本讲述他们故事的书相遇。他们中有我的华人同胞，如帮助我最多的熊楚亮医生和熊元衮先生，也有其他族裔的热心人，如中餐馆的常客戴维·墨菲（David Murphy）先生，在此真诚地奉上我的感激之情。我们非亲非故，能得到你们的帮助，真是我的幸运。

在这段成书的岁月里，我的研究成果其实已经以各种形式在不同的学术刊物上发表了，包括《民族艺术》《民俗研究》《世界民族》《华侨华人历史研究》《广西民族大学学报》《云南师范大学学报》等中文期刊，以及 Journal of American Folklore, Journal of Folklore Research, Folklore, Western Folklore, Asian Ethnology, Voices, Digest 等国际期刊。这使得我的思考可以跟随学术前沿的发展方向，不断完善和提升。在此非常感谢这些异常优秀的学术平台给予我即时与学界同仁交流碰撞的机会，感谢所有的编辑们。

在研究与写作的关键阶段，我欣喜地获得了国家社科基金艺术学项目的立项，项目以"中国非物质文化遗产在北美地区的跨文化传播研究"（18CH204）为题（已结项），衷心感谢国家的支持和同行的肯定。另外，本书的出版得到了北京高校高精尖学科"文化遗产与文化传播"建设项目的资助，感谢北京师范大学非物质文化遗产研究与发展中心以及北京师范大学文学院民间文学研究所，特别是杨利慧老师的支持和提携！当然，还要特别感谢中国社会科学出版社的张林老师，没有你，便不会有这本书的编辑和出版！

最后，我想说，每一个研究者都不是孤军奋战的孤勇者，我当然也不是，我的背后是爱我的家人和同道的各位师友。在此特别感谢我的太太邓珏女士以及女儿腻腻的鼓励与支持，在每个码字的白天与黑夜，都有你们相伴！

没有爱，这本书便没有温度！

北美华人文化是一条激荡历史的滔滔长河，而我所拾起的或许只是其中涌出的几滴水珠、几朵浪花，或者几颗鲜丽的贝壳，许多被湮没或者还未被察觉的片段早已尘封为无人知晓的瞬间，等待你我用爱重新去发现。

以爱之名，感谢所有人的关心、支持和批评！

李 牧

2022年6月于南京鼓楼滨江临秦淮处